U0854778

河北体育学院学术专著出版基金资助

普通高校体育教学与教师发展研究

李耀磊　李勃漩◎著

文化发展出版社
Cultural Development Press
·北京·

图书在版编目（CIP）数据

普通高校体育教学与教师发展研究 / 李耀磊，李勃漩著．— 北京 ：文化发展出版社，2023.11
ISBN 978-7-5142-4079-5

Ⅰ．①普… Ⅱ．①李… ②李… Ⅲ．①体育教学－教学研究－高等学校②高等学校－体育教师－师资培养－研究 Ⅳ．① G807.4

中国国家版本馆 CIP 数据核字 (2023) 第 167584 号

普通高校体育教学与教师发展研究

李耀磊　李勃漩　著

出 版 人：宋　娜
责任编辑：侯　娜　　　　　　责任校对：马　瑶
责任印制：杨　骏　　　　　　封面设计：守正文化
出版发行：文化发展出版社（北京市翠微路 2 号　邮编：100036）
网　　址：www.wenhuafazhan.com
经　　销：全国新华书店
印　　刷：天津和萱印刷有限公司

开　　本：710mm × 1000mm　1/16
字　　数：310 千字
印　　张：16.25
版　　次：2024 年　9 月第 1 版
印　　次：2024 年　9 月第 1 次印刷

定　　价：72.00 元
I S B N：978-7-5142-4079-5

作者简介

李耀磊，1980 年 7 月出生，籍贯河北馆陶县，毕业于乌克兰哈尔科夫国立体育学院。2006 年就职于河北体育学院，多年来一直从事高校体育教学、训练及科研工作。主要研究方向：体育教育、运动训练。

李勃漩，1992 年 10 月生人，河北邯郸人，讲师，硕士研究生学历，毕业于哈尔滨体育学院。现就职于河北体育学院，多年来一直从事高校体育教学、科研工作。主要研究方向：体育教育、运动训练、冰雪运动等。

前　言

在我国新的发展时期，体育逐渐成为重点课程。随着我国进入新时期，各大普通高校在体育教学过程中面临着诸多困境，这就需要不断创新和完善高校体育教学工作，从而满足我国新时期各方面的发展需求。此外，高校体育教学水平与其体育师资质量密切相关。因此，高等教育在不断改革的过程中，也要关注高校体育教师的专业发展，以更好地提升高校体育教师的专业水平。

全书共八章。第一章为绪论，主要阐述了体育教学与普通高校体育教学、普通高校体育教学的规律与特点、普通高校体育教学的任务与原则、普通高校体育教学的环境与功能等内容；第二章为普通高校体育教学现状分析，主要阐述了普通高校体育教学的发展背景、普通高校体育教学的发展现状、普通高校体育教学的发展趋势等内容；第三章为普通高校体育教学设计分析，主要阐述了普通高校体育教学设计的基本理论、普通高校体育教学目标与组织设计、普通高校体育教学设计的评价与策略等内容；第四章为普通高校体育教学内容分析，主要阐述了普通高校体育教学内容的基本理论、普通高校体育教学内容的目标与要求、普通高校体育教学内容的编排与选择、普通高校体育教学内容体系的构建等内容；第五章为普通高校体育教学方法分析，主要阐述了普通高校体育教学方法的基本理论、普通高校体育教学方法的特性与结构、普通高校新型体育教学方法的选择与运用、普通高校体育教学方法的创新策略探讨等内容；第六章为普通高校体育教学模式分析，主要内容为普通高校体育教学模式概述、中外高校体育教学模式的比较、普通高校新型体育教学模式的构建与运用、普通高校体育教学模式的创新策略探讨等内容；第七章为普通高校体育教学评价分析，主要阐述了普通高校体育教学评价的基本理论、普通高校体育教学评价的发展历程、普通高校体育教学评价的标准与内容、普通高校体育教学评价体系的构建、普通高校体育教学评价的创新策略探讨等内容；第八章为普通高校体育教师专业发展，主要阐述了体育教师专业发展与标准、普通高校体育教师技能与胜任力、普通高校体育教师专业发展策略等内容。

笔者在撰写本书的过程中，借鉴了国内外很多相关的研究成果，在此对相关学者、专家表示诚挚的感谢。

本书共31万字，李耀磊负责撰写第一至五章，约16万字，李勃漩负责撰写第六至八章，约15万字。由于笔者水平有限，书中有一些内容还有待进一步深入研究和论证，在此恳切地希望各位同行专家和读者朋友予以斧正。

目　录

第一章 绪论

高校体育教学是学校体育的重要组成部分，目的在于培养具有健康体魄与创新精神的德智体美劳全面发展的合格人才。加强高校体育教学的改革与研究，可提高体育教学质量，实现体育教学目的。而了解高校体育教学的基本理论能够为改革工作的顺利开展打好基础，做好准备。本章分为体育教学与普通高校体育教学、普通高校体育教学的规律与特点、普通高校体育教学的任务与原则、普通高校体育教学的环境与功能四部分。

第一节 体育教学与普通高校体育教学

一、相关概念

（一）体育

1. 体育的概念

从体育的起源看，自原始社会开始，体育就已经作为一种特殊的方式，在我们身体的各个方面“做文章”，无论是生存类的捕猎活动，还是手舞足蹈的庆祝活动都包含着体育（活动）的成分。随着人类的活动逐渐从动物性的原始游戏转向有理智、有道德的人的群体性运动，甚至开始创造极具人文色彩的运动仪式，人类开始意识到，体育终于摆脱了依附其他社会活动而存在的状况，真正实现了它的相对独立性，成为除劳动生产、节日庆典、宗教祭祀等以外的必要社会活动。在中国，虽然在 19 世纪后期才有了“体育”的词汇，但中国的传统运动项目与“体育”有着不可割裂的关系。其中最重要的一个内容就是孔子所倡导的“体格教育”以及之后演变出的“六艺”，不难看出，从孔子那时起就认为体格教育是与道德、品行、智慧教育等并驾齐驱的教育形式。唐宋时期，中国人非常重视和流行的运动项目——马球和蹴鞠等，也反映了当时人们对运动、健身的热爱。但是，伴随着以儒家为基础的科举考试制度的发展，社会逐渐形成了“重文轻武”的风气，体格教育越来越受到社会的轻视和贬低。近代以来，中国国力孱弱，为改变中国“虚弱”的事实，在“Physical education”和“Gymnastics”概念的影响下，中国的“体育”概念开始以“身体教育”和“军事体操”等形式出现，并逐渐与中国自强求富的理念相关联。随着社会的进步和发展，西方学校体育、竞技体育、群众体育开始兴起，“体育”的内涵也发生了拓展，人们在“Physical Education”原有含义的基础上，还创造性地提出了“Mass Exercise”“School Sport”等新词汇、新概念。“Physical Education”也逐渐被“Sport (s)”或“Exercise”所代替。“Sport (s)”一词是一个现代术语，它源于法语和拉丁语，本意是自娱自乐，而后多用于表示“Game (游戏)”或“Competition (竞争)”等。体育这一概念在词源上的鲜明转变，表达了随着社会的进步和发展，“体育”的内涵不仅包含“身体教育”，也包含如体育文化、竞技体育、群众体育在内的一系列相关内涵。在中文语境下，“体育”一词同样被赋予了新的内涵，其中最为显著的就是在“体育”中加入了文化的概念。例如，《体育原理》一书中将“体育”界定为“体育是以人体运动为基本手段增强健康、提高生活质量的教育过程与文化活动”。此外，随着中国竞技体育的蓬勃发展，中国与世界的关系也日趋紧密，这种体格教育逐渐与民族荣誉感和认同感相关联，“体育”开始作为中国社会转型和增强国家软实力的媒介、获得国家声誉的引擎以及与外部世界相连接的桥梁。

当前，我国对于体育的发展重心已逐渐由竞技体育转向全民体育，实现个人自由而全面的发展，培养“完整的人”已经成为我国最重要的教育目标和方针，而体育作为实现人全面发展的教育构成要素，必然有其时代内涵。因此，分析体育的内涵也必然要从实现人全面发展的基本目标出发。1866 年，马克思在《临时中央委员会就若干问题给代表的指示》中提出：“我们理解的教育，应该是以下三件事：第一，智育；第二：体育，像体操学校和军事训练所给予的；第三，技术教育。”在这里，马克思将体育看作体育学校和军事训练所教授的东西，认为体育应该同智育、技术教育一道成为教育的重要内容。马克思还曾将“人的全面发展”理论与马克思主义劳动观进行结合并形成了马克思主义的体育观念。在实现人全面发展的层面，体育可以与智育、脑力劳动和体力劳动相联结，不仅是提高社会生产力和劳动能力的重要源头，也是实现人全面发展的重要方式。

综上所述，无论是以“Physical Education”“Gymnastics”为中心，把体育

看作以体格训练、身体培育为主要任务的教育项目；是以“Sport (s)”一词为理念，把体育当作以“身体教育”为基础的竞技性的“体育运动”；是以“身体文化”为基础，承载着包括政治、经济、社会、文化等诸多价值的内涵；还是认为体育是提高社会生产力和劳动能力的重要源头，是实现人全面发展的重要方式，都无一不体现着体育本身的多样性和复杂性。但可以肯定的是，体育作为有目的的对象化活动，作为长期演变而形成的社会文化现象，是人类不可缺少的社会活动。体育以人体发展规律为依据、以身体和智力为载体，在增强体质、提高生活质量、实现人的全面发展等方面起着至关重要的作用。随着社会的不断发展进步，“体育”的内涵和外延也将不断发展变化。

2. 体育的分类

（1）学校体育

学校体育是学校教育的重要组成部分，是学校德育教育实现的重要手段，在促进学生全面发展、推进素质教育实施、培养新时代合格人才等方面发挥着至关重要的作用。学校体育是有目的、有计划、有组织的以在校学生为参与主体的教育实践活动，通过培养学生的体育兴趣、态度、习惯、知识和能力来增强体质、促进身心健康。在这一教育实践活动中，“育体”是教育目标和教育内容，也是最主要的实践方式。具体来说，学校体育是为了“教育对象”（学生）的教育，其目的是通过增强教育对象的体质，并与智育、德育、美育、劳育一道，共同培养全面发展的社会主义建设者。学校体育是关于“身体培养”的教育；其实施以体育实践活动为主，是在“身体”上进行的教育。

学校体育教育作为体育领域的衍生物，虽然与体育有着千丝万缕的联系，但是绝不能等同视之，学校体育是体育的一种特殊的实践形式。“体育”指明了学校体育的属性，它是一项以培养人身体运动为主的教育活动，而“学校”则揭示了该教育实践活动的重要场所，它是以学校作为载体和媒介开展的教育实践活动，它是不同于群众体育和竞技体育的教育行为。学校体育的内涵与体育一样，都是一个不断演进变化的过程。

（2）竞技体育

竞技体育是指在全面发展身体，最大限度地挖掘和发挥人（个人或群体）在体力、心理、智力等方面的潜力的基础上，以攀登运动技术高峰和创造优异运动成绩为主要目的的一种运动活动过程。竞技体育是一种制度化、体系化的竞争性体育活动，具有正式的历史记载和传说，以打败竞争对手来获取有形或无形的价值利益为目标，在正式组织起来的体育群体的成员或代表之间进行，强调通过竞赛来显示体力和智力，在对参加者的职责和位置做出明确界定的正式规则所设立的限度之内进行。

（3）群众体育

群众体育一般指社会体育或大众体育，是指普通民众自愿参加的，以强身、健体、娱乐、休闲、社交等为目的，一般不追求达到高水平的运动成绩，内容广泛、形式多样的体育活动。

（二）教学

教学是教师和学生共同所组成的一种专门的、具有特殊意义的培养人的活动。教师能够有目的、有计划、有组织地通过活动指导学生学习和了解文化科学知识以及掌握专业技能，从而发展创新能力，让学生成为现代社会所需要的人才。

（三）体育教学

教与学是两种活动、两种过程，教是教师的行为和动作，学是学生的行为和动作。体育教学是教学的下位概念，是学校体育的重要组成部分，与其他学科不同，体育教学是以掌握技术和技能、增进身心健康、提高体育活动能力和社会适应能力、培养良好思想品德、促进个性发展为基础的教育过程。

体育教学是“以体育课程的内容为媒介，师生进行教学和学习的一种实践活动”。在体育教学中，通过教师有目的和有计划地引导，使他们能够自觉地学习体育基本知识、基本技术，进而培养创造力、增强体质。

体育教学是学校体育教育的主要部分，按照体育与健康课程标准和教学目标，有规划、有目标地开展体育教学。体育教学中，体育教师的专业知识、教学水平、教学设计及面对学生的态度等均对学生的学习兴趣产生深远的影响。同时学生面对体育课的心态等也影响着体育教学的效果。

（四）高校体育教学

高校体育教学是高校体育的重要组成部分。体育教学是教师按照大纲和体育与健康课程的要求进行有目标、有计划的教育的过程，是师生共同参与的教育活动。体育教学的重要任务是向学生教授体育知识、培养体育运动技术与技能、增强体质以及培养道德意志品质。体育教学是学校体育实施的基本手段之一也是体育教育目标实施的重要途径。现代学校体育教学的内容已发生转变，“身体教育”已不再是唯一的教学内容，“通过身体活动进行教育”是现代学校体育教学中的新形式，要求在体育教学过程中不仅要传授体育知识和基本运动技能，还要使学生将体育作为一种促进健康生活的手段，养成正确的强身健体的方式，进而形成终身体育的理念与意识。其核心是在提高学生身体素质的基础上达到体育育人的最终目的，在形成良好体魄的同时形成正确的体育价值理念，使得体育具有正向引导作用。

（五）高校体育教学主体

1．教师

在实际高校体育课程教学中，教师是教育活动的主导者。作为传授学生体育技能、发挥自身潜能的教师，在教学中起到的作用巨大。高校教师应当针对不同专业的学生因材施教。

2．学生

学生是高校体育课程教学内容的承受者，也是体育教学内容的检验者。体育教学的每一个构思和步骤，将直接影响学生成长。

二、普通高校体育教学的影响因素

（一）参与者层面

1．学生层面

第一，学生对体能的认知不足。学生作为体育教学活动开展的主体，其自身对于所要开展的体育活动的认知直接影响到体育活动开展的效果。从体育教学的角度看，高校学生对于体育的认知尚存在较多的不足之处，体现在对体育教学重要性的认知不足，对体育课程教育价值尚不能全面认识，对于体育课程在高校阶段开展的必要性认识存在误区。

第二，学生对于体能锻炼的兴趣不足。兴趣是驱动学生参与体育锻炼的重要动力，当学生对体育锻炼缺乏兴趣时，就会仅仅将体能教学当成一种普通的学习任务，导致体育锻炼缺乏相应的效果，从而影响了学生参与体能课程的学习。

2．教师层面

第一，现有体育教师的体能知识结构不足。由于教师在求学期间以及工作之余，真正接触体育运动相关理论和实践的机会较少，因此，造成现有体育教师在认识和掌握最新的体育技术动作和技术原理时，受限于当前的知识体系，导致了训练结果较差。

第二，教师教学观念陈旧。教师作为教学活动的主导者，其自身的教育观念对于教学活动产生最直接的影响。部分体育教师仍然采用传统的教学理念，认识尚存在不足。教学活动不应该仅仅局限在固有的教学方法、教学形式、教学评价之中，更应该与时俱进，接纳并开展先进的教学活动，运用更加高效的教学方法，帮助学生全面了解，并积极参与体能教学。

（二）课程建设层面

1. 课程体系层面

体育课程教学目标的实现依赖科学的内容体系，因此现阶段最主要的目标应该是根据高校阶段学生的体能状况，充分考虑学校和教师的实际，梳理体育学科核心素养在体育教学中的具体表现，从而制定出符合高校体育学情的教学内容体系。

2. 课程资源层面

高校教师在开展体育教学的过程中所能够参考的教学内容有限，缺乏系统性、科学性，因此现阶段高校体育教师开展体育教学尚存在诸多不足。最主要的表现是过分依赖高中阶段体育教学的经验，从而导致体育教学的实施脱离大学阶段学生的实际情况。由于学生身体素质发育的关键时期在年龄上的表现不同，同时在性别上，男生和女生身体素质发展的阶段不同，体育教学的实施不应该一味从提高学生的体能为最终目的，而应该考虑学生的全面健康发展。

（三）组织结构层面

1. 管理机构层面

学校的管理机构主要以体育分管领导和体育教研组为主。领导对于课程教学的态度直接影响教师的教学行为，甚至影响了整个学校的体育教学的有效开展。体育教研组鉴于学校对于体育教学的重视程度，投入在体育课程教学科研方面的精力相对有限，不利于教研成果的转化。

2. 管理制度层面

部分学校对体育课程的重视程度低，体育教学制度方面的建设在一定程度上受到制约，这就导致在教学中，教师的教学行为难以受到约束，教学效果评价无人问津，最终导致体育课教学效果堪忧。

（四）教学环境层面

1. 硬环境层面

体育设施建设是学校体育课程教学实施的硬环境，学校的场地设施不足、在更新体育设施的过程中流程烦琐等因素影响了硬环境的建设，导致教师进行体育教学的过程中，难以选择有效的教学器材，影响了教学效果。

2. 软环境层面

第一，学生所处的家庭环境影响学生在体育活动中的参与度；第二，学生所处的社会环境对于学生课余参加体育活动以及学生课后进行体育锻炼都有一定的影响；第三，大学体育测试的压力，体能测试是横在大部分学生上学道路上的一道门槛，体育成绩成为影响学生毕业的一项重要指标，导致部分学生忙于练习体能测项目而忽视体育锻炼。

三、普通高校体育教学的使命

高等教育肩负着为国家培养高素质人才的艰巨重任，在万众一心向着中华民族伟大复兴中国梦快速迈进的社会主义新时代，在世界经济、文化、科技高速发展，世界人民共同打造人类命运共同体的新时代，高素质人才的培养就显得更为重要了。高校体育教育是青少年学生在学校接受体育教育的最后阶段，在“体育强则中国强，国运兴则体育兴”的社会主义新时代，高校体育教育一定要肩负起培养大学生树立“健康第一”理念的重任，切实提升高校体育的教学质量和育人价值。

高校体育要充分发挥体育教育独特的育人功能，深入贯彻“立德树人”的基本要求，多途径推动高校体育教育教学质量，实现体育教育引领，全校师生共同努力的三全育人新格局，为国家培养具有较高素养的复合型高端人才。

四、普通高校体育教学的管理

（一）高校教学管理

作为高校工作中比较重要的环节，教学管理是在学校管理者互相组织、互相配合、互相监督下完成教学工作的过程。有关教学管理的定义已有较为明确的界定，所谓教学管理即由相关部门共同指导并监督，以提高教学效率和质量为目的，教学过程中运用科学的理论指导和方法，按照学校教学目标的要求，结合自己学校的特点，最大限度地开展和利用教学资源，与其他各部门协调，最终达到教学目标的管理活动。

（二）高校体育教学管理

综合以上对高校教学管理的认识，可以将高校体育教学管理定义为：高校体育教学管理是围绕学校体育教学开展的，它由一套成熟系统化的理论与方法做指导，具有成熟科学的管理理论与管理方式。在高校体育教学过程中，根据学校体育教学的目标，参照学校体育教学的特点，了解体育教学内在的发展规律，将理论运用到体育教学实践中去，实现各个部门的管理与监督、各个环节紧密联系。

（三）高校体育教学管理的优化措施

1. 物质层面

（1）强化体育设施的传载功能

高校体育教学的设施不仅服务于教学管理，同时也是学校体育教育、德育教育、美育教育的主要载体，这意味着不能简单地把体育设施视为服务于教学的工具，而是要把体育设施的建设与锻炼的终身化、大众化的趋势相融合。当前高校的广大师生可以利用体育锻炼来展示新时代的风貌。高校体育教学的设施既是进行体育教学的基础性物质条件，同时也是学生开展体育活动，丰富高校文化生活的基础设施。

（2）拓展体育设施的时空运用

高校体育教学设施不应该简单地承载大学体育教学，而应该以物质品位为导向把高校办学的理念和新时代的精神融入物质文化建设中去，既充分表达新时代年轻人的精神，对广大的在校大学生形成隐性教育的功能；也要把体育竞技的精神、人文健康的氛围与教学文化相融合，打破体育教学紧张的氛围。

（3）加大体育经费的投入力度

经费投入是保证高校体育教学工作顺利开展的根本保障。根据调查可知，目前部分高校现有体育基础设施并不能在满足学生需求的基本上展开有效教学，因此，高校应积极增建体育设施，在对原有基础设施进行评估的基础上通过申请国家专项补助金或借助地方财政投入有针对性地加大对体育场地设施的资金投入，并对相关经费进行全程管控，保证经费专款专用，以补齐体育教学设施的供给短板，更好地满足大学生日益增长的多样化体育健身需求。

（4）合理设置教学课时

体育教学是高校教育中颇为重要的环节，要想改变高校体育教学的现状，就必须从根本上改变教师和学生乃至社会大众的观念。首先，要引导体育教师转变教学观念，摒弃陈旧迂腐的旧式教学系统，顺应时代发展的潮流做出变革。其次，必须建立先进的运动课程，使之成为高校体育课程的关键，在意识到关注体育教学管理必要性的同时，也应该加强资金投入和人员保障，完善体育课程环境，以便于更好地完善高校体育课程，提高学生的运动素质。

另外，学校在科学安排课程内容的同时，也要注意合理设定教学课时，尽可能增加体育课课时，优化学校的体育运动知识结构，使学生更为扎实地掌握体育基础知识，提高运动能力。科学合理地规划体育课程目标，恰当地运用体育教学理论知识和实践，不仅能够让学生更好地了解体育教学的基本知识与技巧，全面提高学生的运动素质，也能使教师更好地完成教学大纲中规定的体育教学课程任务，提升高校体育课程的教学效果。

2. 制度层面

根据高校体育的学科特点，高校制定了与自身实际相符的各类教学管理制度，但值得注意的是，由于缺乏精细化的管理制度，致使高校内部各组织结构在体育教学管理工作方面存在定位不明、职责模糊等现实问题，这也意味着高校必须加快制定更为详细的体育教学管理规范，真正做到责任到人、管理到位。

具体来讲，首先，要进一步强化管理制度建设，在贯彻落实教育部有关教学管理工作文件精神的基础之上完善自身的制度建设，规范相关管理工作的岗位职责，进而调动任课教师与管理人员的工作积极性。其次，体育教师作为整个教学管理活动的重要参与者，对整个教学管理工作的顺利开展负有不可推卸的责任，正因为如此，体育教师也应以身作则，无论是教学计划的实施还是教学活动的审批等都应严格地执行纪律，保证教学工作的顺利进行。

此外，体育教学管理制度建设要坚持以学生为本的理念，在教学控制与学习自由之间寻找适合的平衡点，既要注意发挥教学管理制度的规范功能，又要注意增强教学管理制度的弹性，从制度上保障学习具有选择性、个性、弹性和开放性。为此，可以在以下两方面去完善现有的教学管理制度。

其一，保障学生的体育学习自由。高校体育教学要从学生的实际需求出发，通过完善现有的体育选项课制度、改革体育教学评价制度等方式，满足学生对体育学习的实际需求，在教学过程中注重教学方式方法的多样性，既在实际锻炼中让学生有更多的体验感，也要在理论教学方面满足学生的个性化需求，真正使体育教学内容更加丰富。

其二，保障体育教师的教学自由。高校体育教师作为高校教师的一分子，应当致力于营造开放，自由，协调的制度环境，保障体育教师的教学自由，完善教师教学评价机制，鼓励教师在教学上追求个性化，激发其创造性教学的欲望。为此，学校相关职能部门在制定体育教学管理制度时应跳出“科学管理”的圈子，秉承“人本管理”“柔性管理”等理念，加快完善配套的管理手段，增强相关制度的弹性，从而保障体育教师教学过程中的教学自治。

因此，体育教师除了必须在某一学科领域有自己的专长之外，还要扮演青少年学生监护人的角色，为此，体育教师在课堂教学中负有不可推卸的领导责任。正因为如此，体育教师在教学中首先应严格地执行纪律，维护正常的教学秩序，保证教学活动的顺利进行。除此之外，体育教师也要学会倾听，通过与学生沟通尽可能地消除在校生与成人社会之间文化与心理的隔阂，进而担负起培养一代新人的社会角色。

3．文化层面

（1）赋予体育文化深厚的内涵

高校体育教学既是教学开展的主要形式，同时也是培养体育文化和大学校园文化的主要形式，它综合地反映了一所高校的体育精神和文化氛围。高校通过开展一些具有本民族特色和本区域特色的体育运动，既充分尊重学生在体育锻炼方面的自我表现，也把地方文化融入教学实践过程中，对当代大学生的身心健康发展有着深远的影响。

（2）重视以生为本的主体地位

传统教学中体育教师多以活动组织者的身份出现，在这个过程中教师理所应当地处于整个教学活动的“中心”位置，与之相对应的，则是学生被视为是只能处于盲目服从或被动接受的境地，由此也导致学生在体育教学中的主体性作用或是被无视或是被忽视。此后不久，伴随“以学生为中心”教学理念的兴起，强调学生处于绝对主体地位的说法在包括体育教学在内的众多学科教育中呼之欲出。但值得注意的是，重视发挥学生的主体作用与倡导教师的主导作用并不冲突，相反，“以学生为中心”的教学理念对体育教师提出了更高的要求。

实际上，教学活动是师生在建立良好互动的基础之上成就彼此的过程，在这个过程中双方处于平等交流的位置，只有实现教与学的积极性，才能最终呈现出最佳的教学效果。因此，高校在体育教学中要将学生的主体地位一以贯之。例如，在课程设置方面，可以考虑通过问卷、访谈等形式客观真实地获取学生对体育教育的意见或建议，在综合考量各方面因素的前提下开设一些契合新时代大学生的体育课程，激发大学生的运动兴趣；在实际教学中根据不同年龄、不同年级、不同体质的学生进行分层教学等，在高校体育教学中确立学生的主体地位，承认学生的个体差异，重视学生的个性发展，尊重学生的自主选择，进而让学生在体育教学中有更多的获得感。

随着学校教育体制的改革，学校的教学理念、指导思想在悄然发生着变化。

陈旧死板的体育课堂变成了具有娱乐性质的体育课堂，同时也改变了传统的体育知识和技术技能的传授情况：从原来教师在课堂上占主导地位，按部就班地传授，忽视学生的兴趣，变成了以学生自主学习为主。但是，学生的运动能力并没有因此而得到提高，反而出现下降的趋势，通过调查得知，一些教师对教育体制改革中的轻技术、技能教学理念的理解出现了偏差，轻技术、技能不是不让学生学习，不认真对待，而是要改变原来的思路，根据学生的个体差异性适量进行教学。

（3）提升教师体育教育的能力

提升体育教师的体育教育能力也是十分重要的一环。在这个过程中教师首先应提升自己的思想道德情操，钟爱教育事业，并热爱体育教师的本职工作。体育教师要赢得学生的尊重，不是由单方面因素决定的，他们要有坚定的政治思想和强烈的事业心、责任感以及良好的个人品质。教师自身的学识、能力、性情、教学能力等综合素质，是教师吸引学生的重要源泉。教师需要以身作则，为人师表，起“润物细无声”的教育作用。其中，最重要的是提升体育教育的能力，具有基本的专业知识与运动技能，这是对体育教师最基本的要求。教师要具有高超的教学技巧与技能，能够巧妙地运用各种现代教学技术手段，充分开发与利用各种体育与健康课程资源，科学、合理地确定教学目标，制订各种教学计划与方案，选择适合的教学内容、教学方法，科学、合理地组织实施教学。

其次，体育教师需要富有创新思想的科研能力。这已经成为现代体育教师的必备素质。体育教师要在体育教学中实施、探索出符合创新教育要求的体育教学模式，实现由“单纯教学型”向“教学科研型”的转变。一个优秀的体育教师绝不是知识技术的灌输者，应该是体育教育目标的实现者、教学活动的组织者、教学方法的探索研究者和教育活动的创造者。作为新时代的体育教师，必须强化精神文化的学习，并且熟练掌握计算机等现代教学设备的使用方法，将创新思想运用到平时的教学活动中，不断创新教学手段和方法，为自己的课堂教学服务。

（4）凸显体育文化的多元互动

校园体育文化是在校师生在校园中进行体育运动的包括精神、行为、制度等方面的集合体，是校园文化建设过程中不可或缺且独具活力的关键组成部分，其中居于核心主导地位的精神文化从本质上讲是促使学校师生养成健康体育思维习惯和具备健康体育价值观念的本质和核心部分。鉴于当前各地区的学校体育场馆、器材设备等基础设施存在一定差异，首先，高校可以在强化校园体育基础设施建设的大背景下，在体育专职教师培养过程中适度增加有关精神文化教育的内容，强化对体育专业人才的精神文化教育，进而从师资配备和人才培养的角度出发筑牢根基。其次，重视校园体育精神文化建设所富含的文化底蕴，高校可以在校园建设规划中增设与体育相关的文化长廊等，营造浓厚的体育精神文化氛围。最后，在绿化、雕塑等人文景观建设中也要注重提升体育文化品位，借助可视化实物所传达的乐观向上精神，塑造出良好的体育氛围，进而为学生体育价值观的养成奠定良好的基础。此外，在深挖大学体育文化内涵时，高校不仅要善于收集、辨识及加工来自学生传递的各类信息，及时强化精神文化的内涵教育，也要注重发挥青年学生的参与体验，进而形成具有个性化特征的动态文化发展体系，帮助学生培养体育文化精神。

4．价值层面

（1）明确以人为本的教学理念

进入新时代以来，市场经济的全面发展意味着中国社会的经济生活发生了根本性的改变，社会的主要矛盾也随之而来发生了改变，人民群众的基本需求从温饱转移为对幸福的追求。当代大学生作为时代骄子，他们不仅要具备专业的文化技能和知识能力，同时更要有健康的体魄、健全的人格和符合社会主义核心价值观建设的道德体系。问题在于当代大学生基本处在填鸭式教学环境中成长，在进入大学以前承担着巨大的学习压力，进入大学学习后还继续面临着就业、升学、出国深造以及市场经济本身所带来的经济压力，这也意味着当代大学生亟需从体育教育中汲取道德教育、人文教育的底蕴，把体育视为“德智体美劳”全面发展的重要契机，以实现以人为本的全面发展。

当前部分高校存在着重文化课、轻体育课的倾向。传统的体育教学往往以量化教学和竞技教学为目标，把增强体质简单地理解为课时的增加或教案的调整，从根本原因上讲，就是没有明确以人为本的导向，这当然也意味着大学体育教育缺乏围绕生命关怀、生理关怀和身体关怀进行人文教育。体育教学作为人类教学板块的重要组成部分，与人文教学并行不悖，如果说简单地把体育教学理解为偏颇的体育竞技，显然漠视了体育教学对健全人格方面所担负的特殊教育功能。只有把高校体育教学的功能落实到育人的价值，才能真正地实现大学体育教育的特殊意义。

（2）导向终身教育的体育意识

当前高校体育教学管理的改革成为世界大学体育教学模式创新的新导向。之所以该问题在进入 21 世纪以后成为不少高校研究的热点，主要原因在于高校体育教学人才培养的终极目标和文化课的教学显然不一，它主要是以培养适合社会主义现代化建设需求的高素质人才为目标，并通过体育教学的理念贯彻终身体育、终身锻炼、终身养生的教学理念。

这意味着高校体育教师在教学的过程中，既要进行严格的教学管理，保持认真负责的基本态度，又要把体育的精神、体育的文化、体育的人文素养融入体育教学的活动中；既要尊重学生的个性，推动新时代体育事业不断向前发展，也要通过教学的创新，把人文精神和体育精神紧密融合，最终实现通过体育教学促进人的全面发展的目标。因此，高校体育教学改革不能简单地理解为教学方式或教学理念的改革，而是要明确体育教学的价值理念，既要坚持以人为本最终导向终身体育，又要以体育文化为传播的模式，最终把高校体育社会化拓展为教学发展的新导向。

（3）重塑体育文化的育人价值

体育文化的重塑意味着要明确以人为本、以文化教育为手段的体育教学，它的核心即通过大学体育教学精神的熏陶，对人的生命价值予以亲切的关怀，并把体育教学中所明确的以人为本的人文精神转化为良好的育人价值。高校体育文化的重塑意味着要以体育活动为载体，以大学校园内的体育运动为空间，以大学校园的体育精神为特征，由体育教学过程中师生的有机互动来实现大学体育教学的育人特征。在这个过程中，师生双方和大学体育教学的管理者都是大学体育文化塑造的主体，借助这种大学教育的方式实现人的理想化发展，在全面增强体质的同时，把追求卓越、追求突破的体育精神融入人文教育的系统中。

笔者在研究的过程中与多所高校的大学体育教研室主任或大学体育系管理人员进行了深入的探讨。不少专家学者均认为，如果高校体育仅仅归位于竞技教育，显然偏离了体育教学以追求真善美为方向的整体导向，只有在教学实践的过程中满足人的价值需求，以主动融合的方式匹配体育完善人的整体效果，才能真正地打造人文精神和体育精神相融合的体育文化，也意味着在教学改革的过程中真正落实身心和谐、文化育人的价值导向。

第二节　普通高校体育教学的规律与特点

一、普通高校体育教学的规律

（一）体育教学应该遵循的一般规律

1. 社会制约性的规律

体育教学是一种社会性质的活动，因此，在教学的过程中会受到社会中多种因素的影响，如政治、经济、物质条件、文化条件、社会发展趋势和需求等。因此，各国的情况不同、人们的文化水平不同，体育教学的目标和内容也不尽相同。体育教学不仅是学校教育的组成部分，而且在学校教育中起着重要的作用。与此同时，体育教学的条件和手段对社会经济的发展和科技水平以及社会文化水平都有不同程度的依赖性。因此，体育教学必须遵循社会制约性的规律，并且随着社会需求的变化而不断地变化。

2. 学生身心发展的规律

学生是体育教学的主体，是教学目标的实现者和教学任务的承受者，同时学生的身心发展会随着年龄的增长表现出一定的规律性，因此不同年龄阶段和教学环境下的学生的身心发展特点不尽相同。为了保证教学过程更符合学生身心发展的需要，教学目标的制定、教学方法的选择、教学内容的安排，都必须从学生的特点出发，保证其符合学生的接受能力和体质状况，如此才能使体育教学过程具有针对性，才能保证教学目标的顺利实现。

3. 认知事物的规律

体育教学的过程是学生掌握体育相关知识、技术和技能的过程，在这个过程中需要有体育教师的正确引导，才能保证教学顺利完成。为了保证教学目标的实现，教学过程必须遵循学生的认知规律，在此基础上，引导学生将感知、思维、实践三个环节紧密地结合在一起。

在学生接受知识和技能的过程中，感知是认识事物的基础，但是在不同的阶段，学生有不同的感知能力；思维是学生对所学习事物的理性认知，学生思维的发展具有顺序性和阶段性的特点；实践是对所学知识和技能的巩固和发展，是不断提高的过程，同时也是增强学生体质、完成体育教学目标的必要途径。因此，在进行高校体育教学的过程中，要严格遵循学生认知事物的规律。

4. 体育和德育、智育相统一的规律

随着我国对体育教学研究的不断深入，逐渐认识到体育教学发挥着增强学生体质的作用。因为它是一种以小组、团队等集体为主的教学，教学活动对学生的思想道德、精神面貌、意志品质等也会产生一定的影响。教学过程也是学生的认知过程，要在教学过程中不断提升学生的素养和认知，充分发挥学生的体力和智力，使学生能够掌握正确的学习方法，并养成一些良好的习惯。高校体育教学的目的就是培养全面发展的学生，因此，在教学的过程中，应该始终遵循体育和德、智育相统一的规律。

5. 教与学相统一的规律

教学的过程是教师的教和学生的学相互作用的过程，要想促进教学质量的提高，必须正确地认识教学的过程。在教学的过程中，不仅要充分发挥教师的主导作用，同时还要重视学生的主体作用。在整个体育教学的过程中，教与学两者缺一不可，与此同时两者之间还存在着非常紧密的联系。教师的教是学习过程的外因，学生的学是教学过程的内因，外因只有作用于内因，并且通过内因的变化，才能起到教学的作用，因此，教师的主导作用和学生的主体作用是相互联系、相互制约的。在教学的过程中，应该遵循教与学相统一的规律，这样才能取得更好的效果。

（二）体育教学应该遵循的特殊规律

1. 动作技能形成的规律

体育是一门实践性较强的学科，教学的过程主要以运动为主，体育技能的学习和掌握有自己的规律，这是个体在学习某种动作技能过程中的基本规律，主要包括粗略领悟阶段、改进和提高动作阶段、巩固和运用阶段。任何一种动作技能的习得都需要经过这三个阶段，这就是动作习得的规律。但是由于每一种动作的难易程度以及学生的熟悉程度不同，每个阶段所需要花费的时间也就有所不同，因此，三个阶段虽然是动作习得的必经阶段，但是没有严格的、明显的界限。对于体育教学而言，只有在教学的过程中，按照动作内容的不同，严格遵循动作技能形成的规律，才能最大限度地提高教学的效率和质量。

2. 人体机能适应的规律

人体在进行运动的时候，体内会发生一系列的变化，由于不同运动对机体造成的影响不同，机体对每一个运动都有一个适应的过程，并且有一定的规律性。机体在运动的过程中，运动动作的变化会对机体产生一定的负荷，使机体产生对能量的消耗，这一时期称为机体的工作阶段。经过一定时间的调整和休息，体内的能量逐渐恢复到之前的水平，这一时期称为能量的恢复阶段。再经过一段时间的休息，体内的能量会超过运动之前的水平，这就是超量恢复阶段。因此，在教学的过程中，要合理地利用这一规律，把握好运动的时间间歇，保证最佳的学习状态，提升教学的质量。

3.人体的生理、心理活动起伏变化的规律

体育教学的目标不仅仅是增强学生的体质，提高学生的运动能力，更重要的是注重学生心理的发展，强调身心的共同发展，这就是当前体育教学中提倡的“促进学生全面发展”的目标。从体育教学的特点来看，运动本身就是学生身心共同参与的过程，在反复的练习和休息的过程中，学生的生理机能变化具有一定的规律性。由于学生的年龄、身体条件、接受训练的方法不同，教师选择的教材和所采用的教学方法也存在着一定的差异性。由此可见，体育教学过程中呈现着不同的变化趋势，这也是体育教学应该遵循的规律。

二、普通高校体育教学的特点

（一）基础性

就基础性而言，学校体育对于个人体育的发展具有基础性意义。体育是人主体性的实践活动，是个体主动改造身体机能的方式和手段，学校体育作为实现体育功能的主要阵地，必须在实践过程中发挥基础性作用。通过学校体育，学生可以掌握基本的体育技能，培养良好的体育意识和体育素养，养成良好的体育休闲习惯。虽然体育技能的培养效果会受到先天身体素质差异的影响，但更重要的是个体后天身体行为的模仿和训练，而学校体育教育就发挥着促进学生后天身体改造的作用。学校体育不仅能为学生未来的发展创造原动力，而且有助于学生树立终身体育锻炼的理念。同时，学校体育的基础性作用还表现为其在国家体育事业的基础性作用。学校体育的实施和运行关乎整个国家体育的普及和提高，是实现国家体育事业发展的关键要素。学校作为人才培养最核心、最基础的场所，不仅满足了学生身体素质和体育技能的提升需要，还能为国家提供全面发展的高质量体育人才，为国家竞技体育、大众体育、军事训练等培养有力的后备人才。

（二）教育性

就其教育性而言，学校教育的本质属性揭示了学校体育的教育性特征，虽然学校体育是以体育为基点开展的教育实践活动，但也是以学校教育为目的的活动。学校体育是学校教育的重要组成部分，是学校教育实践的重要手段和内容，在促进学生全面发展、推进素质教育实施、培养新时代合格人才等方面发挥着关键作用，学校体育与学校智育、德育、美育一道在学校育人方面承担着重要的责任。学校体育的培育目标不同于大众体育的休闲性和竞技体育的竞争性，它所培育的是全面发展的人。学校体育开始于“育体”，旨归于“育心”，身体的训练只是学校体育的表层含义和外在特征，通过体育教育培养完整的人才是其真正的价值所在，但无论出于什么目的，最根本的还是其教育性的存在。

（三）系统性

就其系统性而言，学校体育在学校这一特定的场域之中，必然会受到一定的约束和规范。在学校这一空间里，体育教育的运行带有很明确的计划性、目的性。为了保证国家教育目标和方针的实现，学校体育在实施过程中设置了严格符合学生身心发展规律的课程内容，配有特定的教师团队，并建立健全制度化的评价和管理体系，同时教育的实施会遵循一定的教育法律法规，学校也会根据学校体育的工作要求，给予教育经费、组织实施等方面的保障。学校体育相较于群众体育来说，在目标上更加明确，在内容上更加具体，在实施过程中更加规范，在手段上更加科学。可以说，高校体育教学的特点之一就是学校体育在运行上具有严格的系统性和组织性特征。

（四）直接性

体育教学的根本目的就是增强学生的体质，教学的本质就是通过肌肉群的运动，促进学生身体机能的发展，从而增强学生的运动技能。这就决定了体育这门课程就是通过反复的教授和实践，让学生掌握锻炼的方法。直观地说，就是通过肌肉的感觉将信息传递到神经中枢，然后经过反复的条件刺激，建立起条件反射，最终经过分析、总结，达到对某种技能的理性认知，使学生掌握某项体育运动的技能。因此，高校体育教学的特点之一就是身体参与的直接性。

（五）本体性

体育教学贯穿学校教育的整个阶段，体育教学的内容也较为复杂，因此，在教学的过程中，要根据学生的认知规律和身心发展的特点，组织体育教学的内容，最大限度地促进学生对体育运动知识和技能的掌握。如果所安排的教学内容与学生认知的本体性发展有一定的差距，那么就会降低学生对体育教学的兴趣和参与热情，让学生产生厌恶的情绪，不利于体育教学的开展。对高校的学生进行体育教学时，就应该在教学过程中多加入一些比赛活动，激发学生的热情，这样有利于学生学习兴趣的提高。因此，高校体育教学的特点之一就是认知活动的本体性。

（六）结合性

体力和智力的结合性是体育教学的特点之一，这也是当今素质教育和全面发展教育的主要内容。众所周知，体育锻炼能通过各种调节人体机能的运动或是活动，达到强健骨骼、增强体质的效果。骨骼的生长需要不断吸收蛋白质和无机盐，同时人体必须有足够的维生素才能使钙和磷更好地被吸收，在体育课上进行户外锻炼的时候，日光中的紫外线能够释放一些物质，促进机体对钙和磷的吸收。同时，体育锻炼还能使肌肉的纤维变粗，增加肌肉血液的供应，提高毛细血管的收缩程度，使肌肉发达。除此之外，体育锻炼还能够促进人体大脑和神经系统以及其他各部分的生长发育。美国科学家对幼鼠的训练表明，适当地进行一些体力活动能有效地增加脑的重量、皮质的厚度和神经细胞的体积，使脑物质结构发生变化，延缓衰老，消除疲劳，提高大脑的工作效率，从而提高记忆能力。因此，开展体育锻炼可以提高脑细胞的反应速度，有利于发挥脑的智力功能。

（七）健身性

体育课程是通过教师的讲解和示范，带领学生进行各种锻炼活动，并且在活动的过程中引导学生掌握相关知识和技能的过程。高校体育教师通过在体育课上组织学生进行各种体育锻炼活动，根据学生的体质特点，开展各种强度不同的体育练习，使学生学习掌握运动技能，增强学生的体质，促进学生身心健康，达到健身的目的。高校体育教学内容的健身性是体育教学的显性特点。

第三节　普通高校体育教学的任务与原则

一、普通高校体育教学的任务

（一）学习掌握体育的基础知识

使学生理解体育的目的任务和体育在教育中的地位和作用；学会基本实用的

身体锻炼的技能和运用技术；使学生掌握与了解身体锻炼的基本原理和科学锻炼身体的方法，以适应终身锻炼身体的需要。

（二）发展学生良好的思想品德

培养学生勇敢顽强和富于创造的精神，遵守纪律，团结协作和朝气蓬勃的体育道德作风；因势利导，全面地发展学生适应社会和生活需要的个性；提高对体育的认识，培养经常参加身体锻炼的兴趣和习惯；陶冶美的情操。

（三）全面发展学生的身体

根据学生的年龄特点，有计划地进行各项内容的体育教学，以促进学生身体的正常生长发育和生理的发展。

上述三项体育教学任务是互相联系的统一的整体，它是通过体育的实践活动和理论讲授完成的。这三项体育教学任务，必须协调一致，全面贯彻，不可偏废。但在具体教学中，根据课程的具体任务、教学要求和教材特点而有所侧重，也是理所当然的。

二、普通高校体育教学的原则

体育教学原则是每一位体育教学工作者都应该坚持和了解的基本内容，也是体育教学中的重要组成部分，在教师的教学工作中发挥着重要的作用。研究体育教学原则可以为体育教学提供更好的服务。

任何一门学科都有教学原则，这是保证教学过程规范化和教学方向科学化的基础，体育教学原则在教学过程中发挥着关键作用。

（一）体育教学原则的概念

体育教学原则是实施体育教学最基本的要求，是保证体育教学过程不脱离体育教学目标的最基本因素。在进行教学内容和教学方法的选择时，体育教学方法也受到体育教学原则的约束，因此，它也是保证体育教学方法和教学内容科学性和实用性的基础。

（二）体育教学原则的含义

体育教学原则是根据体育教学的特点以及体育教学大纲的目标要求而编写的。体育教学原则有以下三个方面的含义。

1．体育教学原则是体育教学的规范

体育教学原则是体育教学的规范，是体育教学过程中各种教学行为改变的基本“底线”，体育教学的相关方法和目标都是在体育教学原则的基础上不断优化和加强的。因此，体育教学原则是体育教学所有要求中最基本的内容。

2．体育教学原则保证体育教学的科学性

体育教学原则的制定是根据体育教学的特点和体育教学中的相关要求制定的，源于体育教学，又对体育教学起到约束作用。因此，体育教学原则中的要求能够保证体育教学过程不脱离教学实际，有利于教学目标的实现。

3．体育教学原则保证体育教学内容的合理性

体育教学原则是保证体育教学内容合理性的基础，因为在进行教学内容的选择时，对所选择的内容应该按照体育教学原则的要求进行筛选和检查，如果不符合体育教学原则的要求，那么就应该予以删除，如拳击这类运动就违反了安全性的教学原则，因此不能作为教学内容。

（三）体育教学原则的形成

1．体育教学原则是体育教学实践经验的总结

自从体育教学成为学校教育的组成部分之后，体育教学工作者一直致力于探索“如何更好地完成体育教学的目标”和“如何提高体育教学的质量”。为了保证体育教学的规范性，体育教学工作者在长期的体育教学实践中，对前人的体育教学经验和教学成就进行了总结和分析，探究出体育教学的规律要求。在长期的积累和不断地修订中，最终形成了体育教学的原则。

2．体育教学原则是体育客观规律的反映

体育教学原则是体育教育工作者根据多年的教学经验和对体育教学历程的研究而制定的，所以体育教学原则是体育教学过程的客观反映。体育教学有着一些共同的规律，这些规律是客观存在的，不受任何环境和情况干扰。在所有的体育教学中，人们也都是依据这些客观规律进行体育教学实践的。

3．体育教学原则在不断发展和完善

由于体育教学原则是根据人们对体育教学规律的认知和教学特点制定的，所以说体育教学原则与人们的认知水平有着本质联系，是受人们的认知水平制约的。随着人们对体育教学认知和实践的不断深入，以及社会的不断发展和进步，体育教学原则将会随着人们认知的提高不断发展和完善。因此，我们要跟随时代的脚步，与时俱进地对体育教学原则进行研究。

（四）体育教学原则的分类

1．自觉积极性原则

自觉积极性原则是指在教师的指导下，充分调动学生学习的自觉积极性，发挥学生的主体作用，培养学生学习的主动性和创造性，把认真完成学习任务变成自觉的行动。因为教师是教育者，他们掌握比较丰富的体育知识、技术和经验，能满足教好学生的需要。在实施教学计划过程中，教师的教起着主导作用，它不仅表现在对计划的制订和执行上，还表现在对教学过程的调节和控制上。学生是教学的对象，是知识、技术的接受者，是学习的主体。但是，学生学习的自觉积极性不完全是自发的，还取决于教师的指导、传授、调节和控制。反过来，学生有了学习和练习的自觉积极性，又能主动地自我调节和控制，并与教师的调节和控制协调一致，如此才能保证预定教学目标的实现。所以，在体育教学过程中要把教师的主导作用与调动学生学习的自觉积极性很好地结合起来，这是提高教学质量的根本条件。

2．直观性原则

直观性原则是在体育教学中，要充分利用各种直观方式和学生已有的经验，通过学生的各种感觉器官去感知事物，培养学生的观察能力和积极思维的能力，使学生获得直接经验和感性认识，为掌握体育知识、技术和技能奠定基础。

确定直观性原则的依据是辩证唯物主义的认识规律。从生动的直观到抽象的思维，并从抽象的思维到实践，这就是认识规律、认识客观实际的辩证途径。任何知识的来源，都在于人的肉体感官对客观外界的感觉。在体育教学中，学生掌握体育知识、技术和技能，也是从建立感性认识开始的。首先，必须使学生感知所学的动作，在感知的基础上建立起完整的、正确的动作形象和概念，从而为学生掌握体育知识、技术和技能奠定基础。

3．因材施教原则

因材施教原则是指体育教师在教学中，既要面向全体学生，提出统一要求；又要根据不同班级和学生的个体差异区别对待，把集体教学和个别指导结合起来，使每个学生的才能和特长都能得到充分发展。

确定因材施教原则的依据是学生身心发展的客观规律及个体发展不平衡性。同一年级和年龄组的学生，他们的身心发展规律具有共同点，因而体育教学可以对他们提出统一的规格和要求。同时，同一年级和年龄组的学生他们的身心发展又存在着个体差异的发展不平衡性，如他们在身体形态、身体素质、运动能力、兴趣爱好、运动项目专长等方面都存有差异。这些不同点，又要求在统一的基础上注意区别对待，因材施教。

4. 身体全面发展原则

身体全面发展原则是指在体育教学过程中，教材内容的选择和安排要全面多样，使学生身体的各个部位、器官、系统的机能，各种身体素质和基本活动能力，都得到全面发展。

在体育教学中选择多种多样的教材，采用多种有效的教学手段，有利于学生身体的全面锻炼和身体各个器官系统的机能得到协调的发展，形成正确的身体姿势。而长时间进行单一的、局部的锻炼，就得不到理想的锻炼效果，有碍学生健康。人体是一个完整统一的有机体。人体各器官系统的机能、各种身体素质和基本活动能力之间，都是相互联系、相互制约和相互促进的，某一方面的发展会影响其他方面的发展与提高。因此只有以身体全面锻炼为基础，才能促进学生全面协调发展。

第四节　普通高校体育教学的环境与功能

一、普通高校体育教学的环境

（一）相关概念

1. 教学环境

目前国内对于教学环境概念的相关研究有很多，诸多学者都阐述了自己的观点。国内部分学者认为，教学环境是学校教学活动所必需的各种客观条件和力量的总和，是根据发展的人的身心而组织起来的育人环境。教学环境主要指由学校和家庭的各种物质因素构成的学习场所，就是学校教学活动所必需的诸客观条件和影响力量的综合。并按照教学环境诸要素的主要特点将教学环境分为两大类，即物理环境与心理环境，或者称为物质环境与社会心理环境，前者如校舍建筑、教学设备，后者如学校中的社会交往、学习气氛、各种关系、社会信息，乃至生活经验等。

2. 体育教学环境

体育教学是学校教育的一个重要组成部分，体育教学环境更是教学环境的一个重要分支，诸多学者从不同视角对体育教学环境进行了广泛的研究。目前，体育教学环境的概念没有一个完全一致的定义，但是它们之间都存在诸多共性，学者大都从学校教学角度出发进行剖析；再者，他们在对体育教学环境进行概念阐述的同时，也对其相关要素进行了探讨和分析。高校体育教学环境的构成要素包括硬件设施、人际关系、风气、氛围、自然条件（气候条件）、地理位置等一系列影响其教学的主观和客观条件的总和。

（二）国内外研究现状概述

1. 国外研究现状概述

（1）教学环境

人类生存的空间及其中可以直接或间接影响人类生活和发展的各种自然因素称为环境。人的任何活动都不能离开环境进行，在教学中同样如此，任何教学活动都是在一定的教学环境中进行的。国外对教学环境的研究大致可分为四个阶段，即萌发期、沉寂期、发展期和活跃期。教学环境的萌发期始于 20 世纪 30 年代中期，美籍心理学家库尔特·勒温（Kurt Lewin）首次提出了著名的人类行为公式，即 B=f（P·E）。其中，B 代表行为，P 代表个人，E 代表环境，f 代表函数关系。并指出人的行为会受到各种环境的影响，从而发现了人和周围环境之间的内在联系，使教学环境的研究真正拉开了序幕。后来不少西方研究者都把勒温看作课堂教学环境研究的代表先驱者。同时期美国哥伦比亚大学师范学院的托马斯·魏德（Thomas Wade）博士完成了一个对学校环境的评价调查。这一研究也为人们更科学地理解和研究学校教学环境提供了初步的量化手段和方法，为后来教学环境的实证研究开辟了道路，奠定了基础。但在托马斯·魏德的研究成果中，教学环境主要是作为学校生活环境的组成部分加以研究的，并没有将教育环境看作一种单独的生活环境体系。20 世纪 40 年代初至 50 年代中后期，受第二次世界大战的影响，对教学环境的研究也步入了沉寂时期，这段时期对教学环境的研究工作陷入停滞。20 世纪 60 年代初至 70 年代进入发展期，美英等西方国家开始在教育中注重全面提高教学质量，这段时期教育科学研究取得了快速的进步，教学环境也逐渐成了探索和研究的对象。这一时期的教学研究偏重对学校内部物理环境的研究，而缺乏对社会心理环境的深入研究，但伴随着研究的深入，人们逐步认识到教学环境的重要性。20 世纪 70 年代中后期起，对教育环境的研究步入活跃期，这一时期的研究重心也由对物理环境的研究逐渐深入对社会与心理环境的研究，教学环境也成了教育学与心理学研究的一项热点课题。

因为西方学者对教学环境研究的视角也各有不同，所以对教学环境的界定也存在一定差异，在众多定义中较为有说服力的有如下几个：①美国教育部技术学家诺克（Knirk）提出，学校建筑、教室、图书馆、实验室、操场以及家庭中的学习区域所组成的学习场所即教学环境。②澳大利亚环境专家巴里・弗雷泽（Barry Freaser）指出，课堂环境是对课堂内的人施加影响的综合，包括课堂空间、人际关系、课堂氛围等因素。③美国学者辛克莱（Sinclair）提出教学环境主要指学校环境的观念，并认为教学环境主要是促进学生身心健康发展的内外在各种因素的总和。

教育环境问题在全球范围内已受到人们的普遍关注，成为当前教育界的一项热点研究课题。国外研究者对教学环境概念的认识也各有不同，所以对教学环境的分类就出现了分歧。《国际教育百科全书》中对教学环境的分类表达了一种较为全面的观点，将教学环境分为物理环境和心理环境两种。

（2）体育教学环境

在美国体育课程中，教学的重心从以运动技能为基础逐渐转为重视学生参加运动的过程，越来越强调学生独立参加体育活动动机的培育。教师利用体育教学活动传达给学生正确的价值观、个人生存技能、社交技巧，而教师也把学校体育场馆视为“生活的实验室”，因此学校特别重视体育教学活动的举办，并充分利用学校完善的体育设备、体育场馆，举办多姿多彩的体育活动。同时学校还通过俱乐部的形式组织课外活动，教师到指定的场地中对学生进行指导。在美国支持体育的大环境中，美国体育教育得到快速发展。在充足经费作为场地设施的保障的前提下，对教学环境的研究也更加深入。

日本是最先提倡终身体育思想的发达国家之一，在体育教学上借鉴了西方发达国家的教育经验，在体育教学中强调学生的个性化发展。对社会环境的研究一直是日本体育教学研究的重点，在日本，学校体育课程以培养学生的生存能力为基本出发点。因此除了体育课教学之外，学校在设置各种活动课的同时，鼓励学生参与体育活动、健身活动、俱乐部活动等。此外，日本出台了一系列促进体育教学环境改善的政策、法规，同时，日本保障每个学校都有室外体育场和室内体育馆，且充分发挥体育社团在学校体育教学过程中的作用。

综上所述，国外发达国家十分重视对体育教学环境的研究，各国侧重虽不同，但研究都是在完善物理环境的基础上，逐渐转入对社会环境方面的深入研究，并强调在社会环境方面的重要功能。我国对体育教学环境的研究起步相对较晚，可参考发达国家教学环境研究的经验，在立足我国体育教学环境特点的基础上，进行对体育教学环境的深入研究。

2. 国内研究现状概述

（1）教学环境

我国对教学环境的研究起步相对较晚。我国知名教育家李秉德教授于1989年著文讨论教学活动的要素时指出，“有一个常被人们忽略的教学因素，那就是教学环境。任何教学活动都必须在一定的时空条件下进行。这一定的时空条件就是有形的和无形的特定教学环境”。他在主编发表的《教学论》上将教学环境界定为学校教育活动中所需要的诸客观条件与能力的综合，这种环境就是按人的身体发展所构建出来的特殊环境。从广义上说，社会、校园、家庭、科学技术等所有影响教育的社会因素都构成了教学环境，从狭义上说，教学环境则主要指在校园内活动的场地、设施、学风、人际关系等。校园本身就应该成为一种活动场地，从校内校外看去都应该充满吸引力。我们要充分发掘教学环境的育人作用，发掘学生的潜力，把教学环境当作提升学校教学质量的重要条件与基石。

（2）体育教学环境

随着国内外研究者对体育教学环境的研究，我国对体育教学环境的研究也不仅仅停留在体育基础理论方面，而是开始逐步地把对体育教学环境的研究和实际教学联系起来。在《体育教学论》中毛振明教授就将体育教学环境界定为：在体育教学过程中，对“教”与“学”所产生一切环境影响的总和，既包含学校运动场地设施、自然环境、学校体育教学信息、班级规模、比赛队列和队形等有形的硬环境，也包含学校班风、校园传统体育风气、体育教学常规、学校体育课堂气氛、学生人际交往等无形的软环境。体育教学环境，是指对进行体育教学所必需的各种条件的综合，既包含体育活动所必需的场地、设施等物质条件，也包括学校的体育传统和风气、课堂氛围、人际关系等社会条件。概括地讲，体育教学环境就是对学生进行体育教学所需要的各种客观条件的综合，它是根据体育教学中人的心理发展的特定要求所构建出来的特殊环境。从体育教学的观点出发，体育教学环境主要是指学校体育教学中的基本设施、各种教学设备、学校校风班风、教师人际关系以及相关图书资料等。鉴于体育教学环境中所涉及各种因素的复杂性与多样性，研究者多主张根据体育教学环境的主要特征把体育教学环境细分成两大类：物理环境与社会环境。物理环境是指对体育教学形成一定环境影响的所有条件，主要包含体育场地、各种教学设施等，而社会环境主要由两部分组成，即外部宏观社会环境与内部微观学校环境。外部宏观社会环境包含社会政治、经济、文化、舆论等，而内部微观学校环境则包含校风、教风、领导作风、学校体育文化、体育教学中的人际关系等。国内有学者将体育教学环境分为体育教学硬件环境和体育教学软件环境，硬件环境指的就是物质环境，是指能够影响体育教学的看得见摸得着的具体的东西，而软件环境则包含制度环境和人文环境，是指相对抽象的没有那么具体的，不太好测量的但是又时刻活跃在体育教学中的因子。其实不管是硬件环境还是软件环境，包含的要素都是大致相同的。唯物主义辩证法认为，事物是存在普遍联系的。也就是说无论分成两个维度还是三个维度，因子与因子之间是环环相扣的。在学校体育教学中，物质环境的改善会推动制度环境的改善，制度环境得到了改善，人文环境也会随之得到优化，整个校园环境系统就可以达到更高质量的发展，进而为社会培养出更多的人才。

（3）体育教学环境的在教学系统中的地位

体育教学活动具有开放性强的特点，决定了其对体育教学环境的要求更高于其他教学活动对教学环境的要求。体育教学环境就是教师进行教与学的平台，如果没有了这一平台，教师的教与学也就没有了依托。而体育教学环境能够在体育教学中起到这样的效果，主要是由其本身的性质所决定的。首先，体育教学环境是指根据特定的教学任务和要求，专门设置并建立出来的一个高度开放性的教学环境。比其他专业教学环境更难于把控。第二，体育教学环境调控性更强。体育教师在课堂教学中能够针对不同教学情况和教学的需要，不断能动地对教育环境加以调整，使体育教学环境更加利于教学的开展。体育教学环境的各种要素，都以各种形态渗透到、参与到体育教学的各个方面，并影响到了体育教学的进度和成效。

（4）体育教学环境的优化

所有体育教学活动都是在特定的体育教学环境中完成的。实践证明，为了切实提升体育教学质量，提高学生的素养，必须优化体育教学环境，通过创造良好的体育教学环境来提高教学效率。对体育教学环境的优化应该从物理环境和社会环境两方面入手，学校应增加投入，为教学活动提供充足的场地、器材等设施，建设合理的师资队伍，这是提高教学效率的基本条件。此外，学校还要充分运用各种舆论工具和媒体，以营造良好的学校体育气氛。体育教学活动中教与学的共同意向、动机、兴趣等总是在一定的氛围中产生的，良好的教学气氛可以反作用于学生的学习，影响体育教学效果。因此，创建良好和谐的课堂教学气氛能够进一步保证课堂教学目标的有效实现。

（三）普通高校体育教学环境的重要性

1. 学校体育教学的需要

体育教学环境是体育教学八大要素之一，也是学校体育教学质量的条件保障之一，它渗透在体育教学活动的各个环节中，无时无刻不影响着体育教学活动的进程和效果。体育教学环境作为学生安全、愉快地进行体育学习的基础，在某种程度上还决定着学生未来的体质健康状况和身心发展程度。纵观当前我国的学校体育教学环境状况，学校体育教学环境的建设略显滞后，体育教学资源短缺且配置不合理，不能满足学校体育教学的需要，制约了学校体育教学的开展，影响了学生身心健康的发展。从某种程度上来说也阻碍了体育强国建设的进程。

2. 体育强国建设的需要

在十九大报告中，党中央对我国发展变革的基本历程进行了科学理性的分析与判断后，提出了要加快推进体育强国建设。从我国逐渐变富、变强的历史进程中可以发现，体育兴，则中国兴。与此同时，在我国逐步走向强大的过程中，也一直都在证明体育强，则中国强，也就是说，中国的富强是离不开体育的，体育为我国的发展提供了有力的支撑。

（四）普通高校体育教学环境的优化策略

1. 优化高校的体育场地和器材

合格的场地和器材是保证体育课效率和质量的首要条件，所以优化工作亟待解决。

第一，加强政府主导，各级政府要重视体育教学基础建设工作，督促各级学校向政府积极汇报并真实反映体育场地和相关设备的现存状况，实现政校双方共同努力进一步落实教学范围内体育场地和相关设备的建设工作。

第二，在持续开发和进一步利用现存的体育场地的基础上，继续扩大政策执行力度，进一步提高室内场馆的有效利用率。与此同时，要引导学生开展爱护体育场地和设施的思想教育，还需要教师科学规划教学工作和场地使用计划等，统筹场地利用时间和空间。

第三，通过亲手制作简易且有趣的体育器材，变废为宝。例如，可以在空塑料水瓶中装入沙粒，用作篮球训练的变向标志牌，在激发学生动手能力和运动兴趣的同时，有效缓解器材短缺不足等问题。

第四，学校需要因人制宜，分类分级教学，根据学生的年龄及性别等特征，安排他们在相应的体育场地使用合适的器材进行适合的体育锻炼，可以有效避免场地浪费问题。例如，根据学生的生长发育特点，用软式排球替代成人的排球，不仅可以缓解学生的手指和手腕疼痛，还可以降低技术要求，培养排球运动爱好。

第五，必须按时对场地器材进行维护和保修，要设置专修人员对体育场地和器材进行检修和维护，排除器材和场地的各种安全隐患，竭尽全力保障学生的生命安全。

2. 因地制宜合理开展体育活动

授课和教学的时间、地点和内容等因素均可以因地制宜，根据多变的自然环境做出适宜调整。例如，在雨雪天气时适宜在室内体育场馆中实施教学活动，在保障教学质量和课时的同时提高学校场馆利用效率。此外，也可在极端天气时将户外实践活动调整为相应的体育理论知识的室内学习，借此机会对学生进行运动规范及健康教育，使学生充分了解体育的重要性、掌握运动技能和预防损伤的方法。

3. 科学规划同期体育授课班级

第一，根据性别实施分班教学。由于男女生身体结构之间存在差异，科学地实施教学方案，规范体育教学活动和课程设置，有助于提升教学效果。

第二，根据运动兴趣实施分班教学。这不仅可以使学生主动选择课程，激发其运动兴趣，同时也能提高学生的学习积极性，培养一技之长。

第三，根据体育教师的实际观察，实施分类别授课。在满足硬性分班标准的同时，还需要因地、因时、因人地根据实际情况进行调整。这样既能避免大规模班级产生的管理和教学弊端，又能照顾到学生的真实感受，通过进一步了解，增进师生情感，提高授课与学习的效率。

第四，要根据实际情况合理安排教学计划。减少同一时段内授课的班级数量，避免由于人数多产生的场地拥挤和器材短缺问题，提高体育教学的效果。

4. 大力开展校园体育文化建设

（1）以校园体育物质文化为基础

校园体育物质文化是校园开展各类体育活动的重要前提和保障条件。各类体育活动的开展离不开完善的体育场馆设施和充足的经费投入。在物质层面上，首先，学校领导要高度重视，加大体育物质基础建设的经费投入力度。其次，学校要和企业建立校企合作关系，学校为企业员工提供体育场馆设施和体育技术服务指导，企业对学校体育设施进行经费再投入，形成良好的互动机制。最后，学校要成立专项体育经费管理部门，科学合理地安排经费的使用。通过加大体育场馆设施的投入和多渠道体育经费的筹集，为营造校园体育文化奠定坚实的基础。

（2）加强校园体育文化交流与宣传

在互联网时代背景下，信息网络已经成为生活中不可缺少的重要组成部分。强化校园体育文化交流与宣传工作要做到：第一，学校要充分利用信息化技术建立校园体育网站，利用学校微信公众号、微信群、报刊栏、校园广播等方式，为学生提供体育与健康知识宣讲、体育竞赛视频分享、运动健身方法、健身小视频、体育技能学习、校园体育新闻等内容学习平台，不仅可以进一步提高学生对体育的认识和体育技能的学习能力，而且可以培养学生的终身体育锻炼意识和体育文化素养。第二，学校要搭建良好的校内、校外体育活动交流平台，鼓励体育教师和学生走出自己的活动圈子，多学习、多交流、多反思、多总结，多反馈。通过这种宣传和交流方式，让学生在这样的体育文化氛围渲染下，积极主动地参加体育锻炼，培养终身体育锻炼的意识。

5. 加强校方对体育教学的重视

第一，学校领导在逐步转变体育教学思想观念的同时，也要开展会议和相关活动带动其他学科的教师重视体育教学，强调体育和其他学科处于同一地位，教学重要性一致。此外，学校还需要定期对教师开展听评课检查督导工作，设立教学组长监督体育教师的教学工作和授课情况。

第二，学生要借助各种方式和途径进一步加大健康知识的宣传和推广力度。例如，利用校园广播宣传、校园横幅和宣传牌等，使师生从内心深处重视体育学习，培养热爱体育的良好品质。

第三，学校要配合开展不同类型的体育活动。如专题知识竞赛、运动知识讲座、体育明星宣讲等，借此提高学生参与运动锻炼的积极性。

第四，学校要不断充实扩展体育课课的内容，不仅要进一步发扬开展传统体育运动，也要引进新兴运动项目。通过新旧形式的体育项目结合教学，引导学生关注健康、参与运动、热爱体育，在弘扬民族传统体育文化的基础上，营造和谐良好、积极向上的体育风气。

6. 完善普通高校体育教学制度

第一，积极响应国家号召，及时修订教学计划，依据新课标规定内容制订科学合理、符合时代发展要求的体育教学计划。

第二，学校应该对体育教师授课的次数和方式进行规范，制定规定，借此促进体育教师之间的互相交流，学习前沿的教学理念和方法。

第三，科学编写教学方案，鼓励体育教师通过编写科学的教学方案提升教学水平，定期检查教师的备课情况，加大监督力度。

第四，定期对体育教师进行科学有效的专业技能和知识的培训，使教师紧跟体育教学的潮流，不断深入学习，提高专业技能，提升教学专业素养。

第五，严格执行体育课堂的教学常规。体育教师务必严格执行课堂常规，落实好课前师生问好，以示师生彼此之间的尊重；宣布授课的内容与要求；检查运动服装穿戴情况；落实见习生的见习事宜；重点强调运动安全问题等必要环节。

第六，学校领导需要科学系统地总结体育教学问题，重点寻找教学问题的病因，坚持对症下药原则，进一步健全学校的体育教学制度。

7. 营造和谐温馨的课堂教学氛围

第一，教师首先应该根据学生的具体情况，筛选适宜的教学方法、教学器具开展体育教学工作，根据学生的兴趣，灵活运用情境教学法和游戏竞赛法等学生喜闻乐见的教学方法，通过游戏的方式，使学生轻松自主地掌握运动技能，不仅激发了学生的运动积极性，还提高了授课质量和效率。例如，通过游戏，让学生在快速地跑动过程中，提高其奔跑速度，使其在学中玩，掌握运动技能。

第二，在课堂上应该加强师生之间的交流，借助神情沟通等方式，向学生传达正确的内容，鼓励学生进行正确和科学的运动。

第三，积极营造生动活泼的教学氛围，引导学生在课堂上积极互动，主动参与，自行完成教师安排的任务，改变其对体育课的刻板观念，使学生真正开始重视体育课，提高对体育课程学习的兴趣。

第四，营造和谐温馨的课堂氛围，倡导师生互动。教师要公平公正地对待学生，根据不同学生的不同情况，因人制宜、因材施教，激发不同学生的运动潜能。此外，还需要实现师生之间的双向交流，教师在倾听学生意见和不同看法的基础上，采纳学生对授课内容和方式的合理意见，做学生的良师益友。而学生必须了解授课教师的真实想法，通过与教师展开积极的交谈，构建良好的师生关系，提高体育课堂的授课质量。

（五）普通高校体育教学环境的评价指标

1. 自然环境指标

自然环境是相对社会环境而言的，一般指的是由水土、地域、气候等自然事物所形成的环境。一般将空气质量、湿度温度、灯光角度、光线强度、周围噪声情况、场地周边景物色调六项指标作为自然环境评价指标。

2. 设施环境指标

设施环境是指教学场所和教学用具的综合，是物理环境中最核心的组成部分，教学设施是否完备、良好直接关系到整个学校环境的质量和教学活动的正常进行。一般将场地材料、场地新旧程度、运动器具、教具、场地数量、场地清洁度六项指标作为设施环境评价指标。

3. 时空环境指标

时空环境是指教学活动中由时间和空间构成的特定教学环境，时间和空间密不可分，相辅相成。教学是一个持续的过程，合理组织单位时间内的教学空间活动，以提高教学效率。因此，一般将上课课时、上课时间段、场地使用率、班级规模、师生比例、场地容纳量六项指标作为时空环境评价指标。

4. 文化环境指标

文化环境一般指某一主体的价值、观念、喜好和行为等其他因素的综合，如人们成长在特定的社会中，在社会中，人们会潜移默化地形成基本信仰和价值观。考虑到体育运动文化、理念、价值等因素会对学生的思想层面带来影响。因此，一般将课程思政、文化宣传、运动价值宣传三项指标作为评价指标。

5. 教学组织环境指标

教学组织是指为完成特定的教学任务，教师和学生按一定要求组合起来进行活动的结构。一般将教学思想、教学目的、教学内容、教学方法、教师教学能力、教学组织形式六项指标作为评价指标。

6. 人际关系环境指标

人际关系是人与人之间在活动过程中直接的心理上的关系或心理上的距离，抑或是人与群体、群体与群体之间一种动态的心理上的关系或距离。通过学校教学群体之间的联系，一般将学生与学生之间的关系、教师与学生之间的关系、教师与教师之间的关系、学生与班级之间的关系四项指标作为评价指标。

7. 传统风气环境指标

学校体育传统与风气是指一个学校在体育方面养成并流行的带有普遍性，重复出现和相对稳定的一种集体行为风尚。它表现出自觉、经常和群体性的基本特征。结合高校教学环境的特点，初步设立了校风、班风、教风、学风四项指标作为传统风气环境评价指标。

8. 课堂教学环境指标

课堂教学的效果不仅取决于教师怎么教，学生怎么学，还取决于一定的教学环境。它是精神环境中的一种课堂教学氛围，良好的课堂氛围是指在课堂上师生之间、学生之间围绕教学目标进行的教学活动所形成的一种主导性的综合心理状态。因此，一般将师生态度、师生心境、师资配备、教师投入、集体意识、集体共同目标、领导核心、班级凝聚力、教师期望九项指标作为评价指标。

9. 信息交流环境指标

信息交流环境，又称拟态环境或符号现实，是一个社会中由个体或群体接触可能的信息及其交往活动所构成的环境。信息交流环境的基本要素是语言、文字、声音、图片、图像和其他具有特定含义的信息符号。因此，一般将教学信息交流平台、教学状态信息交流、教学环境信息交流、教学信息交流反馈、教学过程信息监督五项指标作为评价指标。

10. 学校相关制度环境指标

学校相关制度环境是指能够适应社会发展需要，以完善的学校法人制度和新型的政校关系为基础，以教育观为指导的可持续发展的一套完整的制度体系。一般将组织纪律、课程开设形式、考核制度、运动场馆使用规定四项指标作为学校制度环境评价指标。

11. 课堂制度环境指标

课堂制度环境是指教学过程中，在学校规章制度的前提下，制定课堂教学规则和秩序。因此，一般将保障安全规定、上课服装规定、使用场地器材规定三项指标作为课堂制度环境评价指标。

二、普通高校体育教学的功能

（一）健身功能

健身功能是高校体育教学最为基础的一项功能，它体现了体育的本质属性。对于高校体育教学来说，在经过漫长的实践与改革后，其课程规划、教学大纲设计、教材内容的选择、课时的安排、教学组织的实施等已经逐步科学化、合理化。具体来说，体育教学的健身功能主要体现在以下几点。

1. 促进学生生长发育

身体是体育教学活动最直接的载体和受益方，体育教学能够有效促进学生的生长发育。大学生正处于生长发育的黄金时期，经常参加体育锻炼的学生其身体素质通常明显高于没有经常进行体育锻炼的学生。经常参加体育锻炼可以有效地促进学生的生长发育，提高学生的健康水平。

2. 提高身体机能水平

体育锻炼可以明显改善人体的各项身体机能水平，如加快新陈代谢、促进骨骼发育、增强心肺功能、增加肺活量、增加肌肉体积、改善血液循环、提高免疫功能等。身体机能水平得到提高，学生的抗病能力和环境适应能力也会得到相应的提高。

3. 全面发展身体体能

体能主要是指人体的力量、速度、耐力、协调、柔韧、平衡、灵敏等运动素质能力。身体体能一部分来自先天，另一部分来自个体长期以来所进行的体育锻炼和其他活动。体育教学能够有效增强学生各方面的能力，全面发展身体体能，有效提高运动能力。

（二）健心功能

1. 减轻心理压力

有关科学研究表明，一定的体育运动会刺激大脑内啡肽的分泌，从而间接影响人的情绪，因此也有人称内啡肽为“快乐激素”。体育运动刺激“快乐激素”，能够使人感到轻松愉悦，有效缓解学习或生活的压力。高校体育教学注重发挥健心功能，不仅能够排解学生在学习上的紧张、焦虑、不安、抑郁等不良情绪，还能让他们在复杂多变的环境中始终保持良好的心理状态。

2. 提高自我效能感

自我效能是指一个人对自己所完成的学习任务或工作能力的主观评估，简而言之就是人们运用自身能力去完成某项任务的自信程度。在体育运动中，学生必须从心理上和生理上克服困难、磨炼自己，让自己不退缩、不胆怯、不害怕，在体育运动中获得成功的体验感和肯定感，在心理上能够获得一定程度的认知，从而有效提升自我效能感。

3. 锻炼意志品德

在体育锻炼中，学生必须完成一定负荷量的动作或技能练习，且需要长期坚持和循环练习，而这一过程能够有效培养和提升学生的意志力。此外，体育运动及体育竞赛的相关规则和秩序也有助于学生养成严格遵守纪律的良好习惯，这种规则感和秩序感一旦形成并固化为习惯和意志品德，就会有益于学生之后的工作和生活。

4. 促进人际关系

大多体育运动都强调群体性、合作性、对抗性，如羽毛球、乒乓球、篮球、足球、排球等。这些需要沟通、交流和合作的体育运动有利于增进学生之间的人际交流，提升学生的人际交往能力，促进学生的人际关系。此外，当体育运动以集体形式开展时，学生在团体中会更加注重与其他成员的情感联络、协调合作、团结互助等，使自己得到更多人的认可，从而建立良好的人际关系。

（三）传播知识

教育是有组织、有计划、有目标的实践活动，它是一种需要教育者将知识、技能、道德、精神、科学等传授给教育对象的行为，是人类文明的绵延与传递。对于学校教育来说，知识传播就是培养人才、传播知识技能的过程。

体育教学的教学对象是学生，它是以身体活动为手段，使学生的身体素质和心理水平得到提升的过程。从“教”与“学”的角度来看，体育教学更多的是一种“身体知识”的传播活动，这种身体知识从人类诞生之初就已存在，并在漫长的发展和变迁中得到传承和突破。早在远古时代，人类通过抓捕猎物维持基本生存时，就已经形成和掌握了走、跑、跳、跃、投、滚等一系列动作，这些动作经过不断的演化和改造逐渐形成了体育运动项目雏形，如蹴鞠、戏车、柔术、水球、赛马等。直至现代社会，体育知识的传播已不仅是指某一具体运动项目的传播，同时还包括了技能技巧、心理健康、意志品格等内容的传播，它能够让学生掌握更为全面的体育知识，有效促进学生综合素质的提高。

（四）发展技能

体育技能是指由各种理论知识、技能技巧、身体素质相互组合形成的一种综合技术能力，如一个人的敏锐观察力、迅速反应力、良好记忆力、良好接受能力、灵活协调力等。

在高校体育教学中，教师开展体育教学活动要以教学内容为依据，结合自身教学经验向学生进行理论知识和技能技巧的传递。其中，技能技巧的提升是教学的主要内容，要求教师引导学生在不断的实践过程中长期反复练习并内化知识技能。比如在足球运动的传球技巧教学中，教师可以将传球技巧学习分为短距离传球学练和长距离传球学练两大方面展开练习，甚至可以细致到内脚背、外脚背、正脚背射球技巧学练。与其他学科不同的是，体育教学不仅要使学生对理论知识有着深刻的理解，还需要学生经过持续性、长期性的身体练习，在大脑和身体反应上形成对技术的表象反应，最终形成一种条件反射并能做出正确的动作反应，由此显著提升运动技能技巧。

第二章　普通高校体育教学现状分析

体育教学现已成为高校教育教学中的重要内容，它在增进学生身心健康，增强学生体质，提高学生社会适应能力等方面有着非常重要的作用，并且其在高校教学中的地位与日俱增。本章分为普通高校体育教学的发展背景、普通高校体育教学的发展现状、普通高校体育教学的发展趋势三部分。

第一节　普通高校体育教学的发展背景

一、健康中国背景下高校体育教学的发展

健康中国是一种“以人为本”的发展理念。随着人们物质生活水平的不断提升，人们对身体健康的要求也在不断提高。国民的身体状况，关系到个体的发展与家人的幸福，更关系到国家的未来与民族的前途。国民健康是衡量一个民族整体水平的重要指标。健康中国的发展目标从全民健康生活出发，完善健康保障，增强民众的终身体育意识，帮助民众形成健康的体育锻炼习惯。尽管健康中国是以中国全体人民为中心的，但它的主要面向对象是青少年群体。这主要是由于青少年的免疫力弱，很容易受到外界病菌的侵扰，到了青春期，通过适当的运动，可以增强他们的体质。而成年人的免疫功能已经发育到了成熟状态，想要对其进行调整是非常困难的。因此，作为一种健康理念，健康中国更加重视青少年的体育锻炼，让青少年在青春期打好身体基础，以便让他们在成年后能拥有一个健康的体魄。在健康中国背景下，中国民众应主动参与体育锻炼，增强体质，为健康生活而奋斗，为“两个一百年”的奋斗目标和国家长远发展奠定良好的基础。

（一）健康中国背景下对高校体育教学的要求

1. 加大学校健康教育力度

将健康教育纳入国民教育体系，把健康教育作为所有教育阶段素质教育的重

要内容，建立学校健康教育推进机制。构建相关学科教学与教育活动相结合、课堂教育与课外实践相结合、经常性宣传教育与集中式宣传教育相结合的健康教育模式。培养健康教育师资，将健康教育纳入体育教师职前教育和职后培训内容。

2. 促进重点人群体育活动

实施青少年体育活动促进计划，培育青少年体育爱好，基本实现青少年熟练掌握 1 项以上体育运动技能，确保学生校内每天体育活动时间不少于 1 小时。到 2030 年，学校体育场地设施与器材配置达标率达到 100%，青少年学生每周参与体育活动达到中等强度 3 次以上，国家学生体质健康标准达标优秀率 25%以上。

3. 加大体育健康教育力度

高校作为青少年的聚集地，对于学生在青少年时期能否形成正确的体育价值观、培养学生终身体育意识以及基本体育素质与能力起着关键作用。要加大学校体育健康教育力度，培养学生正确的体育观念；加强高校体育教育专业在健康教育方面的培养，加强健康教育在体育师资培训中的比重；各地区、学校根据不同地理优势以及所具备条件，开设具有地方特色的体育活动；改善体育教学模式，大力发展课外体育活动；加强体育师资队伍建设，按照合理比例招收体育教师，并做到根据学生人数平衡男女教师比例、提供合理工资待遇；拓宽学校体育经费渠道，加强学校体育设施与环境建设；构建体育安全事故保障体系，保障体育健康工作平稳有序开展。

（二）健康中国背景下高校体育教学的发展策略

1. 加强对健康教育的认知

学校体育教育中主要传达的思想，就是让学生在任何情况下都应牢记“健康第一”的核心理念，使学生在接受学校教育的过程中，能够逐渐形成一种良好的生活方式与习惯，这种思维的建立将对他们以后的健康状况起到重要的影响作用。因此，想要达成这一目标，学校不仅要在校内加强对学生身体健康方面的重视，更应将这种健康观念传递给家庭与社会，从根本上提高群众的整体素质。除此之外，关于健康教育这方面，国家对学习下达了明确指令要求，学校应全面落实并做好学校健康教育工作。

加强健康教育理念与知识的传播，增设健康教育知识理论课程和知识讲座，促进学生养成对自身健康的正确认识，在此观念下引导使学生对于体育活动的积极性、自律性等得到有效提高，起到沉浸式锻炼的作用，以此达到更全面、更迅速地增强学生的体质，提高学生的运动技能的作用，这也是提升现在学生体育素质方面的主要措施。想要通过学校教育使学生养成健康卫生的生活方式，还需要我们不断地挖掘与探索。

2. 完善高校体育教学的内容

到2030年，熟练掌握1项以上体育运动技能是健康中国战略对青少年学生提出的发展目标。高校体育课中应该更倾向于教授学生基本的运动技能，为保证体育课堂对学生的吸引力，体育教师在教授科学运动技术的同时应善于运用体育游戏等方法来调整课堂学习气氛；高校体育课应严格落实合理分班工作，做到按性别或运动基础等因素合理地将学生分班，以便教师能更好地发挥教学水平；高校体育课应进一步完善学生评价体系，加强对大学生每阶段学习后进步幅度的测评，同时在理论与实践测试方面加强对大学生相关健康知识的测评。

3. 科学管控高校课余体育训练

在“健康中国”战略指导下，高校运动队建设除了作为学校的“招牌”应大力支持外，还应以学校优势项目为重点在高校建设符合自身特色的体育文化，引领某一运动项目的热潮。健康中国战略明确提出，学校应以青少年科学健身需求为导向，以体育竞赛等为载体向广大青少年普及科学健身的先进理念、基本知识、基本技能和有效方法。作为参与体育竞赛的基础，运动队的建设是必不可少的。普通高校应借助国家大力支持校园足球的机会在校内举办有影响力、高质量、规章制度完善的校园足球比赛，以比赛来带动各学院以及学院下各专业组建代表队，以训练与比赛的方式引领更多的大学生走向操场，参与体育运动。并且，除大力开展国家支持的校园足球运动外，各普通高校还应根据自身优势资源开展校内特色体育赛事来不断丰富校园体育文化。

4. 设置合理的体育教学目标

各个高校需要以“全面健康”作为教学原则，来设置合理的教育目标，重塑教师的教学思想。各个高校可自主根据本校学生的身体素质和客观体育设施情况设计合理的体育教学课程核心目标体系；结合当前学生的学习阶段和教学后续发展目标来判断教学核心价值。学校要始终秉承“健康中国”的教学理念，为学生的健康着想，设置教学目标，结合实际教学情况提高体育课程教学改革的水平。

5. 平衡体能教学与技能教学

高校的体育课程的核心主要分为体能教学和技能教学两种。体能教学的起源较早，一般指传统体育元素，主要强调身体各个部位的协调性训练，旨在锻炼学生的综合身体素质；技能教学主要重视体育技能的传授，如游泳技能、篮球技能等，更关注学生的运动技能。在进行高校体育课程创新改革时，需要将体能教学与技能教学相平衡，推动二者共同发展。为了转变传统体育教学中重体能、轻技能的情况，体育教学应根据学生的实际体能情况，加强体育技能的指导，设计合理的技能教学方案，使高校学生能够有效掌握体育技能，再通过扎实的技能逐步提高体能，避免训练事故的发生。

6. 建立运动健康概念

党的十九大提出，实施健康中国战略要深化医药卫生体制改革，加强基层医疗卫生服务体系，推进医养结合，体医融合。那么，针对患病的学生，除了药物治疗以外，还可以采用运动处方，结合运动加快恢复健康。运动处方，类似医生开的药物处方，由指导者根据准备锻炼者的身体状况，规定其运动的内容、方式和运动量进行锻炼。当然，运动处方不仅仅应用于病人。可以针对不同体质的学生制定相应的运动处方，来帮助身体素质、体质方面有问题的同学进行科学健身。通过运动处方的干预建立运动健康概念，如此实现体育锻炼和基层医疗服务结合，提高学生健身的效率和效果，最终促进健康中国建设。

7. 实现课内外一体化

根据健康中国战略要求，高校除了要安排体育课时，还要安排每周一次统一的课外体育活动时间，并将其列入学生课表，确保学生一周参与2～3次的体育运动，以“第一课堂”与“第二课堂”的有机结合及课内外一体化教学强健大学生的体魄。具体而言，高校要积极响应教育部提出的“聚焦‘教会、勤练、常赛’，深化学校体育改革”的基本要求，一方面，要以“教会”为目标，明确教师的职责与要求，强调以学生“学会”为标准，既要注重所教内容深入浅出、充满乐趣，又要保障学生融会贯通、技能迁移，能够将运动技能、体育精神有效融入生活、工作与学习中，凸显体育的价值与功能；另一方面，要以“勤练”为路径，通过课内外一体化实现分层教学的因材化、特色项目的多元化、教学训练的系统化，提高大学生的兴趣，配合体育社团、体育俱乐部等开展课余体育训练，使大学生真正养成终身体育的意识及良好习惯，形成健康的生活方式。此外，高校要加强与行业体育协会、企业体育俱乐部等的合作，通过专业体育师资队伍建设、体育场馆设施共建共享等方式，为广大学生营造良好的竞技比赛氛围，建立体系完善、制度健全、充满活力、突出实效的“常赛”机制，在系统的比赛中练就大学生强健的体魄，培养其集体协作的精神与健全的体育人格。

8. 增加体育教学中健康教育考核评价

对健康教育效果的评估，则需要展开健康教育知识评价。健康教育知识的掌握程度直接影响健康意识和健康行为的形成。目前大部分普通高校在体育教学评价过程中，缺乏健康教育理论知识这部分，要从宏观上加强和改进教育行政部门的工作。

在日后的体育教学与健康教育评价体系建设中要注重综合评价，评价方式注重客观与主观相结合，考核内容中运动技能、心理健康、身体健康、运动参与以及健康教育理论知识五个领域的指标比例设置均衡。

二、“互联网＋”背景下高校体育教学的发展

目前，世界已经进入互联网时代，大学体育作为高校课程中的重要一环，也要充分利用“互联网＋”带来的便利，要以移动终端为媒介，通过场景的搭建和情景配置，促进高校体育教育的教学改革和教学创新。高校体育教师应不断提升自己的科学素养、专业素养及对网络教学平台的掌握能力，高校学生应不断适应网络教学模式，改变传统学习方式，加强对体育理论的学习和实践。高校教师应主动参加网络平台的专门培训，积极引导学生在“互联网＋”背景下学习体育课程，激发学生自觉参与体育锻炼的热情。

（一）“互联网＋”背景下高校体育数字化教学

“教育数字化转型”是目前中国教育教学改革和实践中的一个热门话题，也是后续教育改革的必然方向。教育数字化转型是以技术驱动教育改革与创新的一种进程，它的实施具有重大意义。在“互联网＋”时代背景下，数字化教育技术的应用，在一定程度上促进了教师自身与外部世界的联系，利用数字化教学手段，激发了学生的学习兴趣，同时提高了教师的专业水平。通过数字化转型可以改变体育课程教学方式，激发学生的学习积极性，努力培养学生的自主学习能力，使学生在分析与解决问题的过程中，探索体育技能的学习要点。

总的来说，在“互联网＋”背景下，高校开展体育数字化教学是十分有效的，在合理使用教学资源的同时，优化教学流程，达成数字化教学与传统教学的融合，实现学生学习自主性的不断提升。但是，体育训练数字化教学仍然处在初步推广阶段，需要体育教师不断地学习和更新教学理念，发现问题并及时解决问题，由此来促进高校体育训练高效课堂的不断完善。

（二）“互联网＋”背景下高校体育信息化平台的构建

利用互联网、大数据、人工智能等新兴技术，推动新技术支持下高校体育与健康教育的模式变革，是许多高校面临的现实难题。因此，要加强体育教育信息

化建设，构建校园智慧体育平台，这样不仅可以提高体育教师的课堂管理和学校体育管理的工作效率，还可以充分发挥互联网的辅助教学优势，培养学生终身体育的意识与习惯，提升体育教育质量。

高校体育教学信息化平台建设顺应了5G时代互联网技术的发展趋势。目前，国内部分高校依托信息化平台建设提升了办学水平，教学效果日益显著。然而高校体育教学信息化平台优质数字资源少、监管不到位、数据维护成本高等问题仍然存在，其中资金支持、学校软硬件设施、体育教师信息化水平是制约学校体育教学信息化平台建设的重要因素。因此，提出“优化数字资源，建立重点数据库”“全面升级信息化系统，加强监管力度”“加强技术保障，提供运动处方”三点相关对策，只有不断地通过实践运用体育教学信息化平台，才能进一步完善信息化系统。为了更好地实现高校体育教学信息化建设，我们仍需要从国家政策、社会背景、时代发展趋势、学生个人层次等方面进行研究，从学生的实际需求出发，注重“立德树人”的培养观念，将“人”放在核心地位，为学生的“德智体美劳”全面发展创造优良条件。

第二节　普通高校体育教学的发展现状

一、普通高校体育教育观念现状

现阶段普通高校体育教学过程中，强调“终身体育”和“健康第一”的教育目标，不仅要依托体育教学提升学生的身体素质，亦要培养学生终身体育的行为习惯，通过体育锻炼促进学生养成健康的生活方式。但当前大学生体质健康水平呈现下降趋势，部分大学生养成熬夜、暴饮暴食、打游戏等不良生活习惯，严重损害当代大学生的身心健康，对高校人才培养产生不利影响。大学生的体质健康现状表明，当前高校体育教学效果不理想，缺乏重视体育和健康第一的思想认知。

二、普通高校体育课程设置现状

课程设置是体育教育管理工作者，结合国家体育部门对高校体育教学的要求，所设定的课程安排与课程标准。只有保证高校体育教学与课程设置要求相契合，才能为课程教学有序开展提供保障。但当前高校体育课程设置体现出诸多问题，不仅课程相对陈旧，且存在严重同质化问题，大多集中于田径、篮球、足球、排球等项目，难以满足大学生对多样化体育学习的需求。且由于课程设置长时间未得到更新，学生学习兴趣匮乏，造成学生虽有体育需求但不喜欢体育课的教学现状。除此之外，部分高校体育教学活动局限于课堂之内，缺少丰富多样的课外体育活动。在培养学生体育技能，提高其体质健康水平的过程中，仅能够依赖有限的课内教学时间，无法发展学生多样化的运动技能，并培养学生健康的体育生活方式。

三、普通高校体育教学模式现状

当前普通高校的教学模式单一，教学方式相对落后，教学组织创新性不够，导致学生学习积极性不高。体育教师是高校体育教学的课程设置者，更是体育教学的直接执行者，若是体育教师自身综合素质不足，将会严重影响学生的体育学习，而体育教师师资队伍的整体素质不仅仅体现在学历以及职称的占比方面，也体现在教学方法和教学组织形式上。部分教师采用填鸭式教学，教学内容过度依赖既定教学计划，在教学实践中教师占据更大主动权，而学生丧失了主体地位。更有少部分的教师采用放羊式教学，教师仅仅在课程刚开始的时候简单教导一下教学内容，然后就将大量的时间留给学生自由活动，不仅浪费了教学资源，而且无法让学生学到系统的体育锻炼知识、掌握基本的运动技术。

四、普通高校体育师资队伍现状

首先，体育教师工作量实际都很多，并不像人们普遍认为的体育教师很轻松。其次，由于相关政策制度的不完善和学校领导的不重视，体育教师参加外出培训和各种学习的机会不多，大部分体育教师明白教学和科研的重要性，但科研意识及能力较差，动力不足，缺乏科研氛围。普通高校体育教师每年参加的科研培训和业务技能培训的次数不能满足他们对提升自身能力的需求，培训量还不够。

五、普通高校体育教学组织现状

高校体育教育教学通常采用以下组织形式加强学生的体育训练：实践与理论结合形式、统一分层形式、以生为本的组织形式和开放的组织形式。这四种组织形式各有特色，采用不同的教学方法实施教学。

①实践与理论结合形式。实践与理论结合形式是最初的教学形式，不管是哪

种体育运动项目，教师对学生教学时，要采用实践与理论结合的教学形式。在正确的体育观念和理念的指导下，学生才会重视体育训练，才能勇于面对训练时遇到的困难，不打退堂鼓，身体素质才会提高，才能养成终身体育的习惯。

②统一分层形式。当学生掌握了一定的体育训练技能时，就可以采用统一分层形式。统一分层形式具有较强的针对性，分为两种形式。第一种是以性别为分层的标准，男女生的体能素质有着很大的差距，男生体格健壮，耐力强，在同一体育项目中能够完成高难度的动作，可是女生因为体质弱，只能完成基本的训练动作。第二种是根据学生的体育能力进行分层教学，当学生熟练掌握了训练技能时，性别相同的学生也存在着能力的差距，把他们进行分层之后，设计不同的教学目的，进行不同强度的训练。

③以生为本的组织形式。高校学生独立性比较强，他们都有自己的个性，在选择体育学习项目时自主性强。但是有些高校采取强制性的措施要求学生选择必修和选修项目，严重挫伤了学生体育学习和锻炼的积极性，不利于体育教学质量的提高。

④开放的组织形式。从高校体育教育教学的情况来看，虽然采用了开放的组织形式，不再在班级内实施封闭式的教学，学生可以走出班级，在其他班级、其他学院采取“走班”的形式参加体育学习和训练，但是这仅适用于校园内的开放式教学，高校体育教育教学仍然没有走出校门。

六、普通高校体育教学资源现状

体育场地、设施、器材是学校体育工作的重要保证。学校体育场地及设施的不足会严重影响学校体育的开展效果。当前部分学校还存在着设备陈旧、场地有限、器材损坏等问题，影响了体育课的效果。尽管这些学校拥有基本的体育场地和设施，但不能满足学生对体育设施的需求。尽管学校现有的运动器材和场地已经能够满足当前的体育教学，但是当进行一些课外体育训练、体育竞赛时，学校现有的体育场地和设施不规范，不能满足体育竞赛的要求，影响学生运动锻炼的效果及运动成绩。

七、普通高校体育器材管理现状

（一）器材缺乏维修和保养

有目的性地对体育器材做好维修和保养，精准有效地排除其各类安全隐患，是新时期全面提升体育器材管理水平的题中之义，更是保证高校体育教育事业发展的必然路径。实践表明，部分高校在体育器材管理中缺乏维修和保养，对潜在的安全隐患要素辨识、控制与消除不当，致使其安全隐患得不到及时有效的处理，其后勤保障价值受限，束缚着其应有作用的凸显。同时，部分体育器材没有及时修缮和更换损坏部件，没有及时做标记，且监管不到位，学生堆放混乱，在使用时安全隐患突出。

（二）器材管理信息化水平低

现代信息化技术的快速发展，为高校体育器材管理提供了更为丰富的技术手段，使体育器材管理人员在工具与方法选择方面更具灵活性。实践表明，部分高校过度侧重体育器材管理的表面化工作，对信息化技术的引进与应用相对不足，难以对体育器材的各类性能指标参数进行精准分析与研判。同时，无法在有效范围内实现数据互联互通，信息交互受限，体育器材管理方式单一，与体育器材管理的信息化、智能化与网络化发展趋向不相吻合。

（三）配置与利用方法不系统

一是教师在体育器材设施开发利用层面关注程度不高，认为这是客观条件难以有效改善，故而缺乏深入、全面分析研究的精神，形式主义相对严重；二是教师对于体育器材与体育场地之间欠缺，对于各类运动所需场地的大小并没有精准测量，难以有效、合理地融入更多的体育器材；三是对体育器材功能认识不足，难以全方位发挥器材具备的多种不同功能；四是校内外对接力度不大，难以灵活、全面地利用校外各类教学器材资源；五是器材利用与维护不到位，导致器材寿命不断缩短，器材利用效率以及质量严重降低。

八、普通高校学生体育学习现状

受传统体育教学形式的影响，体育教师在教学过程中通常以口传、示范的教学形式为主，强调对教学内容的强制性表达，忽视了高校生心理及体质健康水平方面的差异，只关注教学动作的掌握情况，而缺乏对高校生专项动作提升的关注与培养。因此，运用传统体育教学形式所教授的学生，在实际职业岗位上往往表现出“高技低能”的特征。另外，按照传统教学模式开展体育教育具有强制性，易导致学生难以从体育活动中获取运动的乐趣，进而产生厌烦与抵触的情绪，不利于高校生身心协调发展。影响体育教学方法创新的主要原因，有很大一部分源于学生自身。学生参与体育教学活动时，自身对体育教学活动的积极参与程度、兴趣以及想象力，都是影响体育教学效果的关键。学生不积极参加体育运动，就无法发现自身存在的运动天赋。整体来说，培养学生的兴趣是教学活动的关键，提高学生对体育运动的兴趣，不仅是学生参加体育活动的关键，同样是学生积极学习、创新的重要前提。

九、普通高校体育教学效果现状

当前学校体育教育教学大纲主要是传统体育课深化改革的结果。依据相关部门文件可知，传统体育教学形式是将规范技能教学作为教师上课的任务，部分体育教师还在以教授技能作为教学目的，还有一部分体育教师过分追求体育技能的教授，忽视学生自身的观察、创新能力，导致学校体育教学目标偏移，学生学习效果差。个别体育教师在完成体育教学时，虽然以创新为依据，设计了有效的教学手段，推动了体育教学的改革，但是这一部分教师过于注重体育课程的教学形式，没有注意到体育课程的实际教学效果，导致教学实际效果较差。我国高等院校的教学特色决定我国高等院校主要培养学生的动手能力，这就导致学生的专业技术课程占据大量的学习时间，所以体育课开设课程较少。

十、普通高校体育教学评价体系现状

普通高校肩负着为国家培养和输送专业人才的使命，确保人才培养的质量是其履行使命、践行责任的重要环节。体育教学评价是体育教学中的一个重要组成部分，是客观衡量教学质量的尺度之一。教学评价的目的在于监督和管理教学，并即时反馈教学问题。

一方面，从学生角度来看，学校教师教学评价的主要依据是学生的体育成绩，体育教学评价中缺乏理论知识环节，课程的设置相对单一，学生体育成绩评价相对片面，评价标准的建立与学生实际情况相偏离，评价方式缺乏灵活性，评价体系的建立缺乏理论科学性，没有充分体现学生的主体地位。另一方面，从教师角度来看，教师教学评价指标较为片面，没有进行综合性评价，且教学评价体系建立的主体较为单一，从而影响教学的整体效果。学校对于教师教学工作的主要评价方式仍以学生体育学业成绩和校运动队成绩为主，不利于教师的全面发展。构建合理的教学评价体系刻不容缓，这既是激发教师教学热情的动力，也是鼓励学生进行体育锻炼的催化剂。

第三节　普通高校体育教学的发展趋势

一、培养学生终身体育的意识

俗话说，“百年大计，教育为本”，教育是国家振兴和民族发展的基石，教育对培养高素质人才、新一代合格的社会主义接班人具有重要作用。随着社会的发展，人们的生活水平有了极大的提高，体育锻炼意识也在不断增强。“身体是革命的本钱”，参与体育锻炼是保持健康体魄的重要途径。体育教育作为基础教育，对学生运动兴趣的培养和全面的发展至关重要，良好的体育教育环境和教学方法对培养学生终身体育锻炼行为和掌握 1～2 项运动技能具有重要的促进作用。

20 世纪 60 年代提出了终身教育的概念，伴随着体育运动的发展，终身体育概念在终身教育概念的基础上衍生而出。终身体育是指人从来到这个世界直至离开为止，一生中不断接受体育教育和进行体育运动的过程。对终身体育的理解主要有以下两点：第一，体育运动和体育锻炼伴随着人的一生，是人一生中不可或缺的一部分；第二，终身体育是一个实践的过程，是在终身体育思想指导下进行的，以体育的系统化、整体化、科学化为目标和手段。

（一）充分利用学校环境

高校要加强学生的终身体育教育，充分利用学校环境，开展终身体育知识讲座，使学生充分认识和了解终身体育的知识、价值等；提升体育理论课的质量和数量，积极宣传终身体育思想，提高学生的终身体育认知，引导学生形成积极的终身体育情感；设计丰富多彩的体育实践课，磨炼学生的终身体育意志，为培养学生的终身体育意识奠定基础。

高校要积极创设校园体育文化环境，高校中的校园文化对学生产生潜移默化的作用。人文精神的具体体现依赖于校园文化，校园文化能够充盈到校园的各个角落，对实现终身体育有重要作用。高校要增强学生终身体育的意识，从学校基础设施入手，积极组织各种体育赛事，借助组织活力强的体育赛事吸引学生参与；要切实完成高校德育育人任务，在推进体育教学改革的过程中，注重学校体育文化环境建设，实践与理论结合，培养学生各种专业技能和方法；与此同时，开展不同的体育锻炼，使学生身心愉悦，达到体育育人的目的，增强学生的意志力。

（二）设立专项体育资金

高校应重视学生终身体育意识的培养，设立专项体育资金，加大资金投入，建设相应的运动场馆，满足学生终身体育锻炼的需要；学校要充分结合学生的兴趣，开设各式各样的体育课程，不断提高学校体育教学效果，为学生终身体育意识的培养提供保障。

（三）提高高校师资水平

高校以及其他相关教育部门应有目的、有计划、有组织地安排体育教师进行相应的培训，不断提高体育教师的教学水平和专业技能；还应提供相应的资金支持以及制定有关奖励措施，充分调动体育教师进修学习的积极性；积极引进体育人才，充实体育师资队伍，为体育教师创造良好的科研条件，提升体育教师的数量和质量，满足终身体育教育的需要。

（四）展开个性化教学

个性化教学主要是把个人特有个性的发展作为开展教学工作的主要渠道。高校体育教师在教授知识的过程中，需要对学生的实际学习情况进行了解，主要是对学生之间存在的差异进行了解，从而按照学生的个性特点指定相应的教材策略，有针对性地培养学生，促进学生在这一领域的主动发展。对我国高校的体育课程教学来说，有效的体育教学有利于培养学生的个性，正是因为学生的个性化差异，学生的学习特点以及兴趣爱好略有不同。因此，高校体育教师需要为学生提供一个良好的发展环境，针对学生不同的学习现状进行教育，最终实现学生的综合发展。例如，高校体育教师实施分层教学法，在实施这一模式之前，教师需要全面了解学生，通过有效的分层，给予学生一定的帮助，让他们能够正确地认识到自身的优劣势，从而在行之有效的教学方法的应用过程中激发对体育知识学习的兴趣，还可以帮助他们从中意识到符合自身的体育项目，形成终身体育意识。

（五）坚持以生为本的理念

高校体育教育要贯彻“健康第一，以学生为本”的教育理念，在教育中体现终身体育思想，着眼于学生的未来发展。高校应与时俱进，改变传统的体育教学形式，以学生能力、兴趣为本，改变传统的体育必修课、选修课形式，开展“俱乐部”形式的体育课，以满足不同学生的需要；结合学生的兴趣爱好，丰富体育教学内容，向学生传授一些方便操作、适用性较强的运动内容，如一些利于提升体能且具有娱乐性的内容；还可以结合学校所在地区的现有条件，将教学内容与当地的特色体育项目相结合。

（六）理论与实践相联系

教师应坚持理论联系实际的教学原则，使学生将一定的理论知识运用到实际生活中，逐步激发学生的思维意识。当教师提出问题时，所有学生都应该表达自己的观点，并针对学生提出的常见问题给出有针对性的答案。教师还应向学生解释相应的竞赛规则，使学生以积极乐观的态度参与竞赛活动，并根据每个学生的身体状况实施个性化教育。如果学生表现优异，教师可以给学生提供一些奖励，将激励模式加入教学可有效提高学生参加体育的积极性。教师要注意体育学科的特殊性，锻炼不合理会产生运动损伤，教师要提前将注意事项告知学生，以避免运动损伤。即使发生运动损伤，学生也能掌握基本的救助技巧。因此，教师在具体教学中要将理论与实践相结合，使学生对体育锻炼的重要性有明确的认知，可以让学生以小组的形式讨论教师所提出的体育问题，让学生根据教师的指导自行制订锻炼计划。在大学期间，学生有更多的空闲时间，当他们的一部分闲暇时间被用来参加体育活动时，将有助于掌握更多的运动技能，形成良好的身体素质。

二、与全民健身的协同发展

（一）构建特色体育文化

高校体育与全民健身的协同发展，首先需要建立具有“全民健身”特性的体育文化，通过体育文化内涵来提高高校体育的竞争实力，在全民健身中发挥应有的价值。首先是在体育课程中以全民健身为基础，设置个性化课程，将社会体育中常见的运动项目引入体育课程中，教授体系化的体育锻炼知识；其次是根据城市体育文化特色，做好高校体育文化传承与当地全民健身体育文化的融合，让高校体育更贴近人们的现实生活；最后是建立高校体育文化品牌，进而影响社会，发挥高校体育在社会中的地位与功能。

（二）培养高校多功能人才

近年来，我国社会有着突飞猛进的进步，人们的现实生活需求与生活观念有了根本性的改变，社会群众对健康的需求以体育锻炼、康养为主向多方面散发开来。而在体育锻炼中，散步、广场舞等简单的锻炼活动不再能够满足社会群众的锻炼需求，专业与实践并重的社会体育指导成了现代社会全民健身的迫切需求。高校是我国体育人才的主要输出地，培养具有体育专业能力的社会型人才是高校现阶段的任务之一，这不仅包括体育专业人才，也包括综合性体育人才。提高其他专业学生的体育素养，以高学历人才的身份对全民健身的实践开展进行指导、满足社会与人民群众对体育指导的现实需求，是现代高校培养多功能人才的发展方向。

三、智能可穿戴设备广泛应用

智能可穿戴设备是现代智能技术的产物，智能可穿戴设备将智能技术融入设备中，可以有效地直接获取人体的综合指标，测试手段简单，随时随地都可以实施监测。在大学生体育教学、运动训练、课外活动、体质测试与定向越野教学和中长跑比赛等教育实践中，运用智能运动手环均可测得学生在运动状态或者非运动状态下的身体指标，做到个体化差异表现与相对化比较，为教师与学生提供帮助与参考。通过运用智能运动手环，吸引学生，激发大学生对于体育运动的兴趣，改变大学生对于体育运动的片面认识，使大学生养成良好的锻炼习惯与行为。另外佩戴手环者可以与微信同步，了解自己每天的运动状况，在微信朋友圈晒步数，获得每日排行等，帮助学生形成良好互动，激励大学生相互促进，共同锻炼。

尽管人工智能技术在体育教育中的应用已经越来越广泛，但是，智能运动手环在促进体育锻炼行为的持久性上表现得还不尽人意，其功能仍然较简单，反映的体能素质的数值存在一定的误差，运动手环测量精度与扩展功能仍然有较大开发空间，这些智能运动手环面临的问题，还有待于不断完善与改进。

四、体育教学的数字化发展

体育教学要紧跟“智慧体育”的理念，运用人工智能、物联网、5G等核心科技，打造出智慧体育校园综合服务方案，助力新时代体育教育升级。智慧体育校园综合服务方案包括体育测试方案、体育锻炼方案及学生运动大数据方案。

（一）体育测试方案

体育测试方案主要利用AI体育测试屏、AI体育测试小站来完成，针对体育运动的考试场景，应用于学生自助自主体育测试评价、体育课教学、体育课体能强化训练等。考生在使用时，进入考场自主操作设备，选择考试项目，设备通过识别考生人脸信息确认考生身份，对测试者的测试过程自动分析和测试成绩自动判定。全程电子化操作规避了人工操作的风险，保证了考试的公平性。

（二）体育锻炼方案

体育锻炼方案通过 AI 体育锻炼屏实现，主要针对学生体质差、动作不规范、考试不达标的情况进行训练，通过丰富的运动内容和出色的激励方式，满足学生日常和课后锻炼的需求，营造和强化校园自主运动、自觉锻炼的体育氛围，配套有基础体能锻炼、专项技能提升课、球类技能训练、趣味锻炼、活力课堂、赛事活动、运动挑战排行榜等版块，支持学生日常运动锻炼数据整合，形成学生日常运动数据化视图，从而提升体育考试分值。

（三）学生运动大数据方案

学生运动大数据方案，通过建设智慧体育大数据云平台，为学校全面提供课堂教学、学生日常锻炼、运动测试、组织管理、数据建设等全方位的智慧体育教育支撑服务。教师可灵活运用各类智慧体育锻炼和测试一体机开展课堂教学、日常锻炼和各类体测，同时，在学校的统一组织下，实现并完成各类运动数据的共建与共享。云平台还能够全面获知各学生、各班级、各年级的运动数据与学生运动能力提升状况，实时收集并分析运动大数据，建立体育运动大数据库。

五、体育课程与思政协同发展

（一）高校体育课程思政开展的重要性

1. 有利于提高学生的运动认知

当今社会竞争激烈，父母望子成龙，希望孩子变得优秀，在社会上占优势地位，于是就过多注重孩子的成绩，而忽略了精神生活，从而使得学生的实践经历变少，缺少经历困难、挫折的勇气。高校体育课程是运动认知类课程，其教学过程是实践环节居多，理论教授居少。而体育课程思政的开展更有利于教师在学生的亲身实践中，针对学生的运动认知和运动技能、思想观念及时进行疏导和改正，使其形成正确的情感、态度、思想和观念。在进行体育运动的过程中部分学生的思想较为敏感，容易受到伤害，高校体育教师需要围绕体育课程和社会主义核心价值观的结合点，在体育教育中合理对学生进行教育，促进学生的身心健康发展。

2. 有利于完善学生的思想教育

高校体育课程一般是在空旷的室外进行的，学生的身心都不受约束，有着较强的运动性、户外性。在此基础上，开展体育课程思政会使学生的思想价值观发生潜移默化的变化，更有利于教师培养学生的思想价值观，并且学生在开阔的场地下学习丰富的体育知识和掌握娴熟的专业技能，对学生增强体质，增进健康，缓解压力有着重要的影响。在此环境下，学生思想政治方面的教育和正确价值观的培养得到不断的完善。

3. 有利于培养学生的良好品质

体育是一门实践性很强的学科，而且有很强的竞技性，部分学生怕吃苦、怕受累，在学习中存在逃避、抵触等心理，甚至在教师布置任务后敷衍完成，这不利于他们自身的发展，也会影响教学成效。课程思政建设背景下，教师渗透思想品德教育，可以引导学生树立正确的学习观、价值观，在这样的教育指导下，学生养成不怕吃苦、勇往直前、坚持不懈等精神品质。有这些良好品质的支撑，他们在体育锻炼、竞赛中会竭尽全力，课堂教学效率与质量也在无形中提升。

4. 有利于发展学生的综合素质

由于体育涵盖的范围较广，学生通过参与体育运动，其素质能够获得综合性的提升。高校体育课程思政的开展不仅对于学生的思想价值观念的培养有着重要的作用，还影响着学生的未来成长、发展。高校教师要实现学生所期待的教育目标，必须认清体育课程实质，在各类体育项目设置的课程中精心设置其架构和组织，将各个领域所涉及的思政教育内容进行总结归纳，将体育中蕴含的爱国主义、集体主义等精神，通过适当的方式表达出来，引导学生形成正确的思想政治价值观念。

（二）高校体育课程思政的教学内容

1. 政治认同

政治认同是在高校体育课程思政教学中，引导学生通过课程学习能够知晓体育在国家政治生活中的地位、价值和发挥的作用，强化对国家政治体系的认知和情感上的认同，自觉规范自己的专业学习行为和积极参与政治生活。

目标要求：学生知晓体育承载着国家强盛、民族振兴的梦想，是国家政治建设的主要内容；认识建成体育强国成为全面建设社会主义现代化国家的重要意义；理解我国正在从体育大国向体育强国迈进的历史阶段和特征；明晰体育对于满足广大人民群众多元化、多层次生活需求及提升人民幸福感和获得感的价值。

2. 家国情怀

家国情怀是在大学体育课程思政教学中，引导学生通过大学体育课程学习，能够表达一种对中国共产党的拥护，对中华民族优秀历史文化的热爱，对国家富强、人民幸福的追求和期待，对中国取得辉煌的体育成就的自豪和骄傲。

目标要求：了解体育运动承担着打造国家共同体与中华民族共同体的时代责任；认识体育在百花齐放的民族文化的交流、碰撞、融合中所发挥的价值及意义；知晓体育教育事业是中国特色社会主义事业的重要组成，是培养“五育并举”时代新人的重要途径；领悟“使命在肩，奋斗有我”的主人翁精神是实现体育强国目标的力量源泉。

3. 责任担当

责任担当是高校体育课程思政教学中，引导学生通过对体育理论知识的学习和运动技能的习练，能够理解体育在塑造个人责任意识和担当行为过程中的独特育人价值和功能，树立国家、民族、社会、家庭及个人责任担当意识，加强体育的锻炼和勇担社会责任。

目标要求：明晰体育在助推中华民族伟大复兴过程中的角色定位与责任担当；理解弘扬中华体育精神对继承、丰富中华民族精神的价值内涵；掌握传承中华体育文化对继承中华民族优秀传统文化的支持内容和文化脉络；认识参与体育强国建设对助力社会主义现代化强国建设的推进作用。

4. 法治意识

法治意识是在高校体育课程思政教学中，引导学生通过专业课程学习能够自觉学会弘扬国家宪法精神，加强法治纪律观念，深化学生对体育法律的认知与认同，促使学生在亲身体验中遵守规则规范，进而提升法治意识。

目标要求：领悟“习近平法治思想”的核心价值，肩负起社会主义法治国家建设者、实践者的重任；认识体育法律的完善、修订是社会主义法治国家建设的重要内容；理解体育法律在体育强国建设进程中的时代价值和发挥的特殊重要作用；明晰体育法律、遵守体育规则是广大人民群众行使体育权利，维护体育权益，进行体育运动的关键环节。

5. 文化素养

文化素养是在高校体育课程思政教学中，引导学生通过体育课程学习树立文化自觉观念，坚持对优秀传统文化的敬重与肯定，发掘传统体育文化资源，厚植体育人文积淀、人文情怀和审美情趣，提高对体育物质文化与精神文化建设的认知，开展多种丰富多彩的体育文化活动。

目标要求：领悟中华优秀传统文化的博大精深、悠久历史及其对世界文化发展的贡献和意义，结合时代要求继承创新，让中华优秀传统文化展现出永久魅力和时代风采；认识传统体育文化是中华民族独特的体育精神标识，创造了丰富的具有中国特色和世界影响的体育运动形式和养生保健方法；知晓古今中外体育领域基本知识，掌握其所蕴含的认识方法和实践方法；认识新中国成立百年来中国尤其是体育文化建设取得的卓越成就是中华民族宝贵的物质与精神财富，是新时代中国特色社会主义体育事业改革发展的动力源泉。

6. 创新能力

创新能力是在高校体育课程思政教学中，引导学生通过高校体育课程学习具备体育运动的想象力，善于运用所学理论解释、论证体育运动中的不同观点，分析评价体育社会现象，能够从新颖、独特的视角思考体育领域中存在的问题，不断产生体育的新思想、新观点、新方法，着力推动体育事业创新发展。

目标要求：认识形象思维能力在体育运动与社会生活中的作用与运用价值；敢于挑战权威，善于从不同视角对现有体育运动等领域观点提出疑问和反思，具备体育的批判性思维能力；能够逻辑分明、层次清晰地将丰富多样的体育知识与技能进行归纳和概括，客观分析各种体育现象与社会现实之间的关系，具备体育的逻辑思维能力；能够发现体育领域中的重要问题和前沿课题，善于从独特、新颖的视角和方法解决问题，具备体育的创新意识、创新思维与创新能力。

7. 体育精神

体育精神是在高校体育课程思政教学中，引导学生通过专业课程学习能够做到精诚合作、团结一致，坚韧不拔、全力以赴，勇敢拼搏、胜不骄、败不馁，追求更快、更高、更强、更团结。

目标要求：在合作学习或团队比赛中，能够表现出彼此信任，与同伴相互配合、相互鼓励的言行和品质，具备团结协作精神；在体育锻炼中，能够表现出坚韧不拔、任劳任怨的态度和行为，具备吃苦耐劳精神；在体育比赛中，遇到强大对手和外界压力时，能够表现出奋勇争先，永不言败的态度和行为，具备顽强拼搏精神；在日常学习和生活中，能够表现出不甘于平庸、自强不息、勇攀高峰的态度和行为，具备追求卓越精神。

（三）高校体育课程思政实施的路径

1. 提高教师的体育课程思政意识

（1）牢固教师体育课程思政意识

对于高校体育教师而言，自身的思想政治意识很重要，需要在教学观念上和自身思想上不断与时俱进、跟随国家脚步，尤其是要对不断更新的教育理念和教育理论等做到积极的探索与创新，从思想政治教育层次上准确把握和认真审视体育课程所蕴含的课程思政价值与意义，明确思想政治教育的重要性，深入贯彻国家教育政策方针指示要求，从而真正使体育课程思政的教学要求落实到自身的体育教学活动之中。

第一，体育教师要做到专业知识自我内化、提升思政修养。体育教师要做到紧跟体育知识前沿与探索研究深度，具有使命感与责任感；要深刻认识到课程思政的重要性，在体育教学中积极引导学生树立正确的世界观、人生观、价值观。体育教师也要强化自律意识，利用课余时间登录全国课程思政教学资源服务平台——新华思政，进行网上观看学习课程思政示范课程，不断加强思想政治学习与实践，并严于律己做到思想和行为上的一致。体育教师应在教书育人的过程中融入社会主义核心价值观并培养良好的师德师风、营造良好的教学氛围，争当国家发展建设的助力者、优秀文化思想的传播者和学生健康成长的引导者。

第二，体育教师要注重知识传授与价值引领相结合。体育教师要注重育人效果而非刻板地植入思政元素。当代大学生获取知识的渠道越来越丰富、自我个性越来越强等，这些都给思政教育的开展带来了不小的挑战。教师一味采用灌输式的知识传授方式达不到调动学生的主体性和创造性的目的，也难以激发学生对体育课程思政的兴趣，反而会使学生厌烦、产生排斥心理，达不到思政教育的有效性。同时脱离了逻辑和知识的价值观教育达不到让学生产生价值认同的效果，甚至还会引起学生的思想排斥和价值抵触。教师要始终坚持在传授知识的同时实现价值引领，将二者进行有效的结合才能提高思政教育的实效性。

第三，体育教师要做到全程育人。体育教师要充分保障教学目标、教学内容、教学方法以及教学评价能够起到思政育人的效果。教学目标的设定要结合具体的思政目标，教学内容要充分挖掘体育课中的思政资源，教学方法的使用要结合课程思政开展的需求，教学评价要贯彻思政育人的理念。教师也要讲究课堂质量，根据体育课程教学安排适当地开展课程思政。

第四，体育教师之间应加强教学工作交流，这样有利于体育教师共同进步、取长补短，也有利于避免思政内容的重复。教师应积极参加培训研修，在日常工作中主动参与学术研讨活动，不断更新自己的知识体系与框架、扩充知识，将理论与实践相结合推进课程思政的发展。

第五，体育教师应长期坚持开展课程思政。体育教师只有明确课程思政的育人理念、认同价值，才能坚定信念、坚持开展课程思政。教师在体育课上可以加入一些优秀的中华民族传统文化，让体育课程思政具有历史文化的气息，从而吸引学生积极参与其中。在中华民族优秀传统文化的熏陶下培养学生的责任感与使命感、提高学生的道德素质，让师生在体育课程思政的实施中共同进步。

（2）深入剖析体育课程思政的教学理念

教师在体育课程思政开展过程中，不能仅看中短期的教学目标，思想不能片面，应全面协调地进行能力培养，提升学生的运动技能水平。学生不仅要学会、掌握技能，更要学以致用。学校发展体育运动的核心要义，就是促成学生作为体育参与主体的运动技能水平的提升。学生掌握的运动技能的好与坏是衡量体育教学质量的核心和基础之一，个体运动技能的水平可以判断学生体育能力的强弱，但在新时代下，个人所表现的运动技能并不能代替所有，从学会技能、掌握技能到熟练应用技能，是新时代下学校对于学生学习体育的重要要求。教师教授运动技能不能只停留在形式上，要让学生对所学技能进行不断的练习、总结，达到了熟于心、学教结合。有些教师在培养学生的运动技能时，存在片面地教导学生需要练习的技能，而对其他的技能不会进行过多练习的现象。应当认识到，学生的发展是全面的，应全方位提升学生的技能水平，使学生在体育的道路上走得更远。

（3）深入挖掘体育课程思政的思政元素

体育教学活动包括教学活动和竞赛活动，是思政元素承载量最大、项目最多、频度最大的活动载体。而体育活动形式多样，贴近学生日常生活的实际，因而更能受到学生的喜爱。高校的体育活动有很多，如早操、班级活动、学院活动、社团、俱乐部、运动队、学校各种竞赛等，其特点是参与面广，活动内容丰富，组织形式多样，自主参与性强。高校体育教师要深入研究，指导和开展各项课内外体育活动，挖掘其在学生思政教育、创新思维、心理健康、正确审美和积极健康的生活方式等方面的全方位育人的功能，更有效地培养学生积极向上的人生态度，培养学生团队合作、敢于拼搏、吃苦耐劳的精神以及创新能力、组织协调能力和人际交往能力。

2.提高教师的体育课程思政能力

（1）把握学生的思想动态

体育运动自身的实践性和挑战性是其他学科无法替代的，在运动中迎接挑战、克服困难，这种亲身实践中获得的成就是刻骨铭心的，因此，教师要善于利用体育的各种运动方式向学生传达体育精神。在体育课程思政开展过程中，体育精神贯彻体育整个过程，教师应以体育精神的传达和学习为基点，以体育运动为手段，达到把握学生的思想动态的目的。

（2）拓展体育教学的内容

在体育课程思政建设过程中，教师处于主导地位。教师要从学生的实际情况出发，根据学生的体育需求、运动时的思想状态、体育运动心理变化、身心成长规律及价值取向，采用合理的体育教学内容。教师不仅要传授体育方面的相关知识，更要学会把体育知识和思政知识相结合，要加强对体育课程思政的了解，做到了然于心，在教学内容中添加思政知识，做到两者相互融合、相互促进。

体育教师要提高课程与教材开发的能力。教师要着重关注如何将思政元素与内容融入专业课教材并做好课程体系的创新，围绕思政育人开展教学工作。课程与教材开发能力的形成不仅需要借助思政教育专家、课程论专家等专业的教学指导，也离不开体育教师个人的积极探索，体育教师在教学实践中要不断思考、积累经验。

（3）改善体育教学的方式

高校教师在进行体育教学时要坚持显性教育和隐性教育相统一，促进学生身体和思想的协调发展，通过挖掘体育过程中所蕴含的思想政治教育资源，从而实现对学生的全面发展教育。体育课程教学内容不仅涵盖体育理论知识，还包括体育运动技能、体育精神、体育品质和体育思想价值观。体育课程思政教学应当坚持以立德树人为根本，对学生进行全面的教育。体育锻炼和活动中所传达的迎难而上精神、奋斗有我的意识、爱国主义情怀和团结友爱精神等品质，都是新时代下学生需要学习的。

在开展体育课程思政教育的过程中，高校体育教师的教学方式有着较大的改善空间，教学方式的好与坏，决定着教学质量的好与坏，决定着学生学习效果的好与坏。教师不能只片面地追求显性教育，只对学生进行体育知识的传授与教导，提高学生的体育运动技能水平。新时代，显性教育已经不足以满足学生所要达到的知识要求。教师在采用教学方式的过程中应多观察学生的思想心理变化，及时进行疏导，在教师正确的引导下使学生树立正确的观念。在显性教育和隐性相结合的教学方式下，从多个方面对学生传达体育知识，同时也传授给学生心理方面的知识，引导学生形成正确的体育思想价值观。例如，篮球课程不仅要使学生掌握基本的篮球知识和专业技能，还要帮助学生树立规则意识及其他意识；田径类项目要在帮助学生增强体质、体能的同时，也有助于让学生养成积极进取、不怕困难、超越自我的品格；排球项目课程要让学生在训练和比赛中感受到团集体的力量，使学生在竞技对抗中学会沟通与合作。

（4）健全科学化的评价机制

科学化的评价机制对提升体育教师课程思政建设能力具有重要引领和“指挥棒”作用。《深化新时代教育评价改革总体方案》指出，要“改进结果评价，强化过程评价，探索增值评价，健全综合评价”。完善科学化的评价机制指导高校体育教师课程思政建设能力的培育工作应该从以下几个方面着手：一是改进结果评价。对高校体育教师课程思政建设能力的评价，不能仅从相关课题申请、论文发表、著作撰写等方面进行，也应该关注体育教师对课程思政教研成果融入体育课堂教学、课后实践等教学活动中的实际效果。二是强化过程评价。要善于通过信息技术和智能化设备的使用，精准展现体育教师多种育人方式、多种教学能力，对多样化的教学活动与体育教师的教学表现进行动态把控，及时改进体育教师的课程思政建设活动。三是探索增值评价。关注教师与学生的同频幅度是评价内容之一，有助于增强彼此的获得感和成就感。四是健全综合评价。加强评价主体间的交流，形成价值共识，通过多种评价方式的综合性运用，如量化与质性评价相结合、阶设性与长期性评价相统一，以及多维度评价内容的精选，提高评价的准确性。如对体育教师课程思政资源挖掘能力进行评价，不仅要评价思政资源的挖掘数量，还要评价思政资源的呈现质量；不仅需要对当下思政资源的挖掘路径进行评价，还需要对后续思政资源的挖掘方向进行展望，发挥评价的多重功能，实现体育教师的专业化发展。

（5）具备反思与发展的能力

体育教师要具备反思与发展的能力。在实施体育课程思政的过程中总会遇到各种各样的问题，教师要主动对问题进行思考并深入问题中去找到解决问题的办法，教师思考的过程也是体育课程思政改进与提升的过程。教师要主动思考体育课中的思政资源融入程度是否符合育人要求，是否引起学生的学习兴趣，并营造良好的体育课堂文化环境来激发学生进行体育运动的兴趣，培养学生的道德品质和审美情趣，同时不断反思、不断总结、不断改进。

3. 增强高校体育课程思政的创新性

（1）以问题启发为主的小组探讨

对于高校体育思政课程，要善于采用自主、合作、探究的新型教学方式，采用专题嵌入、思维拓展、主题讨论、热点分享等，向学生提出针对性、层次性、思辨性、拓展性的问题，引导学生对各类问题进行思考、提炼和追问，任课教师对此做出解答与反馈，以激发学生的学习潜能，培养学生的创新意识和能力。

（2）以感知体验为主的观摩学习

在高校体育课程思政教学中，要敢于将专业知识的学习运用到社会实践、志愿服务、教育实习、教育研习等第二课堂中，将第一课堂和第二课堂相结合，将显性教育与隐性教育相结合，创办形式多样的“行走课堂”，注重学生在实践中的感知与体验，引导学生将所学到的专业理论知识与动作技能转化为内在德性和行为修养，实现思政教育与专业课“核磁共振”效应。

六、体育教学关注生活技能

（一）体育教学能够发展生活技能

生活技能是受思想支配而表现出来的外在行为能力。一定程度上讲，在高校体育教学中，学生个体的自我认知和思维能力依托身体动作的学、练、赛而内化于心、外化于行的过程，就是生活技能发展的过程。体育教学能够在具身实践中为学生提供复合型、多元化的真实教育、学习的情境，使学生在规则限定下参与体育教学所组织的游戏或比赛，切身感受体育游戏、教学比赛等教学内容的全部文化，提炼有助于适应比赛节奏、获取比赛胜利的技能，如如何合理与人竞争、如何高效与同伴协同合作、如何更充分地利用比赛时间等，而且比赛结果的不可预测性以及局势瞬息万变的特点也为学生培养复杂情境下分析问题、解决问题的能力以及在团队落后时所表现出的领导能力和担当精神提供了历练的机会，在经历多次游戏或比赛的历练之后，学生就会逐渐生成相应的能力。

（二）体育教学发展生活技能的推进路径

1. 理念融合

将生活技能教育理念与体育学科核心素养理念融合。“以体育人”是学校体育教学永恒的价值追求，学校体育教学欲避免其异化和背离教育本质属性等问题，必须坚决推行体育学科核心素养理念下的教学改革，摆脱“应试体育”思维，让学校体育教学回归“全面育人”的视角。发展体育学科核心素养的核心目的在于学生获得运动能力、健康行为和体育品德以促进个体的幸福生活与积极融入社会。

2. 目标引领

将生活技能完整渗透至体育教学目标并引领教学内容和方法。教学目标是教学活动的出发点和落脚点。为了使学校发挥其为当代社会生活服务的职能，就有必要将当代社会生活的需要转化成学校教学的目标，使学生达到这些目标。学校体育教学发展生活技能着眼于学生未来的社会生活，而这正是对学校发挥其社会职能的有效呼应。基于此，提出目标引领的方式，将生活技能完整渗透至体育教学目标并引领教学内容和方法。

第三章　普通高校体育教学设计分析

体育教学设计是上好体育课的基础技能，贯穿全部教学技能，体育课堂教学设计技能作为教学技能的重要组成部分，对教学实践有着不可替代的作用，会直接影响教师的上课质量。本章分为普通高校体育教学设计的基本理论、普通高校体育教学目标与组织设计、普通高校体育教学设计的评价与策略三部分。

第一节　普通高校体育教学设计的基本理论

一、教学设计

教学设计是指根据课程标准要求和教学对象特点，对教学中的各个要素和环节进行有序排列，从而确定合适的教学方案设想和计划。一般来说，可以从以下几方面来认识教学设计的内涵。

①教学设计的目的是提高教学效率，使学生和教师都能够在有限的单位时间内提高自身各方面的能力。

②教学设计与设计的性质大体一致，但不同的是，教学设计必须遵从教学的基本规律。

③学习理论、教育理论、传播学、心理学等学科的理论，都是教学设计的理论基础。

教学设计是一个系统性工程，它实施于教学活动开展之前；在设计过程中，应始终以具体的教学目标为要求，对教学活动中的各个环节进行科学的分析和策划。

二、体育教学设计

体育教学设计与教学设计的思路基本一致，其制度思想、基本思路、程序环节都维持设计的基本思路不变，但必须在实际的操作方案中重点突出体育知识的特点，即以体育学科的特点开展体育教学设计。

在进行体育教学设计时，首先应全面分析现代体育的特点、目标、要求，再将其与教学设计的思路相结合，即可以得出体育教学设计的基本表述。体育教学设计的目的在于提高教学成果，教师在开展教学活动前，需要以一个宏观的思想作为指导，以体育相关的理论知识为基石，结合与体育相关的其他学科的特点，致力于满足学生身体体质与心理素质的发展需求，在体育活动中针对“如何学”“学什么”“为什么学”等系列问题做出回答并设计出高效的体育教学实践方案，让学生明确“为什么学”“学什么”，在学生掌握需要的教学内容后，再采取相应的策略让学生“如何学”。

（一）体育教学设计的内涵

体育教学设计是对教学所进行的最优化研究和计划工作，其科学性和合理性直接决定了教学的有效性。

然而，在教学实际应用过程中，许多一线教师会将体育教学设计与体育教学计划混为一谈，两者虽有联系，但有着本质不同。体育教学设计往往是宏观且全面的，它是研究的过程，主要对体育教学计划起着指导性作用，其完成的主要标志是思路的形成；而体育教学计划主要是成果性的研究，其完成的标志是具体且细致的方案的形成。

（二）体育教学设计的原则

体育教学设计原则是在设计过程中遵循的基本要求，对内容设计具有实践指导意义，须严格落实。

1. 安全性原则

体育课程应遵循“健康第一”的指导思想，没有安全，何谈健康。体育运动挑战与风险并存，或多或少地会出现意外伤害事故，小至轻微擦伤，大至骨折等。在运动过程中出现伤害事故无可厚非，要做到的是最大限度地预防和减少体育安全事故的发生率，提高安全防范意识，尽量从根源处减少意外的发生，同时教会学生如何预防和及时进行简单处理。因此，在教学设计中，首先应保障内容在实施过程中的安全性，其次，增加体育安全教育在教学内容中所占的比重，以提升学生的安全防范意识。

2. 系统性原则

系统性原则意味着应将体育教学内容作为一个整体展开研究，教学内容内在的逻辑性决定了必须从整体出发对其进行把握，如果打破其内在逻辑结构，随意进行黏合，学生只能获取零碎的知识片段，势必会影响到体育教学质量。因此，在高校体育教学内容设计过程中，必须保障体育教学内容的完整性，兼顾到各个要素，而不是顾此失彼。此外，遵循内在的逻辑架构，在设计过程中注重系统性和逻辑性，处理好各要素间的关系，力求达到对体育教学内容的有机整合，体现层次的递进以及各内容要素的关联。

3. 可操作性原则

教学理论与教学实践之间需要搭建桥梁，这座桥梁的形成也是教学设计的价值所在。体育教学设计的最终目标指向教学实践，在一线教师中传播、不断丰富，借此得到改进和发展，提升教学效果，这就决定了各项内容必须具有可操作性。假使设计成果难以付诸实践，设计意义也将不复存在，特别是在体育新课程改革背景下，如何将各类文件转化为教学实践，是广大教师需要思考的问题。体育教学内容不是虚无缥缈的，而是实实在在存在于体育教学过程中的，具有动态性和时效性。因此，在体育教学设计时应确保内容的可操作性，才能保障设计的价值。

4. 学生主体性原则

“以学生为本”是教学设计的逻辑起点，体育教学改革也倡导以学习者为中心，因此，进行教学设计应确保学生的主体地位，从以下两个方面出发贯彻学生主体性原则。其一，在内容具备实用性的基础上，增添趣味性，以适应学生的需要。其二，遵循学生的身心发展规律，循序渐进。

（三）体育教学设计的特点

1. 系统性

体育教学设计的系统性主要是指在微观层面，体育教师在编写设计教学方案时，需要系统性地考虑学情、教学项目等问题，运用系统理论作为体育教学设计的指导思想，促使课程开展能够成为一个有机的整体。同时，体育教学设计本身就是一个有机的教学系统分支，这其中不但包括课堂设计的指导思想，还包括学情分析与教材应用、教学目标实施与达成方法、教学重难点和创新点以及课堂教学评价机制等关键因素。

在体育教学设计之初，就要求体育教师对教学中的各项要素进行整体性分析，在保证各个要素独立展现的同时，还要保证各个要素之间的相互联系、相互依存、互为支撑。最终通过体育教师合理的教学情景设置，采用适当的教学方法与策略，促进体育教学的顺利开展。

2. 目的性

体育教学的目的性从学校教学的角度来讲主要指体育课堂教学在教师的主导、学生的参与下通过双方的共同努力，最终完成相应的教学目标与任务的过程。这个教学过程是组织性、目的性、计划性的统一，无论是教学设计还是课堂开展都是目的性的实施。从社会的角度出发，体育教学设计主要是通过安全教学活动设计，引导学生学习学科知识与技能，掌握自我运动的方式方法，最终达到促进学生提高身体素质，使他们成为社会所需要的人的目的。

3. 预判性

相对于传统的体育教学设计，体育教学设计除了需要对传统课程设计中的程序化进一步延伸，还需要增加安全因素，让科学预判融入课堂教学安全设计之中。在以往的体育教学中教师常常忽略课堂中随时可能发生的变化和意外，造成部分教师对于突发情况处理不够得当、难以应对。造成这种情况的主要原因就是传统体育课堂教学设计为了完成教学任务过于注重程序的开展，而忽略科学预判的作用。在各种体育教学安全事故频发的背景下，就要求体育教师在教学过程中对可能发生的意外事件进行科学预判，这样在面对教学环境改变、教学内容调整、教学项目变更的情况下，让体育教师能够根据体育课堂教学安全设计的方案而做好提前准备。

4. 易控性

一是由于教学设计是对教学活动的预先规划和准备，教师有充足的时间对整个教学过程进行周密计划，反复检查。因此，与真实的课堂情境相比，教师在教学设计阶段更容易掌握和控制各种教学要素，能够做到发现错误及时修改，从而使教师在实际教学过程中出现失误的可能性降到最低程度。二是教学设计要确定明确的教学目标，教学目标是课堂教学的出发点和归宿，是课堂教学的灵魂。教学目标对教学活动的诸要素具有较强的控制作用，它既控制着教学活动的方向，也控制着教学活动的大致进程、内容、程序和活动中主客体之间的动态关系。因此，重视教学目标的设计，是强化教学设计控制功能的一个重要方面。

5. 超前性

超前性是指在体育教学中应预先进行教学设计并得出相关的教学方案，然后再开展实质的体育教学活动。体育教学设计也可以看作体育教学实践活动的一项准备工作，它是对项目活动的预测、估计，起到引导体育教学实践活动开展的作用，因此体育教学设计具有超前性。

从教学设计的本质来看，它是对教学活动的预估和展望，是对其过程中可能面临的问题和状况所做出的一种预见性分析，这种分析预估的过程是根据体育教学、教学理论、学生需求所做出的设想，是对可能出现的问题和状况的一种安排与策划。

6. 差距性

高校体育教学由于受到多重因素的影响，并不具有固定性和稳定性，所做出的体育教学设计也是基于一种构想和预测，与教学实践之间不可避免地存在一定的差距性。

由于差距性的存在，所以体育教学设计预先做出的解决方案可能并不能真正解决实践教学中所出现的问题。实践教学的变动性和复杂性是无法避免的，这就导致教师在做出体育教学设计时，无法真正全面地考虑到可能出现的情况和问题。教师所做出的体育教学设计即便相对完善，但是未必就能全面体现教师的实践教学水平。因此，体育教学设计与教学实践的差距性就要求教师能够根据现场环境和状况，有足够的能力灵活应对各种问题。

即便差异性存在，体育教学设计的存在也是极具实际意义的，它以学生的实际需求为基础导向，这与现代体育教学思想不谋而合。

7. 创造性

体育教学设计具有显著的创造性特点。首先，由于现代高校体育教学目标、体育教材、教学方法、教学手段等具有多样性、广泛性、多元性等特点，因而高校体育教学相应地具有庞杂性和不确定性等特点。其次，现代体育教学的过程并不是一个直线发展型的前进过程，而是一个曲折的、动态的、复杂的过程，若教师想做出一份全面的、完全合理的教学设计方案几乎是不可能的。因此，在进行体育教学设计时，应尽可能地做出具有创造性的设计方案，避免问题的多发情况。

如以上所说，体育教学具有显著的变化性，也正是这种特性赋予了体育教学设计更大的创造空间。体育教学是发展学生创造力的过程，而体育教学设计就是培养教师创新精神的过程，它对推动体育教学的改革有着重要意义。

三、普通高校体育教学设计的理论基础

（一）系统性理论

系统性理论主要指在体育教学设计中运用教学系统理论对教学活动进行有目的、有计划的筹划过程，使得体育教学安全设计过程各部分之间相互作用、相互发展，使其成为体育教学设计的指导思想。系统性理论主要体现在以下两个方面。

一是整体性。所谓整体性主要是指系统由两个或两个以上具有一定关联的要素所形成的有机整体。在体育教学设计中体现为教学设计的各个阶段并不是各个阶段简单相加，而是各个阶段之间的紧密结合与协调。如果各个要素之间联系越密切，那么各个要素之间就会更加协调，由此教学设计所形成的整体结构也会更加合理。系统个体要素通过协调配合产生的功能大于各要素之和，反之，教学设计产生的作用就不会明显。一些学者在理论研究中指出，教学设计中的教师、学生、教学项目等关键要素，在安全原则的前提下，每一个都可以作为独立的教学要素存在。从系统论的整体性角度出发，体育教师在课堂教学安全设计中，对于教学内容与方法的选择要恰当合理、对教学项目与学生个性化差异的契合度要高，如同木桶效应，因为一块短板的产生，会造成整个系统失效，同时在进行教学设计的还需要对教法进行及时调整、逐渐改变教学行为习惯，如此才能实现满意的体育课堂教学效果。

二是评价反馈。评价反馈是维持系统有效运行的必要手段，所有系统的运行都需要经历“评价—反馈—调节”的过程，教学评价系统也不例外。要确保体育教学设计能够稳健运行，需要构建评价指标体系以确保其正确性与合理性，除了需要用正确理论与借助数理统计方法以及手段对教学设计进行定性与定量的分析，还需要保证评价指标体系的科学性与有效性。建立评价指标体系之后，下一步进行的就是教学设计反馈调节。对教学设计而言，反馈调节就是将教学设计实施过程中收集到的信息和数据进行整理、分析、评价，在调整到正常指标基础上反馈给教学设计系统，最终促使教学设计持续不断地富有活力，并且在反馈评价的过程中不断完善。这个“评价—反馈—调节”的过程也体现为体育教师对学生传授安全意识与运动技能的过程，可以通过对学生的提问与观察、与学生的沟通等形式收集教学过程中遇到的问题，然后再经过教师对数据进行分析处理，最后形成有效的反馈意见，以优化体育教学设计，进一步促成良好的课堂教学效果。

（二）传播学理论

传播是通过一定的传播媒介将各种形式的信息从一个个体传送到另一个个体的信息运行过程。教育本身是一种知识传播的过程，体育教学也不例外。体育教师作为知识传播者，在遵循教育规律的同时还应该遵循传播规律，运用一定的传播技巧，通过各种方式，通过传播学理论与学情分析、教学内容、教学目标的有效结合对学生进行教育，如此才能使知识传播取得更好的效果，以达成应有的教学目标。针对传播学对体育教学的影响，体育教学的视角从静态的、单维的工具手段转向了动态的、多维的教学过程，从根本上改变了体育实践教学的实践范畴和理论框架，主要体现在以下三个方面。

一是在体育教学过程中应用传播过程的特点，把教师、学生、教学内容、教学媒体等教学过程中的各个关键因素都融入整个教学过程之中，改变了传统体育教学过程中以单个因素为中心孤立进行研究的错误倾向，进而引导体育教学设计实现全面的传播学理论设计。

二是把传播学中针对讯息的结构、处理方式、内容等传播理论转变为体育教学实践中针对教学内容、项目的教学传播过程，通过这种传播学理论范畴进行教学安全设计，以弥补传统教学安全设计中的缺陷。

三是以传播学中的反馈和控制理论，实现教育传播过程中信息内容的双向流动与师生互动，以体育教育效果为目标，通过教学设计的实施从源头上重视师生间的双向信息交流活动。

应用传播学理论以实现以下教学设计：首先，在教学之前，体育教师应该应用传播学理论，以信息传播者的身份，通过传播信息的形式对体育知识、项目技能以及学生意愿等要素进行提前分析，使教师成为掌握可靠技能的合格知识技能传播者。其次，利用传播学理论中信息的传播过程和媒介管理等特点，通过应用不同的视听教学媒介以实现不同的教学效果。在实践教学过程中，通过传播学理论与体育教师的教学经验相结合，摸索出最佳的信息传播途径与手段。最后，在教学设计中体现出传播学理论中的信息反馈功能，在体育教学实践过程中，通过信息交流与双向沟通，让体育教师在这个过程中掌握学生的学习情况，进而逐渐完善体育教师的教学安全设计。

（三）学习理论

学习理论的三个经典学派为行为主义学派，认知主义学派、建构主义学派。

1. 行为主义学习理论

行为主义学习理论形成于 20 世纪初，该理论在美国主导的时间长达半个世纪之久。行为主义者认为，学习是刺激与反应之间的联结，有机体接受外界的刺激，然后做出反应，这种刺激与反应之间的联结就是所谓的学习。体活动是反应，学习者的行为都是反复学习的。

行为主义理论认为，基于经典条件反射理论的强化、消退、泛化等学说可以用来解释各种形式的学习和学生个性特征的形成。“辨别性刺激—反应—强化刺激”三项相倚关系链是行为主义理论中学习发生的核心基础，进而指出学习是复杂情境中各种反应的重新组合，是刺激与反应之间形成联结的过程。行为主义理论揭示了在学习目标、相倚行为契约等外部条件刺激下通过对学习时间、学习条件等环境变量的操作来塑造学生操作复杂技能行为的过程。

体育学科核心素养中复杂运动技能的形成需要建立明确的、可测量的行为教学目标，并在特定情境中对分解动作进行反复强化练习，对运动技术在多元化情境中的反复运用和复杂问题的剖析解决是运动能力养成的真实写照，动作过程和动作结果所带来的愉悦感和成就感是体育学科核心素养中体育情感和体育品格发展的源泉所在。

然而，行为主义理论过于注重对刺激条件和行为结果之间联结的探讨，作为行为主义理论代表学说的操作性条件反射理论对人类学习的解释集中在学生如何重复那些得到强化的行为上，忽略了学生的心理发展过程，以及学生作为行为主体对问题的理解、分析、解决等内在逻辑和认知能力的发展。

2. 认知主义学习理论

认知主义学习理论源自格式塔学派，其在 20 世纪 50 年代后期进入繁荣发展时期。认知主义学习理论与行为主义学习理论相对立，认知主义者认为，学习就是根据当前的问题情境，在内心重新组织和构建知识认知，从而形成和发展新的认知结构的过程。

以阿尔伯特·班杜拉（Albert Bandura）为代表的社会认知理论学家认为学习是一种将行为活动和环境事件信息转化为用以指导个人行动符号表征的信息加工过程，这一过程以个人、行为、环境三者之间的三元交互作用理论为依据，个人自我效能感与行为和环境三者之间相互作用、互为因果。该理论提出两种学习途径，即从自身行动结果中获得学习的行动性学习和通过观察榜样行为的替代性学习。

行动性学习将行为结果作为信息和动机的来源，根据行为的最终结果来判断行为过程是否准确、合适，对导致成功结果的行为加以保留，对导致失败的行为则加以提炼或舍弃，影响学习的关键因素是基于对行为结果进行判断的认知过程。替代性学习是学生通过一定的媒介对学习内容或学习对象进行观察、聆听和分析的过程，替代性学习通过媒介所承载的信息告知学生可能的行为结果，进而影响学生执行相应行为的动机，影响学习和最终行为表现的因素取决于学生的动机、兴趣、需求等。对于复杂技能的学习，往往需要替代性学习和行动性学习的共同参与，即学生在观察榜样解释和演示的基础上，通过构建动作技能学习的心理模式为行动性学习的行为反应提供相应技能的概念性表征，并在行动性学习实践中对这一心理模式进行修改和完善。

运动技能学习是社会认知理论重要的研究对象和解释范例，体育领域多样化的媒介和榜样为替代性学习提供了丰富的素材，而决定体育学习最终成效的是行动性学习，两者的结合及其对模仿、动机、自我调节过程的阐述是体育学科核心素养中运动能力养成和体育认知实践等要素形成和发展的重要基础。认知主义学习理论揭示了复杂运动技能的习得原理和学习机制，对体育学科核心素养形成机制的探讨具有重要的理论支撑作用。

3. 建构主义学习理论

建构主义学习理论是关于学习本质的认识论或哲学观点，持这一观点的学者认为个体形成或者建构了他们关于知识和技能的理解。建构主义学习理论强调人作为主动学习者的重要性，认为个体与环境的有效互动在知识技能的获得与精炼过程中具有重要作用。教师通过组织和构建不同的学习情境，引导学习者在模拟情境中运用知识和技能进行各种互动，积极主动地参与到有意义的内容学习中完成知识的构建过程。学术界根据知识的来源和建构方式将其划分为外源建构主义、内源建构主义和辩证建构主义三种理论。外源建构主义理论认为知识获得是学习者对整个外部世界重新建构的过程，外部世界通过对实践经验的总结、榜样行为示范和具体的教育教学过程影响着个体的信念，知识所反映的外部世界客观现实的真实程度决定着知识的正确程度。内源建构主义理论认为新知识的生成源于学习者先前获得的知识或经验，经由抽象的认知活动而发展，并遵循一定的发展规律和发展顺序，而不是通过经验、教育或社会互动获得的对外部世界客观现实的镜像反映。辩证建构主义理论认为知识源于学习者与其周围所处各种不同类别的环境之间主动互动的过程，人类知识的建构过程是多元的，既不是与外部世界进行的各种一成不变的镜像交流，也不完全是对原有知识进行加工的内部心理活动的结果，而是个体与环境多元互动产生各种心理矛盾并对其进行判断的结果。多元情境中的技能运用是体育学科学习的重要特征之一，建构主义学习理论基于多元化情境的技能互动与知识构建对于学习者个体在体育学科学习过程中的技能习得具有重要的解释意义，外源建构主义、内源建构主义和辩证建构主义为体育课程设计中核心素养的培育提供了重要的理论参考依据。

应用在普通高校体育教学中，就是体育教师在教学过程中根据学生的学习反馈以实现教学手段与策略权变的过程。而现代学习理论主要指行为主义学习理论、认知主义学习理论和建构主义学习理论，这三个基本学习理论与体育教学安全设计联系更为紧密，体育教学设计应该从以下几个角度与学习理论进行结合。

首先，将体育教学安全设计过程中的课前教学基本情况分析活动、教学策略选择决策活动和教学设计实施效果评价三个主要阶段的活动与学习理论相结合。其中，教学安全设计的分析是决策和教学效果评价的基础和前提，通过合理的设计，实现体育教学安全设计对教学实践的指导作用。其次，在行为主义、认知主义和建构主义三个基本学习理论与体育教学安全设计结合的过程中，体育教师应该在此基础上结合系统性理论与传播学理论，对原有的教学设计进行适当的调整以适应体育教学安全设计的需要，在实践教学过程中体育教师要根据学习环境、基本学情、设施设备现状、教学环境等因素，来确定哪种学习方法是当前学生最适合的。最后，在将三个基本学习理论与教学设计结合的同时要对其进行区别。

四、普通高校体育教学设计的内容

（一）教学目标

首先，目标定位准确，厘清学年、单元、课时目标的层级关系。要以坚持培育学生体育学科的核心素养为基点，将不同目标定位到教学的每一节课乃至每一个阶段。学生体育学科核心素养的培养并非一蹴而就，是阶段性、发展性的。因此，教师在设置教学目标时需要准确定位它们之间的联系。

其次，目标设计要符合学生实际，具体、分层、可操作。围绕课堂教学的主题，设计每节课内容上需要掌握的、具体的、可操作的目标，从而明确学生的学习目标，激发学生的学习内驱力，更有效地把握学生学习的“最近发展区”。课堂教学要以明确的设计目标为导向，以提高学科核心素养为取向，既要不断地体现统一的要求和标准，又要符合学生的具体实际，从而使目标符合大多数学生的学习需要。

（二）教学内容

教学内容是教学与学习互动过程中有意传递的关键性信息，是知识内容的载体。要根据学科核心素养的具体培养要求而准确定位教学的主要内容，从而把握教学内容的整体结构，科学有序地安排教学。

首先，内容的选择贴近学生的生活经验与实际需求。一方面，教学内容要根据体育课程的标准、围绕课时的目标进行合理选择，最关键的是要符合学生的认知发展规律，符合学生对知识的接受程度；另一方面，在教学内容方面不能局限于单一的重复，而要有所更新。在教学内容的选择和处理上，教师更应该贴近学生的具体生活体验，满足学生在实践中的学习需要。

其次，内容的容量和深度适宜，重难点突出。要明确所设计的教学中的重难点，且内容的安排易于学生接受学习并达到学以致用的效果。除此之外，教学内容的容量应适当，内容过多会降低学生的积极性，增加学习压力，导致学生不愿意继续学习从而降低学习效率。但是，学习内容如果过少将不能达到教学目标的要求，因此，要求教师有效地利用课堂时间，从而合理安排教学内容。教师应从学生的学习能力出发，尊重学生素养的差异，选择合适的教学资源，从而使教学内容更适合学生具体发展和学习的需要。

最后，内容围绕目标的达成，融入思想政治教育元素。“目标来统领教学内容”的目的是要让教师根据具体的体育教学条件，去选择适当的内容开展教学。教师应在明确培养学生学科核心素养的前提下，将要培养的学科核心素养内化为教学内容，通过课堂教学得以实现，做到思想政治教育元素的有效融入。

（三）教学方法

在教学设计中，教师应根据教学内容的需要以及学生的实际情况去选择合适的教学方法，同时根据学生的不同特点提供学法上的指导，这样才能在课堂上引导学生去自主学习，从而让学生积极探索，激发学生的学习兴趣。

首先，合理创设教学情境，激发学生的学习动机和兴趣。情境教学是体育课堂上常用的方式，在教学设计过程中，教师应根据学生学科核心素养的培养目标进行教学内容的设计，设计出恰当的教学情境，引导学生快速进入学习状态，发散学生的思维，提高学生独立思考和主动探究的能力，进而提高学生分析问题和解决问题的能力。

其次，教学方法灵活多样，适宜不同层次学生的学习需要。在教学设计阶段，教师要在充分掌握学生学情的基础上，根据教学内容的不同特点，设计出便于学生掌握知识和技能的方式。同时还要避免教法单一的现象，不然将会导致学生学习兴趣的降低，从而降低教学效果。因此，教学方法要灵活多样，从而满足不同层次学生的学习需要。

最后，教法、学法指导要与目标达成一致，培养学生的学习能力。教师在授课前要对学生的学情进行具体的分析，了解学生的实际水平，进而设计多样的研究方法以适应不同水平学生的需要，使不同水平的学生都能获得不同层次的提高。

同时需要注意的是，在指导过程中要有针对性和启发性，通过指导使学生受益，从而更快地掌握知识，提高学生的兴趣和学习效率。

（四）教学过程

教学过程是实现教学设计的重要途径，是教师对于教学设计的直观呈现。教学过程主要包括教师教学基本功、教学组织能力、教学反馈等的呈现。

首先，明确课堂规则和秩序，教学活动安排井然有序。制定明确的课堂常规是保证课堂科学有序的前提，也是提升教学效率的重要保障。教师对课堂各个方面的要求都是为了顺利完成教学活动所做的前提准备，只有这样课堂教学才能科学有序地进行，减少课堂出现突发情况的同时，还会减少教师在授课之外时间的投入。因此，明确课堂规则和秩序，教学活动安排井然有序是教学过程中的重要因素之一。

其次，课堂结构明确，学生有清晰的学习目标。使学生明确学习任务和要求是达成课堂教学目标最重要的环节，学生只有清楚自己要学什么、怎么学、学成什么样、才能够使教师的教学设计发挥出最好的效果，从而达成教学目标。因此，教师在教学过程中要宣布清晰的学习任务，使学生迅速捕捉学习内容，从而进行主动思考和探索，提高学生的学习效率。

最后，教学组织严谨，使教、学、练有机结合。体育课堂是注重实践的课堂，练习是不可或缺的重要环节，俗话说光学不练假把式，教师要根据教学内容和学生的接受能力来合理且有效地进行教授和安排练习环节，使学生的学练时间安排合理，使学生更快地掌握所学内容，培养学生的学习能力，使教学环节自然过渡。

第二节　普通高校体育教学目标与组织设计

一、普通高校体育教学目标

（一）目标

目标是个体试图在某种特定的时间和环境内，达到某一特定行为的标准，或完成某件事情的准则。

在运动心理学中，认为目标是某个个体通过自身训练以求实现的某种运动水平，或取得的运动成绩。目标好像是射击出去的子弹，目的好像是靶子，是诸多目标相互作用后的实现。在动机系统理论当中，目标被解释为，个人预期自己的行为，所要达到的结果。

目标是个体活动的调节器，是引起行为的直接动机，能够调节个体试图完成某种任务的表现，为在完成过程中的活动提供指引。在实际教学中目标指，通过教师和学生一起参与的教学活动，以达到一定的教学目的。

（二）体育教学目标

体育教学目标是依据体育教学目的而提出的预期成果，这个预期成果是在体育教学中教和学双方都应遵循的。体育教学目标由多个目标层次组成，包括课程、学段、学年、学期、单元、课时等不同层次的体育教学目标。普通高校体育教学是指在普通高校（不含专业体育院校）教师和学生之间所展开的有组织、有计划的体育课教学活动。

普通高校体育教学目标是指在普通高校体育教学中师生预期达到的成果。体育教学目标是根据学科特性、结合某一学段的学生特点和体育需求制定的科学、合理、可行的目标，保障教学活动的顺利进行。体育教学目标直接影响学校体育工作的发展方向，清晰、明确的体育教学目标是制订使用可行的操作计划的前提，是取得良好教学效果的保证。随着体育教学改革工作的推进，关于体育教学目标的研究从未间断，体育教学目标的研究成为学者关注的热点话题。由于教学目标是具体的，对应某一具体内容也可能提出各不相同的教学目标，这使得实际的教学目标十分繁杂。为了揭示其规律以更好地指导教学实践、1956 年，美国心理学家布鲁姆（Bloom）提出教育目标的分类系统，世界各国开始相继开展目标分类理论与设计的研究。

在目标的表述上，布鲁姆等人认为教学目标分为认知领域、情感领域、动作技能三大类，作为划分目标层次的依据，强调外显行为为主要特征。心理学家海德洛特在布鲁姆三类目标的基础上又增加了增强体质目标，将体育教学目标拓展到认知目标、情感目标、动作技能目标、增强体质目标四个目标，并根据调查结果提出，增进健康能力比让学生在运动技术和身体素质方面达到较高水平更为重要。日本教育家从目标实现的形态角度将布鲁姆等人提出的各领域的教学目标在纵向上分为三大类：基础目标、提高目标、体验目标。我国最具代表性的是各学段各学科课程标准中的分类。教学目标是课程目标在课堂教学中的具体表现，一定程度上教学目标即课程目标。

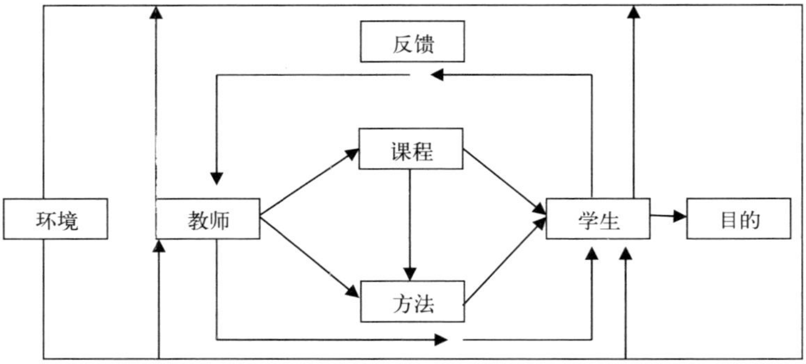

图 3-1　教学诸要素关系示意图

（三）体育教学目标的设置

教学的总目标是教学的最终目的，是在教学活动结束后，希望达到的最终结果。其处于整个目标架构的最顶端，对于各层次的具体教学目标具有方向性的指导作用。在理论依据的前提下，将教学过程的各个阶段设定相应的目标，以达到更好的教学效果，进而完成教学的总目标。

1. 目标设置的原则

目标设置要遵循SMART原则。SMART原则，实际指的是，目标设置要满足以下几点原则：具体的（Specific）、可衡量的（Measurable）、可达到的（Attainable）、具有相关性（relevant）、具有明确的截止期限（Time-based）。

正确的目标设置可以推动和指导行为，有助于对任务过程的专注，能在努力过后获得成功的体验。目标对于提高技术动作完成的质量，表现在四个方面，分别为使学生保持专注力、努力、保持在练习中的坚持性、在遇到问题时采用更好的策略。

2. 目标设置的维度

目标维度并不是相对独立的，而是互为依存的关系，相互支撑，共同构成一个阶段的目标。要根据以下三个维度来设置目标。

一是成绩目标，将目标设定为具体的运动成绩，用具体的运动成绩进行比较。

二是表现目标，独立于其他人的最终成绩。

三是过程目标，亦称“行为目标”，是呈现出的具体行为。

3. 教学目标的设定

（1）对学生的能力进行正确评价

目标的设定，要以学生的实际能力为依据。如果不能正确地评价学生的能力，就有可能制定出对于学生过低或过高的目标，不符合实际情况。目标过高，不利于目标的实现，会让学生产生挫败感；目标过低，不能激发其内心挑战的欲望，从而导致其运动动机的降低。

（2）长期目标与短期目标相结合

长期目标与短期目标结合的合理性，在于短期目标更容易使个体产生积极的期望，只有实现每一个短期目标，才能最终实现长期目标。长期目标又可以为学生提供持久的指引和在内心潜在的激励。同时所设定的目标，要既可实现，又有挑战。目标过易，容易完成，无法激发动机；目标过难，会使个体遭受挫折，放弃努力。所以，要设置阶梯形的短期目标，长期目标要既有挑战性，又要有让学生触及和实现的可能。

（3）技术目标与成绩目标相结合

技术目标指的是学生完成动作的标准，更加强调学生技术动作的掌握和表现，把学习本身视作最终的目标。而如果只有成绩目标，其学习的目的在于“通过”，以成绩的高低证明自己的能力，就会使得学习变成了“工具”或“手段”。

要设置明确目标而非模糊目标。明确目标的教学效果要优于模糊目标，目标的设置对学生的努力程度有很重要的影响。设置明确且具体的目标相比于设置模糊的、一般性的目标，能够更好地激起学生的学习动机，引导学生形成有效的、追求成功的行为。同时，明确的目标还能够对目标的完成和达成情况进行检测，并进行相应的评价。

在学生参加体育运动过程中，目标设置的难易度是关键。太难的目标设置势必会使学生产生挫败感，怀疑自身能力，从而降低运动水平，无法完成预设目标。相反，如果目标设置得太容易，会使学生缺乏体验感，学生体验不到目标的挑战性，从而降低运动强度和运动能力，因此目标设置得既不能太容易也不能太难，设置中等难度目标最有利于教学效果的最大化。

4. 教学目标的驱动

（1）课次教学目标

课次教学目标将技能教学目标进行细致、明确的划分，每节课都有明确的技术要求。在教师示范教学后，正式练习开始前，将目标告知学生。考虑到时间原因，教师会随机选择同学，进行抽测。在抽测过程中，对学生的表现予以反馈，对表现较好的同学，予以积极的肯定和表扬；对于表现稍差的同学，对其鼓励，帮助其找出问题并指导改正。同时，做好记录，对于每节课没能完成目标的同学，教师及时沟通了解，是目标定得过高，还是由身体或其他原因导致，要根据学生自身的实际情况，调整其目标的难度，保证在每节课都能够尽可能完成目标，有所收获。

（2）短期目标

短期目标是将长期目标进行合理划分，在各个阶段设定相应目标，让学生在练习时减轻压力。短期目标以两周为一阶段，进行划分。每一个短期目标的实现，能够让学生清晰、直观地看到自己的进步和提高，能体会到努力与提高的必然关系，为下一目标的实现树立更强的自信，这种内心驱使的动力正是整个学习目标实现的重要保障。短期目标让学生更容易实现目标，体验到实现目标后的成就感，从而在接下来会有更强的学习动机，进行更佳的自我调节。

（3）阶段测试与反馈

学生对阶段性评价反馈的归因，可以对学生的学习认知产生影响，进而对接下来的目标学习有着至关重要的影响。目标可以指引学生学习时的方向，并检验学习与练习的效果。随着练习与课程的不断推进，需要进行测试以判断目标的实现程度，给予学生清晰的反馈，使其看到自己努力的成果，并对自己努力的方向和程度进行调整。

研究表明，没有反馈的目标，其目标设置是无效的，测试结果是反映学生练习效果最好的指标。阶段测试过后，将测试结果当堂反馈给学生，并根据总体的测试结果，对接下来的教学进行针对性的调整。同时，对于能够顺利完成目标的学生及时予以鼓励；对于遇到问题的学生，要与其进行沟通，分析具体原因，并帮助其解决在学习和练习中遇到的问题。

（4）目标达成奖励

奖励在目标与绩效之间发挥着非常关键的调节作用，而奖励也会使个体产生更高满意度与自我效能感。青少年学业压力逐渐增大，课业增多，教师可以在教学中设置具有趣味性的目标达成奖励，对每个阶段能顺利完成短期目标的学生予以趣味性称号。称号选用电子竞技的“定级”称号，设置为黄金队员、钻石队员、白金队员和星耀队员，将体育运动和技能练习变成了“通关”“打级”，使学生更积极地完成目标，使学生更加注意自己的学习、练习过程，产生提高自己的级别的动力。同时，也会让学生在体育锻炼的过程中感受不断“晋级”的乐趣，在“晋级”中完成对技能的学习和掌握。

在实施目标达成奖励的过程中要注意以下几点问题：①要注意学生是否过于在意获得称号，导致出现急于求成的心理；②是否有学生很努力，但是也较难取得进步，进而产生失落的心理，抗拒练习，导致失去学习兴趣。如发现问题，应及时关注并对学生进行疏导和鼓励，引导其形成正确的学习和练习态度。

（5）长期目标

长期目标是教学的最终目标，也是短期目标设定的基础，不断实现短期目标，才能达到最终目标。首先，与专家和一线教师进行交流，确定达到的最终目标是否科学、合理。其次，进行实验前测，根据学生的具体情况进行修正、调整。最后，采用“阶梯型”逐渐增加难度的方式来进行目标的设定，使学生循序渐进地教、学、练，逐渐激发动力并提高技能水平，并触及最终目标。

（四）体育教学目标的特点

1．导向性

体育教学目标是体育教学活动重要的参照标准，从某种意义上说，它是体育教学的方向，教学设计、教学过程的组织与实施、教学评价等都要受它的制约。当教学目标的定位合理、教学活动与教学目标趋于一致时，教学就易于收到良好的效果。当教学目标不符合客观实际的时候，以此为指向的教学活动所产生的结果就会出现偏差。体育教学目标的导向性是我们必须高度重视的一个显著特点。

2．层次性

体育教学目标的层次性主要体现在两个方面：一是体育教学目标是渐进式的，较低层次的目标可能是较高层次目标的分解或是具体化，也可以是较高层次目标的阶段目标，且较高层次的目标往往是以较低层次的目标作为基础或手段的，如终身体育能力，它就是以体育知识、运动技能、锻炼习惯、健身方法等为基础的。二是教学目标是与学段密切相关的，体育教学贯穿学校教育的始终，它所面对的是多个学生，显然，教学对象不同，具体的教学目标就肯定会有差异。

3．系统性

体育教学目标是由认知目标、技能目标、情意目标、品格目标和方法目标等构成的整体，它们既相互联系，又各自拥有自己的地位和功能。虽然各自目标实现的时间和程度不一致，但它们总是直接或间接地影响着体育教学目标的达成。它们有机联系和相互促进，便能产生“整体大于各个部分总和”的效果，这是促进学生全面发展的需求，也是素质教育的必然要求。

4．灵活性

体育教学目标的灵活性是指体育教学目标的达成可以有一个适宜的调整空间。它有利于教师根据学生的身心发展水平、体育能力现状和体育教学及锻炼的相关条件等因素来开展教学工作，提出与学生基础和教学条件相适应的分类目标，体现出对显示情况的正视和对学生的尊重，从而充分调动学生的主观能动性，发挥他们的主体作用，使他们的发展更加符合客观实际，使其健康个性的形成具有一个良好的外部环境，体现出以人为本的基本思想。

5．检测性

体育教学目标不仅是教学活动追求的标准，还是检验教学活动效果的标尺。运用教学目标的要求对学生的认知、技能、情意、品格等进行评价和比较，可以检测教学内容、教学方法、教学手段及教学环境等的选择与运用的效果。及时将这些检测信息反馈到教学活动中去，可有效地提升教学质量，使教学效果不断得到优化。

（五）体育教学目标的功能

教学目标具有多方面的功能，概括起来主要有三个功能：激励功能、导向功能、标准功能。在高校体育教学中为使学生在不同的方面达到不同的目标，需要确立明确、具体、合理的教学目标。教育目标具有以下五项功能：一是明示教育进展的方向；二是选择理想的学习方式；三是界定教育计划的范围；四是提示教育计划的重点；五是作为教育评价的重要基础。体育教学目标的主要功能体现在以下几个方面。

1．对体育教学实践活动具有导向功能

教学目标用来指导特定时间内的教学实践活动，通常被教育理论家称为“教育活动的第一要素”。根据所要完成的教学任务来确定合理的教学目标被认为是教学计划的首要环节。在体育教学活动中，如果有明确的教学目标，那么教学内容的选择和组织、教学方法的选择与运用乃至整个教学工作的开展，都可以围绕着预定好的教学目标进行。体育教学目标的导向作用具体表现为：体育教学目标能使体育教学活动避免陷入盲目的状态，从而有助于体育教学活动有序进行；体育教学目标能够使体育教学活动集中于有意义的方面，从而有助于积极结果的达成；体育教学目标能够提高体育教学活动的效率，使教学活动事半功倍。

2．激发学生的运动兴趣和学习兴趣

在体育教学过程中，体育教学目标的制定可以激发学生的学习动机和学生的运动兴趣，使其努力达到这种目标，特别表现为以下三种情况：首先，当学生对体育运动技能和运动知识学习的需要与体育教学目标相吻合时，潜在学生内心的驱动力就会使学生产生极大的学习兴趣，使其投入学习；其次，当体育教学目标与学生的兴趣一致时，这种目标将较明显地激发学生参与学习活动的积极性；最后，当体育教学目标的难度适中时，就会发挥较大的激励作用。如果体育教学目标的难度太大，会使学生知难而退；如果难度太低，则缺少体育竞争带来的乐趣；难易适中最能激励学生积极参与学习活动。所以，在制定教学目标之前要充分了解学生的基本情况，才能使教学目标与学生的实际情况相吻合。

3. 为评价教学质量提供评价标准

在普通高校体育教学过程中，通常要对教学情况做出评价。教学目标为教学评价活动提供了准确的衡量标准。首先，在体育教学效果评价中，最重要的就是要评判体育教学活动在多大程度上达到了预期的教学目标。其次，在体育教师授课质量评价和体育课程评价中，教学目标可作为评价的依据。因为教学目标在教学评价中具有标准功能，所以人们往往为了更好地进行教学评价而精心研究教学目标，如布卢姆的教育目标分类学主要是为进行教学评价而做出的教学目标分类。以往的教学评价以终结性评价为主，这种评价方法忽略了教学过程中的质量评价，在今后的评价和教学目标的制定中要使评价和教学目标相结合，并且注重过程性评价，这样学生的学习成果在每一个评价过程中都会有所体现。

二、普通高校体育教学组织设计

（一）体育教学组织设计基本原理

1. 以学生为中心

学生是“学习”环境的核心参与者，所有活动都将学生的知识和发展能力作为重要出发点。所以，学习活动也需要学生的参与和探索。学生是教学的主体，教师应该了解每个学生的特点与需要。学生的学习基础，包括了所有的基本知识、思维方式、兴趣爱好、动机、责任心，以及语言背景、社交背景等在内的社会环境因素。教学设计特别重视学生间的个别差异（包括已有知识的差异）。在课堂提问的问题设置上面，教师应该提供一些具有挑战性的问题，进而使学生超越既有的达成水平以及潜力。

2. 重视学习的社会性

教育神经科学理论揭示了人是借助社会相互作用而进行学习的，因此学校的教育组织也必须保持高度的社会化，不仅有助于提高学生的成绩，同时在行为方面与情绪方面亦可取得非常不错的效果。

3. 重视情感对学习的重要性

情感作为人们对客观事物是否符合人的需要、愿望和观念而产生的态度体验，在学生的学习活动中具有重要的作用。学生只有认识到学习的正确目的，才会对学习活动产生极大的热情，努力钻研功课，力争取得好成绩。相反，如果学生对学习毫无热，就不会端正学习态度，就会对学习产生反感、厌恶等消极的情感体验，这样就会对学习产生阻碍作用。

（二）体育教学组织设计基本法则

1. 问题选择

①问题应当以学校课程中的必修知识、技能为基础。

②问题应当是学生能够应对的该学科或跨学科、跨知识领域的重点内容。

③问题应当是真实的、现实的、有价值的。

④问题应具有挑战性，有一定的难度，并需要全员做出贡献。

2. 教师角色

教师通过教学，发展学生的元认知技能，为问题的解决提供专业性的指导。为此，教师应做到以下几点。

①教师应当反复追问，直至学生的知识臻于深化。

②教师应当聚精会神地关注小组活动的过程，旨在让小组所有的成员参与，能够明确地说明问题解决的过程，以及提出解决方法。

③教师应当促进学生思维的发展，帮助他们展开学习。

3. 学习评价

①评价的目的在于整合学生学到的知识，并加以梳理、消化，同既有知识结合起来，形成新的知识。

②教师要将学生所做的回答进行点评，提出有助于把新知识纳入既有图示的提问。

③鼓励学生利用“思维导图”加以图示，或者制成一览图，并为此提供必要的素材。

第三节　普通高校体育教学设计的评价与策略

一、普通高校体育教学设计的评价

（一）普通高校体育教学设计评价的目的

评价过程归根结底是一个进行价值判断的过程，最终的目的和意义是将对评价对象的评价结果反作用于评价对象本身，作为评价对象的发展依据。因而教学设计评价是指：在一定的教学理念下，依据一定的目标和标准，通过科学合理的评价工具对已有的教学设计开展价值判断的过程，目的是完善教师的教学设计，提高教师的教学设计能力。普通高校体育教学设计评价的目的是：①提供教学设计评价体系，帮助教师改进教学设计，发挥教学设计评价体系的工具价值；②通过甄别教学设计的优劣，引导教师开展体育教学设计，这是体育教学设计评价体系的导向价值。

（二）普通高校体育教学设计评价的原则

普通高校体育教学评价一般基于以下几点原则进行。

①教育规律性和导向性。教育评价指标要求与国家有关课程标准、教育教学总目标一致，所反映的教育观念应该与现代教育教学理念和评价思想一致，且体现出教育教学活动的客观规律。

②科学性和可操作性。制定教育评价表的过程需要有科学思维方法和科学理论的指导，而且结构要简单、指标通俗易懂、便于操作者使用。对于一些笼统抽象的目标，要通过改变表达方式使之可以被间接测量。

③超前性和发展性。教育评价应该是一个不断发展、富有自主创新的工作，评价表应该是与时俱进的，引导学生、教师和学校更新教育观念，搞好教育创新。

（三）普通高校体育教学设计评价的工具

国外具有代表性和影响力的教学设计评价工具主要有理科设计评分工具SLPRI（Science Lesson Plan Rating Instrument）和SLPAI（Science Lesson Plan Analysis Instrument）。

SLPRI是一种分析工具，包括一般目标、特定目标、资源材料、安全性、顺序与时间、课程内容、教学策略、课程开始、课程主要内容和课程结尾。从评价指标内容来看，该工具评价内容十分全面，但是因为是针对师范生开发的教学设计评价量表，所以是基于一般性教学设计规范提出来的，缺乏针对性。

SLPAI是研究人员基于美国科学教育指标，并总结几种评价工具后开发的。该工具由四个主要分量表组成：与认可实践保持一致、教学设计和实施—认知和元认知问题、教学设计和实施—社会文化与情感问题，以及科学实践的描绘和使用。

（四）普通高校体育教学设计评价的标准

1. 数量

“数量”的评价标准指的是要素选取的多少，从要素选取的数量上能够看出教师选取教学内容的广度。对于“关键要素”来说，关键要素选取的数量越多，说明教师选择的知识点越多，学生学到的更多，或者是教师为完成某一关键要素的教学而选择了较多的先行要素，易于学生理解；对于“导入要素”来说，导入要素的数量越多，越有利于学生对新知识的快速理解；对于“实验要素”来说，实验要素选择的越多，说明教师重视通过实验进行教学的教学方式，有利于提高学生的学习兴趣，培养学生科学探究与创新意识的核心素养；对于“结点要素”来说，结点要素对其他关键要素不造成影响，教师选取的结点要素多说明处于总结提升、培养学生能力、理论联系实际地位的要素多，有利于学生综合素质的提升。

2. 层级

“层级”的评价标准主要从层级有向图整体的层级复杂性以及各种要素在层级有向图中所处的位置来评价，一般层级越复杂，可选择的教学序列就越多，教师能够自主选择适合自己的教学过程就越多；对于要素在层级中所处的位置来说，开展教学时，应当优先安排处于较低层级的要素，如果遇到同时处于同一层级的要素时，要优先安排应用性大的要素进行教学，对于应用性相似的要素，优先安排更加基础的关键要素。

3. 关系

“关系”的评价标准主要指的是关键要素安排的逻辑关系是否正确，各要素之间的连接是否连贯，各要素之间的关联是否具有适切性。不同水平的教师教学能力、教学经验不同，因此就会产生要素之间安排的差异，往往新手教师教学经验较少，会产生一些错误的判断和安排，要素之间的联系也容易出现割裂。而熟手教师拥有丰富的教学实践经验，通常在不同要素的学习间能够做到自然过渡。

二、普通高校体育教学设计的策略

（一）优化体育教学指导思想

“健康第一”的指导思想是为了构建和谐安全的体育课堂，这就要求我们在教学设计上应该营造活泼、愉快、和谐、民主的课堂氛围，力图让学生在和谐的教学环境中学习促进身体健康的运动技能，在安全的前提下体验运动带来的快感。体育教师在教学过程中一定要用“健康第一”与“安全”相结合的指导思想统领自己所有的教学安全设计与教学行为。无论是理论课或实践课，还是引导学生主动参与的各种体育活动，都要与学生的身心健康紧密联系。从学生的身体健康、心理健康和社会适应能力方面培养学生的安全健康理念，并在此基础上开展教学活动，采取不同的教学形式，使学生养成正确的健康安全意识。

（二）改革体育教学教材设计

教材是体育教学设计中重要的因素之一。通过教材分析实现体育教学设计的过程就是将书本上储存状态的知识转化为传输状态的知识，然后通过学生的学习再把传输状态的知识转化为学生头脑中的储存形式的过程。在体育教学设计优化过程中要将教材中所讲的知识放在知识整体中去认识，进行全方位、多角度的分析研究，以真正掌握教材中的知识，认识其在整个教材结构中的地位，认识与其他知识之间的联系，在教学设计中实现教材与教学环境分析、课程目标的设置、课程内容的组织、课程的实施、课程的评价等内容的联系与结合。做好教材设计优化要做到以下两点：一方面，在教材选取过程中要以国家规划的权威教材为主，国家规划教材的产生经过严格的论证和把关，这个条件既能够为教学安全设计提供稳固基础，也能够通过对国家规划教材内容与结构布局的把握掌控教学安全设计过程中国家最新的指导思想、相关标准调整等内容。另一方面，教材的选取应注重多样性，在选取国家规划权威教材的基础上，应该有选择性地针对不同的教学项目选取一定的辅助用书，以解决教材单一性造成的教学深度不足、广度不够的问题。

（三）契合高校体育教学学情

学情分析是体育教学设计最重要的基础工作之一。通常情况下，学情分析主要指“学生分析”，要从整体观念出发，通过和学生聊天、聊家常、找导员借阅学籍档案等多种方式方法，从学生存在的知识结构、学生的兴趣、学生的思想、学生的认知状态和发展规律、学生的生理和心理状况、学生的个性、发展现状等各个方面作为学情分析的切入点。进而优化教学设计，更有效地实现教学目标，提高教学效率。还需要注意的是对学情进行设计优化要考虑以下几方面因素：一是学情分析应该以学生为中心，这就要求在教学安全设计中教学内容、教学目标、教学策略等各个环节的设计要符合学生的身心特点、认知能力和运动水平；以学生为中心不但要求要对学情分析彻底，还要将教学安全设计优化后的安全融入其中。二是学情分析要符合体育教学规律，对学情的设计优化要在合理的基础上按着教学标准执行，这样才能够做到学情分析与其他教学安全设计环节的匹配性。例如，在教学标准中往往某一项运动的标准都是统一的，在教学安全设计之中要进一步根据学情分析，对于达到标准有困难的学生进行适当降低。三是体育教师应该清晰学情分析中的重点与难点，并详知解决办法。四是学情分析要与教学环境、课表、教学目标等其他因素形成一个有机的整体，如此才能保证教学设计的完整性。总之，学情分析的主要目的就是将教学设计中的安全问题与学生的性别、年龄、运动习惯等因素进行完美的契合，最终实现教学目标。

（四）强化高校体育教学设计

体育学科核心素养的提出旨在落实立德树人。因此，在普通高校体育教学设计中需要强调育人的理念。在普通高校体育教学设计中，将育人理念贯穿于教学内容、教学方法、教学评价等重要的环节中，将体育学科核心素养落实普通高校体育教学设计中。

总的来看，以体育学科核心素养进行教学设计，是普通高校体育教学目标实现的前提。在进行普通高校体育教学设计时应坚持普通高校体育教学设计的科学性与可行性，应考虑普通高校体育教学的课程设置特点，根据普通高校体育课程的教学要求，结合教学实践中的优秀成果与经验，将体育学科核心素养通过教学设计体现在必修和选修的教学项目中去，将体育学科核心素养通过教学设计融到比赛活动中去，通过引导学生组织参与体育比赛，提高学生的规则意识、赛事欣赏能力等。

（五）明确高校体育教学目标

体育教学目标是根据体育学科功能在不同的社会和不同的历史阶段进行不同

的体育价值取向后的行为效果取向，会随着社会的变化与发展产生相应的变化。体育学科核心素养是核心素养在体育学科的具体化，是新时代对体育学科培养人才的具体要求。因此，体育学科核心素养是制定普通高校体育教学目标的总依据。而要制定清晰和完整的体育教学目标，必须遵守四个基本原则，包括“目标在体育教学场景中原则”“目标包含努力因素原则”“目标的可选择性原则”和“目标依托体育教材原则”。体育教学目标的基本要素包括课题、条件、评价标准。

根据体育教学目标有不同的层次，在制定不同层次的体育教学目标时，首先，了解不同层次体育教学目标在体育学科核心素养运动能力、健康行为、体育品德三方面的教学任务（要做什么），然后进行分解，使教学任务具体化；其次，确定教学内容，列出教学要点和重点；最后，在研究学生以及班集体学习情况的基础上，对教学任务、教学要点和重点进行适当调整，拟定预期要达到的教学效果，制定具体的体育教学目标，使体育学科核心素养具体化、细化，保持教学目标的一致性，减少教学目标出现脱节、交叉、错位等现象。

（六）选择高校体育教学内容

体育学科核心素养作为体育教学的总目标，引领体育教学目标的制定。体育教学内容是学生实现教学目标的载体。在实现普通高校体育教学目标的过程中要将自主参与体育活动的能力、保持并传递健康生活方式的能力、将体育精神融入生活的能力融入教学内容中。在教学内容的选择上，依据体育学科核心素养的理念，结合学生的需求、运动水平和学校的实际情况，选择有利于培养学生运动能力、健康行为和体育品德的内容。首先，在运动能力培养方面，综合考虑学生的运动水平和体育项目特点，鼓励学生自主积极地锻炼身体，掌握运动项目的技术。其次，在健康行为培养方面，教师应将损伤预防和处理、器材使用规范等知识告诉学生，使学生树立健康意识，让学生掌握促进健康的方式方法。最后，在体育品德培养方面，以女排精神为例向学生传达体育精神的坚持不懈等，并向学生强调尊重规则、尊重裁判和尊重对手等，深化学生对体育品德的理解，达到体育学科素养对学生的具体要求。与此同时，重视第二课堂的教育，通过课后练习、体育比赛等实现课内外结合，促进学生体育学科核心素养的培养。

（七）改进高校体育教学方法

如何保证普通高校体育教学目标的有效实现，培养学生的体育学科核心素养，除了教学内容契合体育学科核心素养外，教学方法的选择也不容忽视。教学方法是为了完成教学任务，达成教学目标，教师组织学生进行专门内容的学习而采用的办法。而教学方法的选择和运用受教学目标、教学任务、教学内容、学生年龄特征、教学手段、教学环境、教师特点等因素的影响。体育学科核心素养是体育教学目标的总目标，体育教学目标引领者体育教学方法的选择和运用。因此，体育学科核心素养是改进普通高校体育教学方法的强有力依据。

（八）升级高校体育教学评价

教学评价是指依据教学目标，使用一定的标准对教学活动及其结果进行测量、分析和评定的过程。体育学科核心素养是体育教学目标的总目标，体育教学目标是体育教学评价的依据，即体育学科核心素养是体育教学评价的重要依据。

在体育教学中，进行评价主要是判断体育教学工作是否实现了教学目标，进而发现问题，找出差距，为教师的教、学生的学提供依据，而衡量教学效果对教学目标的达成度，实际上是给师生一个具体的奋斗目标和要求，左右着师生努力的方向。建立互动反馈系统，给师生双方反思的时间，是实现体育教学目标的有效途径。因此，在普通高校体育教学目标的实现过程中，要将体育学科核心素养融入体育教学评价，改善体育教学评价标准和手段，升级普通高校体育教学评价，最终实现体育学科育人目标，促进学生全面健康发展。

第四章　普通高校体育教学内容分析

普通高校体育教学内容是根据体育教学目标进行选择的，是根据学生在成长过程中的发展需要以及体育教学过程中必备的教学条件最终整理而成的，并且是根据社会需求的发展而不断变化的。本章分为普通高校体育教学内容的基本理论、普通高校体育教学内容的目标与要求、普通高校体育教学内容的编排与选择、普通高校体育教学内容体系的构建四部分。

第一节　普通高校体育教学内容的基本理论

一、教学内容

教学内容可以看成教学论中的一个基本术语。教学内容是知识的载体，也是教学活动的开展依据，人们常将“教学内容”等同于“教材”，这种认识是片面的。因为人们所持的价值取向不同，所以对教学内容会有不同的理解。《中国大百科全书》教育卷中将教学内容定义为：教学内容是学校向学生传授的各种知识和技能、灌输的思想与观点、培养的行为和习惯等内容的总和。有学者认为教学内容是“学校传授给学生的知识、技能、技巧、思想、观点、信念、言语、行为、习惯的总和”。也有学者将教学内容定义为：教学内容是教师根据实际情况，将课程内容、教材、具体情境、学生和教师的实际组织起来的结果。由不同学者界定的定义中可以看出，教材只是教学内容中的一个部分，教学内容还包括了对学生行为习惯、科学精神、价值观等各方面的培养，总之就是指为实现教学目标而要求学生系统学习从而内化的经验的总和。

二、普通高校体育教学内容

体育教学内容可以让教师合理有效、有目的地进行教学。体育教学内容是以教学大纲、教学计划、教材、素材等具体体现出来的知识技能、价值观念及行为。

体育学科既包括理论知识（健康知识、生理健康、体育人文社会学），又包括实践内容（运动技能、体能训练）等。体育教学内容更加注重学生的终身体育发展，不仅是对知识和技能的掌握，更加注重对学生能力的培养。

（一）理论知识

1. 健康知识

健康知识是指健康的概念、健康的构成、健康的标准、影响健康的因素和维持的规律。简单化理解“健康知识”的含义是一切与健康有关的知识，主要包括运动健康知识、体育锻炼知识、体育与健康知识等。体育与健康学科核心素养主要包括运动能力、健康行为和体育品德，而健康行为的具体表现形式为体育锻炼意识与习惯、健康知识掌握与运用、情绪调控、环境适应四个方面。根据“健康知识掌握与运用”的来源，现将“健康知识掌握与运用”界定为主要是和体育相关的健康知识。

“健康知识掌握与运用”划分为五个水平，水平一是了解和运用营养、卫生保健、疾病预防、运动损伤预防与处理、心理健康、人际交往等方面的知识；水平二是理解并且将所学相关体育与健康知识运用到学习生活中；水平三是在意外事故中恰当运用所学知识；水平四是对自身健康状况有良好的判断；水平五是全面了解亚健康状况产生的原因，并采取一定的体育与健康知识预防疾病。

体育教师在教学过程中首先要重视对学生健康知识运用能力的培养，使学生个体兴趣得到稳定发展。学生健康知识运用能力和体育学习兴趣存在显著性的正相关性。因此教师在体育教学中多设置生动的体育案例和运动情境，使学生在案例和情境的帮助下，促进学生用已掌握的体育相关健康知识去解决案例中所出现的问题，从而增强学生对健康知识的理解和掌握，以及对健康知识运用的意识。健康知识的学习是为了更好地解决体育锻炼中出现的问题，为提高学生的体育学习兴趣做足准备。

其次，教师要提高对体育理论课程教学的重视程度，增加学生健康知识的储备量。传统体育课程中更注重实践技能的教学，而对体育理论课的教学重视程度不够，甚至有的学校不安排理论课。因此，在普通高校体育教学中，增加相应的健康教育知识的内容，将理论知识和实践课所学知识相贯通，可以更好地提高大学生健康知识运用的能力和体育学习的兴趣。

最后，教师要运用强化手段提高大学生健康知识掌握与运用的能力。每年举办体育竞赛、趣味运动会等活动应达两次以上，举办大型体育活动有助于学生在短时间内提高健康知识掌握与运用的能力，为终身体育打下良好的基础。

2. 生理健康

生理健康的状态就是，精神旺盛，身体机能各方面良好，能正常生活，不受疾病困扰。但是，如今“三高”（高血压、高血糖、高血脂）及肥胖等引起的“生活方式病”日益侵害人们的健康，人们的生理健康受到各方面因素的影响。如何保持身体处于一个较为平衡的状态，日常关注身体的变化以及坚持良好的生活方式是关键。

健康教育是一种有计划、有明确目标的教育教学活动。其目的有三：第一，培养人们树立健康理念，养成学习健康知识的习惯；第二，让人们主动采取健康的行为，营造健康的生活环境；第三，学会保护身体，促进健康教育的发展。

所谓生理教育是指对学生讲授人体健康的基本常识，使其了解青春期生理、不同性别的差异以及生殖卫生保健等知识。生理健康教育就是要让学生知道是什么原因引起生理不健康的，引发身体疾病的因素有哪些。学生只有了解影响生理健康的因素，树立健康意识，从日常的学习、生活和饮食做起，时刻关注身体各部分器官的健康状况，才能保证有一个健康的身体。

3. 体育人文社会学

科学的发展过程，是各个学科不断被分化，然后又彼此融合的过程。体育学科的发展同样也是如此，体育作为一门由多种学科交叉发展而形成的新兴学科，其发展的历史并不长。体育学科在发展过程中与其他学科不断融合发展成为新的学科，其研究范围不断扩大。从整体上看体育学科既有偏人文社会的研究内容，又有偏人体生理的研究内容。体育学科作为一门带有文科属性和理科属性的交叉学科，这种属性决定了体育学科需要不断吸纳其他学科才能完成自身进步。具有跨学科背景的学生进入体育研究领域，对于体育学科自身的发展具有重要的意义。

体育人文社会学从开创之初就定下了交叉学科的基调。从体育人文社会学的名字中就可以看出，它是体育学、人文学和社会学三者的融合。体育人文社会学包含的研究领域也非常广泛，涉及体育领域中各种人文、社会方面的内容。体育人文社会学的持续发展离不开多学科的交融，采用跨学科的思维和方法对体育人文社会学进行探究，可以拓宽体育人文社会学研究的深度和广度。

（二）实践内容

1．运动技术技能

（1）培养主体

主体性是一个哲学范畴，明确运动技能培养活动中的主体性范畴，可以使人们能更清晰地了解运动技能的培养本质，更深刻地把握运动技能的教学规律。教学活动主体是指教学活动的行为者。在体育教育专业本科生培养实践活动中，教师作为教学过程的引导者，组织整个教学活动，学生作为培养活动的接受者，反馈并调控整个教学实施。因此，教师与学生都是运动技能培养过程中的行为者，共同构成了运动技能培养活动主体。

作为运动技能培养活动的组织者、管理者，任课教师的个人内在素养与社会职业经验对培养质量具有较大影响。在运动技能的培养过程中，教师根据培养目标设计培养程序，基于各种教学资源与学生基础条件设置系统的课程结构，并利用课堂教学对技术进行示范讲解、纠错指导，帮助学生学习并掌握运动技能，同时教师要结合学生的运动基础的各异性与复杂性不断更新教学理念，调整教学方法，科学引导学生提升运动技能。因此，教师的专业素养、知识结构、职业经验是影响教学效果的重要因素。教师要不断提高自身的运动技能水平，强化自身的教学综合能力，培养符合时代所需的体育教育人才。

在体育教育整体培养方案的实施过程中，学生具有特殊的身份与地位。作为培养方案的中心服务者，以与社会所需相契合的学生发展要求为培养的出发点，要求高校教育教学为其提供高水平的服务。作为培养效果的反馈者，完成学习任务，有效掌握教学内容是学生接受高校教育培养的责任与义务。体育教育专业本科生的技能培养作为培养方案的一部分，学生既是运动教学的服务者，也是培养质量的“生产者”。多重的行为身份使学生在运动技能培养过程中具有关键影响。因此，运动技能教学既要注重学生的全面发展又要关注学生的个体差异，做到全方位多层次教学，激发学生的学习动机，充分尊重学生学习的主体性。

（2）培养客体

培养客体指的是培养过程中主体实践活动所作用的对象。运动技能培养的作用客体是教师整理传授的对象，是学生接受学习的对象。体育教育专业培养目标是高校教学活动的主要加工对象，是学生专业能力培养的起点与归宿，对运动技能培养具有定位、调控与激励的作用。高校课程设置决定着学生的学习范围与高度，是培养目标与学生学习之间的重要教育媒介。学生的学习实践活动只有与培养目标、课程设置的规律发展相一致，才能实现学生运动技能的培养目的功能。

①培养目标。运动技能的课程教学目标是关于运动教学活动的预期结果所要达到的标准、要求所做的规定或设想。运动技能培养目标直接决定了各高校对学生运动技能的培养定位，是运动技能培养实施的出发点与风向标，更是培养实施的最终归宿。明确的培养目标为培养工作指明方向，引导运动技能培养的具体实施。

②课程设置。课程设置是指以学校既定的培养目标为依据，系统合理地对项目分类、选课模式、课程内容与课时计划进行合理编排，形成有组织的课程结构。课程设置是学生运动培养的重要载体，是运动技能培养实施的核心环节，客观反映了专项运动技能培养的细微特征及独特本质。

（3）培养活动

运动技能培养是一种具体的实践活动。在运动技能培养过程中，培养主体基于一定的目的，有计划地作用于培养活动客体，其中受周围环境与客体动态反应的影响，不断改变活动方式。运动教学活动的具体实施促使各培养要素紧密联系，相互依存。培养客体单一静态的存在模式只有通过主体的实践活动才能相互结合，为专项培养发挥价值。而相互独立的活动主体只有通过系统的实践活动才能相互作用，任课教师要在实践活动的指引下，利用课程资源才能有效作用于学生。“学、练、赛、评”是运动技能培养的实践活动模式，竞赛组织与考核评价是主要的培养实践活动。

①竞赛组织。体育竞赛以活动的竞争性、比赛形式的多样性、取胜目标的强烈引力，高效调动学生的积极性，激发学生提升运动技能的内在动力。规范的竞赛组织是实现运动培养目标的重要途径，是增强学生身体素质、提升运动实践能力最直接的方式。竞赛是运动技能培养的重要组成部分，它是课堂教学的拓展延伸。竞赛的专业组织可以有效激发学生的学习动机，提高学生的运动参与主动性，培养学生竞争与合作的意识，为学生提供情境化教学平台，帮助学生进行全方位多角色的学习体验，全面强化学生的实践能力培养。

②考核评价。考核评价是通过信息反馈调控培养实践的过程。作为教学过程的基本环节，考核评价以培养目标为依据，运用有效的评价手段对培养的具体实施与结果进行测量分析，并结合实际情况进行判断。运动技能评价则是根据教学计划与测试计量表对学生的运动能力进行评价测试，并给予成绩判断的过程，评价目的是优化培养实施，提升实践能力，加强对培养工作的科学管理。

（4）培养条件

体育学科教学具有独特的实践性，运动技能教学活动的顺利开展依附于专业的场地设施与器材配备。在运动设施资源低于基准线的情况下，硬件设施因素对运动技能培养的开展起着决定性作用。在运动设施资源达到锻炼所需的基本条件以后，运动场地以及项目器材的改善，对运动技能的学习与提升具有促进作用，而不起决定作用。在其他培养因素相同或相近的情况下，硬件设施资源的优劣对培养质量起着重要的制约作用。作为培养活动的条件性因素，运动场地设施具有多种影响表现，制约运动培养规模、教学形式以及发展功能。因此，完善的硬件设施是运动技能培养实施中必不可少的重要因素。

基于此，高校体育运动技能的培养因素分为四类：培养主体、培养客体、培养过程、培养条件。其中培养主体要素包括任课教师以及学生主体；培养客体包括培养目标与运动课程设置；培养过程包括竞赛组织与教学考核评价；培养条件则为运动的硬件设施资源。七个培养要素之间相互作用、相辅相成，共同构成了体育教育运动技能培养的受控系统。每个要素在培养的整体过程中都具有举足轻重的作用，所以运动技能的培养与提升依赖于各要素之间的高效配合，局部培养质量是整体培养质量的基本保证。

2. 体能训练

体能训练的主要内涵，包括身体形态、身体机能、运动素质、健康、一般体能训练、专项体能训练等。体能训练不仅可以增强人体接受较高负荷训练的能力，还可以锻炼人体各器官、系统之间在高水平竞争中保持持续协调性的综合能力。一般体能训练是指利用各种非专业的体能训练方法，改善人体形态，促进健康，增强人体机能，全方位发展运动素质。专项体能训练是指有针对性地直接培养特定运动素质类型的体能训练，以最大限度地发挥与专项成绩直接有关的专项运动素养，以确保专项技战术在竞赛中合理有效地使用，并取得优异成绩。专项体能训练包含专项、综合体能（六大动作系：蹲系、拉系、推系、爆发／跳跃系、移动系、功能系）、基础力量、基础动作模式以及关节功能与核心控制。

综上所述，体能训练可定义为利用各种有效的训练方法，通过合理的负荷运动表现形式，对锻炼者的身心发展产生正向影响，进而改变基本人体形态，从而提高人体机能，并发展专项运动能力的活动过程。体能训练方法有明确的目的，有具体的练习形式，有特定的训练量与强度。在体能训练过程中，不同的体能训练方法在提高运动能力等方面的作用不同，要以体能训练的目标为导向，结合参训人员的实际情况灵活选择最合理的体能训练方法。

第二节　普通高校体育教学内容的目标与要求

一、传统性体育教学内容的目标和要求

传统性体育教学内容主要是指运用传统的教育方法对学生进行体育运动技能培训的一种形式，是体育教学内容中一直存在的锻炼项目。虽然，体育教学内容随着时代的变化而持续变化，但是传统性体育教学内容因其积极的教育作用仍然在教育界中占据很重要的地位。下面将对部分传统性体育教学内容的目标和要求进行简单的叙述。

（一）体育保健

体育保健教学内容的目标：通过体育保健基本知识和原理的传授，首先让学生深刻地认识到体育教学在人的成长过程中的重要作用，学习体育运动对国家、社会的重要作用，从而激发学生对体育锻炼的使命感，使他们自觉地参加体育锻炼。除此之外，通过体育保健基本知识和原理的学习，学生能够了解一些体育学习的必要知识，形成对体育教学的正确认识。

体育保健教学内容的要求：体育保健教学内容的编写应该结合当前社会的状况、学生的实际需求等方面进行，并且精选一些对学生的实际生活和成长有较重要影响作用的体育运动项目，保证内容的真实性和目的性。同时在对这类内容进行教学的过程中，要结合实际操作进行演示，有益于学生掌握和接受。

（二）田径运动

田径运动是常见的运动项目，主要包括跑步、跳高、跳远、投掷等内容。田径运动教学内容的目标：首先，运动能力。田径运动是一项多样性运动，能够考查学生的体能状况、比赛能力以及心理适应能力等情况。在田径课程的教学中，要求学生了解基本的田径知识并掌握田径类运动中的技术性动作，高效科学地完成体能训练，并且能够参与简单的田径教学比赛。学生在学习过程中能够掌握基本的体育运动技巧之余，还需深化运动认知、提高运动技能、强化身体机能。在练习田径技能的过程中，学生能够自觉理解田径运动的基本动作要领，在建立清晰的技术动作表象的基础上，能够对基本技术动作进行简单的分析和模仿，在学习中培养自己对技术动作的观察能力以便流畅地做出各种技术动作反应。只有经

过基本的技术积淀，在体育锻炼或教学比赛中才能一气呵成，在各项技术动作中游刃有余，实现动作间的衔接和协调；才能在保持各项动作流畅的同时达到技术的自动化与规范化；才能由外部的、被动的习得性知识技能转化为主动的、内在的个人技术习惯。其次，健康行为。田径课程的学习健康行为表现为两类：一类为精神层面的健康行为，具体可表现为具有良好的体育锻炼意识和竞技意识；另一类为客观存在的外部行为，具体可表现为运动前的准备行为、运动后的放松行为等。学生在参与田径活动的过程中，能够体会到体育运动的魅力，感受到体育活动后身心的放松。学生在通过体育运动增强体魄的同时，能够获得心灵上的舒畅和宁静；能够掌握人际交往的技能；能够培养良好的合作能力和团队精神；能够合理调节自己的情绪。最后，体育品德。体育作为人类的一种社会活动，与政治、经济等社会现象密切相关。体育品德是由体育运动所孕育出来的意识形态的一部分，但又超越了体育运动本身，内化为人的一种信仰和生活态度。因此，在教学设计中，转变传统的教学模式，通过情境导入等现代教学方法逐渐培养学生对体育运动的兴趣，不仅能够使体育教学本身有跨越式发展，更重要的是在体育运动的过程中，逐渐培养学生顽强拼搏、自强不息的体育品德。在体育竞赛中学生逐渐形成遵守规则、尊重对手的意识，有助于其健全人格的塑造。

田径运动教学内容的要求：在设计田径运动教学内容的时候，不应该单单从竞技类运动的角度划分、分析田径运动的教学内容和作用，应该从文化、运动特点、技能作用等多方面进行教学内容的设计和组织，这样才能让学生更科学地掌握田径运动的基本知识，并且将获得的田径运动知识和技能正确地应用到健身实践中去。由于田径运动会使肌体产生一定的负荷，负荷强度太高会对肌体造成一定的损害，强度太低则达不到运动的效果，所以在教学过程中，应该根据学生的身体特点进行灵活的教学。

（三）体操运动

体操运动是体育教学中的重要组成部分，由于其对人体的平衡和形体的训练有着非常积极的作用，因此颇受广大青少年的喜爱。体操运动教学内容的目标：第一，在教师的指导下，让学生充分地了解体操运动文化，了解体操运动对人体健康的作用；第二，让学生掌握一些基本的体操运动技能和方法，使学生能够在日常生活中使用体操来锻炼身体；第三，让学生能够安全地从事体操运动，并且掌握一些体操比赛的基本常识和技巧。

体操运动教学内容的要求：体操不仅能锻炼人体的平衡性、协调性和灵活性，而且能对学生进行心理方面的积极引导和教育。因此，要从竞技、心理和生理等多视角来对体操教学内容进行分析。在教学内容的编排上要保证一定的层次性，不能总是停留在低水平的层次上。在教学过程中，要根据学生的身体特点开展合理的训练，如有些平衡能力较差的学生，应该对其进行更多有关平衡能力的练习，做到因材施教，这样才能保证教学质量的提高。

（四）球类运动

球类运动是一种常见运动，主要包括足球、篮球、乒乓球等运动。由于球类运动是一项充满活力和竞技趣味的运动，因此很受当今青少年的喜爱。球类运动教学内容的目标：第一，让学生充分地了解球类运动的基本概念和球类运动中的一些比赛规则；第二，使学生能够掌握一些球类运动的技能和技巧，以及参加球类运动比赛的基本技能和常识性知识。

球类运动教学内容的要求：球类运动虽然是一项群众性的运动，但其技巧和方法较为复杂，因此在筛选教学内容的时候不能只对球类的单个技能进行教学，而忽视其与比赛之间的联系，否则就会失去球类运动的基本特性，同时还要注意教学内容选择的顺序性与实战性之间的联系。在教学过程中，要注重对技能的训练和对学生团队合作精神的培养。

（五）韵律运动

韵律运动其实就是一些类似于舞蹈、健美操、体操等的运动项目，韵律运动与其他运动最大的区别就是将舞蹈与运动相结合，在音乐节奏的作用下，实现了两者的完美结合，因此，韵律运动是当今女性尤其喜爱的一种运动。韵律运动教学内容的目标：使学生了解韵律运动的基本特征，了解从事这一项运动所应该遵循的基本原则和规律，掌握一些基本的技巧和套路。除此之外，通过此课程的学习，塑造学生优美的形体。

韵律运动教学内容的要求：因为韵律运动是一项表现运动，同时又是一项塑造形体的运动，不仅涉及音乐、艺术方面的因素，还涉及美学方面的知识，因此，韵律运动教学内容应该从学生审美观的培养、舞蹈音乐的了解和掌握等全面地、多角度地加以考虑。韵律运动教学内容还要强调对学生创新能力的培养。

（六）民族传统体育

民族传统体育反映一个民族发展的历史，代表着这个民族的精神和文化。通过对民族传统体育的了解和研究，将其教学内容的目标确定如下：第一，借助这些民族传统体育的讲授，让学生对民族文化有更深的了解；第二，使学生学到一些民族传统体育的技能，既可以防身又可以继承和弘扬民族文化；第三，丰富体育课程教学内容，激发学生的学习热情；第四，了解自身民族传统体育文化，增强民族凝聚力。

民族传统体育教学内容的要求：在编排内容时，首先要结合学生的特点以及现代人的生活方式，而且要强调内容的文化性和实用性，特别是对民族传统体育文化背景和意义的介绍和揣摩。在教学过程中，要注意对学生兴趣的培养。其次，协同乡村振兴战略的现实机遇。民族传统体育文化的原生场域集中在广大的乡村地区，反映了各族群众的思维方式、价值理念、文化认同与族群意识。随着社会的持续变迁，传统体育文化传承与发展不得不正视原生场域消失、文化认同弱化、历史脉络中断等困境。乡村振兴战略的全面推行，为民族传统体育文化的突围提供了可能，一方面，乡村振兴战略巩固了传统体育文化的场域根基，另一方面，乡村振兴战略还为各民族文化交流融合、传统体育文化的展演竞技提供了政策保障，有助于唤醒广大群众对传统体育的内心需求与文化滋养。最后，树立体育强国形象的战略机遇。民族传统体育文化不仅技术体系完备，而且蕴含着丰富的人文价值，对于振奋民族精神、坚定文化自信有着得天独厚的优势，因此，以群体性展演与特色竞技来塑造国家形象逐步成为一项国际传统。我国民族传统体育文化源远流长，其所体现的“以人为本”“贵和尚中”“和合与共”的思维理念对于展现民族文化魅力、展示国家形象、推广中国智慧等作用显著。经济全球化进程及各国文化的交流融合为我国传统体育文化的传播、展示、传承、发展提供了借鉴交流与共融互动的发展机遇，也为我国体育强国形象的塑造提供了难得的战略机遇。

二、新兴体育教学内容的目标和要求

社会的不断发展，人们生活水平日益提升，科技不断进步，促进了各国政治、经济、文化创新和发展。在这种社会背景下，新的体育运动项目也逐渐兴起。研究新兴的体育教学内容有助于优化体育教学的结构。通过对体育教学内容的不断研究和分析，将新兴体育教学内容总结如下。

（一）乡土体育

近年来，随着教育改革的不断深入，创新教育内容、不断地对课程资源进行开发引起了广大体育教学研究者的重视，一些具有积极锻炼意义、散发着浓烈的乡土气息的运动项目重新登上体育教育的舞台。这类乡土体育运动的教学目标是：让学生对民间体育和民俗风情有更深的了解，使学生掌握一些具有地区特色的民俗体育知识和技能，促进当地传统文化的继承和传播。

乡土体育教学内容的要求：由于这类体育项目来自民间，具有民俗文化的传播作用，因此，要注重其内容的文化性、安全性、锻炼性和规范性，同时剔除一些不利于文化传播或是正能量传播的因素。

（二）体适能与身体锻炼

随着社会对学生的身心健康全面发展要求的不断提高，一些针对性较强的体育锻炼作为培养学生身体健康的运动被正式带进课堂。这些内容与教师对此运动的实践技能的传授相结合，共同发挥着提高学生的身体素质和运动素质的作用。体适能与身体锻炼教学内容的目标：体育教师应该通过这一部分教学内容有效地锻炼学生的身体，让学生掌握更多实践锻炼和运动的原则和方法，帮助他们更好地提升运动技能。

体适能与身体锻炼教学内容的要求：由于这是对学生体适能的锻炼，因此要结合学生身体素质的状况，遵循体育锻炼时的基本规律，要注意锻炼的针对性、科学性和时效性，同时注意内容应该符合国家规定的关于学生体质健康的实行标准。

（三）新兴体育运动

由于新兴体育运动教学的内容具有时代性，因此教师在教学时要注意对体育教学目标的掌握，现经过分析和研究，将新兴体育教学内容的教学目标总结如下：使学生掌握一些比较流行的体育运动文化，提高学生对新兴体育运动教学内容的兴趣，同时增强体育教学在终身教育方面的实用性，从而提高体育教学的质量。

新兴体育运动教学内容的要求：由于是一种新兴的体育教学内容，所以在选用这种教学内容时，首先要保证其符合教学条件的基本要求，其次要注意体育教学内容的文化性、教育性、安全性和实践性，同时注意对教育内容的筛选，杜绝不利于学生成长的体育内容。

第三节　普通高校体育教学内容的编排与选择

一、普通高校体育教学内容的编排

（一）体育教学内容编排依据

教学内容设计并不是随便生成的，必须有一定的依据，只有这样教师选择的教学内容才合理可靠，才会取得理想的教学效果。以下是对教学内容设计依据的分析。

1. 教科书

教科书依据课程标准编写而成，是承载教学内容的载体，是课改理念的文本体现，因此教科书是教师选取教学内容的主要资料，专业化编者的心血和智慧都汇集于此。作为课程标准的载体，教科书中的每一个章节、每一知识点的选取和编排，都蕴藏编者特定的编写意图。教师在进行教学内容设计时，要认真仔细研读教科书，理顺教科书中的知识结构，将教科书作为最基本的教学内容的信息载体。

2. 学生

在体育教学活动中，学生作为教育对象和学习主体，是一种特殊而又重要的存在，教师从事教学活动的出发点都是学生，教师的教学最终都作用于学生，只有深入把握不同学生群体的特征，才能生成有针对性的教学内容设计。把握住学生的个体性，教学就成功了一半。所以，在体育教学内容设计前，教师要对学生学习的现有起点、能力和可接受性等进行分析，依据学生的已有水平和身心状况，选择合适的教学内容，生成有效的教学内容设计。

3. 教学媒体

教学媒体属于教学环境中的一种要素，它沟通教师的教与学生的学，能够将教学主体与客体紧密联系起来，它是承载教学内容的介质或工具，在教学中起着桥梁和纽带的作用，也是设计教学内容的依据。新媒体出现之前，教学媒体只局限于文字和语言，随着时代的变迁，涌现出越来越多的教学媒体资源，如音像材料、直观教具、计算机多媒体等。在高校体育教学内容设计中，教师应合理设计并运用现有的教学媒体资源呈现教学内容，多种媒体信息同时作用于学生，视听结合多渠道传递教学内容，促进学生对教学内容的吸收，达到最优的教学效果。

（二）体育教学内容编排原则

教学内容设计是为整节课的教学服务的，为保证课堂教学高效高质量地完成，教师就要在课前认真进行教学内容设计。学生是教师在进行教学内容设计时主要的研究对象，除了要合理选择教学内容，还需充分发挥“以学生为主体”的理念，对学生进行分析，使教学内容设计对学生来说切实可行。进行教学内容设计时，要遵循的原则如下。

1. 基础性与发展性相结合的原则

基础性的教学内容是学生已有的知识基础和学科基础的统一。在教学内容中，基础性内容是主干，是教学活动能够顺利开展的保证。所以，教师在选择教学内容时，尤其是选择导入要素的时候，应注意知识的基础性，这样更有利于学生掌握新知识，从而在自己已有的知识基础上完善自己的知识结构，使得内化的知识能够起到迁移性的作用。同时学生要想获得发展，教学内容需要与社会生活相联系，也就是说教学内容要注重发展性，这样学生才能够适应社会生活的变化，与社会发展的步调相一致。

2. 教师所教与学生所学相结合的原则

教师所教与学生所学相结合就是教的内容与学的内容相结合，要求教师同时规划好教的内容和学的内容，使学生自觉主动、创造性地学习得到保障。规划好“教的内容”和“学的内容”，教师首先要做的是熟练掌握和运用课程标准。课程标准是国家制定得非常权威的关于教学工作的指导性文件，是教师进行教学内容设计的依据之一。教师进行教学内容设计时，要熟读领会课程标准中的课程目标，研读所教授主题的教学内容要求和学业要求，以此来规划和设计教学内容。其次，教师要认识到虽然教科书是进行教学活动最主要的教学内容来源，但是并不能完全按照教科书来安排所有教学内容，要完成从“教教材”到“用教材教”的转变。教师要提前分析学生的学习需要和学习特点，对教科书的内容加以选择同时适当增添教科书以外的知识，创造性地完成对教科书的二次开发，使“学的内容”更具有针对性和可接受性。

3. 适应学生心理发展规律的原则

教学功能的发挥受到学生身心发展水平的制约，教学内容设计要遵循顺序性、阶段性、个体差异性等规律。分析学生时，教师必须考虑学生的认知特征、心理特征、知识能力基础和学习风格，这样才能使选择的教学内容真正被他们所接受和掌握。为此，教学内容要系统化，结构合理，以适应学生的心理发展，并且选择的教学内容要处在学生的“最近发展区”内，让学生学习起来略具挑战性，同时又不会超出他们可接受的范围。教师应将学科知识内部的逻辑顺序与学生接受知识的认知发展规律有机结合起来，以促进学生对知识更好地理解和吸收。

4. 民主性和灵活性相结合的原则

现代教学内容选择的宗旨是培养学生的学科核心素养。为此，教师选择教学内容时首先要考虑学生的全面发展，满足学生未来发展的需要；其次，教学内容设计不应拘泥于一种固定模式或程序，在分析了学生的原有知识和能力水平后，教师能够针对不同水平的学生选择和组织不同的教学内容，使教学内容设计具有灵活性和多样性。同时“预设”好的教学内容应根据实际课堂教学效果，灵活地做出改变和调整，确保取得良好的教学效果。

二、普通高校体育教学内容的选择

（一）体育教学内容选择依据

1. 以学生的心理特征为依据

心理特征指的是个体心理活动的过程表现与个性心理表现的总称。在心理发育方面，心理活动更加复杂与活跃，情感也变得更加丰富，审美能力有了进一步发展，对美有着更加清晰的认识与更高的要求，具体表现在对肤色、气质、身体形态、服装、装饰等方面具备一定的审美能力。因此，在高校教学中，教师应该结合学生心理方面的特征，合理选择体育教学内容，引导学生不断地提高身体素质。大学生具有较强的自我意识、认知能力与思考能力，而且大学生的行为表现也有着比较明显的独立自主性，甚至已经形成较好的锻炼习惯。因此，高校教师在开展体能训练的过程中，除了需要考虑学生身体素质发展的需要，还需要考虑学生审美、自我实现等方面的需要。例如，在锻炼学生肌肉力量的过程中，可以采用卷腹运动来锻炼学生的腹肌，并告知学生卷腹运动不仅可以增加腹部力量，还有利于消除腹部多余的脂肪，塑造完美的体型。需要指出的是，教师在选择体能训练内容时，应该充分考虑本校的实际条件、学生具体情况等。

2. 以社会需求为依据

高校培养的最终目的，是为社会发展培养合格、适用的建设者和接班人。社会对人才的需求对高校人才培养起到引导作用。所以高校人才的培养要以社会的需要为引导。课程内容的建设，也要以社会对人才的需求为基础，建设的课程如果不符合社会需求，就不是有效的课程。

（二）体育教学内容选择原则

1．科学性原则

①必须有益于学生身心素质的协调发展，因为一些利于学生增强身体素质的体育项目并不一定利于学生的心理健康发展，因此在进行教学内容选择时必须注意两者之间的协调性。

②既要使学生能够对体育锻炼原理形成基本认知，又要帮助学生从根本上熟练掌握体育锻炼的技能技巧，提升学生学习训练的自觉性和积极性。

③保证教材本身的科学性。在未来，我国不会限制体育教学内容的具体编排，但是应当避免选择一些科学性不够强的体育项目作为教学内容。

2．趣味性原则

兴趣是人们活动强有效的动机之一，所以在进行体育教学内容选择时，应该尽量选择让学生感兴趣的体育项目，或是当下社会较为流行的具有广泛性的体育素材。受传统体育教育影响，当前部分体育运动项目的健身价值和教育价值被忽略，因此运动教学相对缺乏趣味性，导致部分学生对体育持有一种抵触心理。为了纠正学生的学习态度，必须要努力增强体育教学的趣味性，使课堂教学对学生起到吸引、引导作用。

3．教育性原则

教育性原则是所有教学活动的根本，在选择体育教学素材时也需要以教育性原则为出发点，分析教学内容是否符合学生的身心发展、是否符合社会价值观、是否与教育大纲一致。

4．实效性原则

实效性原则是指体育教学内容符合学生的身心发展，符合社会发展的实际情况，能够收获相应的教学成效。国家在关于教学内容改革时就曾明确强调，要将教学内容“难、繁、偏、旧”知识点的偏重现象改观，转变为对学生兴趣点的激发，将学生的学习、生活状况与社会发展相联系，培养学生形成“终身体育”意识。在选择体育教学内容素材时，应当力求其具备较高的实效性。

5．民族性与世界性相结合的原则

民族性是指我国部分传统体育运动项目具有独特的民族色彩，以此作为体育教学内容素材的一部分，有助于培养学生的民族意识和民族自信。在保留这部分民族性时还要做到与国外的体育教学内容相结合，与时俱进，不盲目自信，也不崇洋媚外。

第四节　普通高校体育教学内容体系的构建

一、普通高校体育教学内容构建原则

（一）全面性原则

体育课程内容的构建，要考虑设定内容的全面性，做到知识、技能、素质三位一体。就体育课程内容的构建而言，要从基础知识、运动技术和实践技能几个方面进行内容设置，只有每个部分相互连接，相互支撑，才能让教学内容体系的构建更加完整、更加科学。

（二）适宜性原则

适宜性原则主要分成两个部分。一是指教学内容难易程度要适宜，内容难度过高或者过低，都不利于课堂教学的进行。内容要适宜学生的身心发展特点，使所有学生都有条件和基础进行学习，同时还要具有一定的高阶性和挑战性。高阶性和挑战性更多的是关注学生个体，既要考虑普通学生的身体情况，又要照顾到个别学生的学习需求。二是指内容数量要适宜。内容适宜方面，作为体育运动内容，要符合某项体育运动的特点，不能选取一些不相干的体育动作随便加入，要满足课程内容的设定。在有限的课时中，要能够完成所设定的教学内容，通过学习，让学生能够比较全面地了解和学习体育项目基本知识、技术和技能等。此外，不能因为追求内容全面而无限增加教学内容的数量。

（三）创新性原则

创新性是体育运动不断发展的一大特色。体育运动本身就蕴含着丰富的创造性因素，创新是体育运动的活灵魂。体育教学内容体系的构建，不能忽视教学内容的创新性，刚跨进大学校门的大学生，对于许多新鲜项目都感兴趣，那么体育课程内容要具有时尚性、突出性，要符合青年的成长心理，吸引其参与体育运动。除要选择创新性内容作为教学内容外，在动作构建和课程内容安排上同样要秉承创新原则。

（四）系统性原则

就教学过程而言，其本身就是一项系统性的工作，而教学内容作为教学过

程的一部分，在内容体系的构建当中，也应遵循系统性原则。教学内容的系统性是指教学内容的各个部分与其对应部分的具体内容之间存在着系统与子系统的关系，要科学地进行梳理，首先构建出具体教学模块，其次对各个教学模块进行具体的内容设计、组合，形成完整的教学内容模块，最后将各部分教学模块组合在一起形成整体的教学内容体系。

系统构建体育教学内容体系，要做好如下几点：首先就是要根据体育运动的社会需求、人才培养的具体目标以及教学规律，搭建出基础的教学内容模块。而作为理论和实践高度结合的运动项目，体育课程教学内容模块则必须包括理论、技术以及技能三个教学模块。其次就是要分别将体育的理论、技术和技能等内容进行细化并分类，挑选出与人才培养目标和教学规律相关度较高的内容，构建各教学模块的具体内容。最后就是要根据体育运动的社会需求和人才培养目标，将各教学模块组建起来，并合理分配课堂中的实践比例，从而形成完整的教学内容体系。

（五）科学性原则

教学内容的科学性，首先，是指教学内容本身要符合教学的客观规律，其次，是指要合理地对教学内容进行筛选、加工、设计、组合，优化教学内容体系，以更好地达到教学目标。

科学构建体育教学内容体系，必须做好以下几点：①要根据人才培养目标和面向大众需求来进行内容框架的构建和教学内容的选择；

②选择的教学内容的难易程度、所占比重、教学顺序以及教学要求，都需要贴合学生的身体素质情况、运动技能形成规律以及心理认知规律；

③教学内容方面尽可能全面且教学重难点突出，在为学生提供比较完整的教学内容的同时，也要考虑到每个学生的差异性，因材施教；④对于体育课程教学的开展，无论是在教学内容的选择还是具体的教学过程当中，都应当结合学生的实际情况以及教学的客观规律，根据学生的情况选择合适的教学内容，并且在教学过程中做到由易到难，由简到繁，循序渐进。

（六）实用性原则

体育运动本就是一项以最简单有效的方式到达目的地，通过自身进行身体练习不断挑战自我的极限运动。在训练的过程中，学生通过各种练习提升控制身体的能力，并通过技巧的练习和技能的学习培养快速反应、快速躲避、快速应变的能力，使学生在面对突发状况时快速做出正确的反应，第一时间规避危险或将由突发状况带来的危害尽可能减到最小，从而达到自我保护的目的。

（七）公平性原则

高校体育应根据学校教育的总体要求和体育课程的自身规律，面向全体学生开设多种类型的体育课程，可以打破原有的系别、班级建制，重新组合上课，以满足不同层次、不同水平、不同兴趣学生的需要。高校体育课程现行的自主选择“项目”“教师”和“时间”的“三自主”教学模式，就是尊重学生个性化发展和促进教育公平的体现。但是，促进教育公平是一个长期的过程，还需要进一步精准化施策，才能更好、更准确地促进教育公平。以运动技能水平为标准的分层教学，打破水平能力固化的冰层，突出水平能力和进步预期，能更好地实现教育公平。如晋级制，学生根据自己的技术水平和兴趣爱好选择不同水平的教学班级，通过四个学年的学习逐步达到规定的技能标准并通过理论考试，以此作为毕业的必要条件。相较于传统体育教学，精准化和个性化体育教学更关注学生的个体水平和进步幅度，以发展的眼光和更有针对性的教学实施方案来指导学生，最终使每个学生都能得到更好、更全面的发展。

二、普通高校体育教学内容构建分析

（一）运动技术内容的分析

运动技术的内容主要是根据体育运动的动作特点进行分类，按照动作特点，将体育动作按类型分为跳跃类动作、翻滚类动作、攀爬类动作以及跑步类动作四大类，四类动作又包含很多具体的动作或动作类型，通过动作分类，使学生在学习过程中更有规划，对动作的理解也更深刻。

1．跳跃类动作

跳跃类动作主要选取支撑跳跃、旋转跳跃、精准跳跃以及金刚和双金刚等动作。其中支撑跳跃和旋转跳跃又包含许多其他动作，如支撑跳跃包括懒人跳、屁蹲跳等。精准跳跃是在原地跳跃和基础落地的基础上进行的助跑定点跳跃，要求练习者能够准确地通过跳跃达到预定的目标，这是体育动作练习基础中的重点。金刚动作类似于体操动作的屈腿腾越，双金刚则指一次跳跃过程中通过手臂两次支撑以达到更远跳跃距离的动作。由于该动作难度较高，所以作为介绍内容进行学习。

2. 翻滚类动作

翻滚类动作包括前翻滚、后滚翻、鱼跃滚翻、滚翻越障碍和（前、后、侧）空翻、空翻越障碍以及多轴空翻等。前滚翻、后滚翻以及鱼跃滚翻等都是滚翻的基础，也是学习落地滚翻动作的保障，根据权重分析，将前翻滚、后滚翻、鱼跃滚翻、滚翻越障碍作为滚翻类动作重点学习内容。体育运动的学习，空翻动作是必不可少的，通过专家访谈数据权重分析，同时也考虑到学生的个性差异的情况，将空翻部分动作作为介绍学习内容。

3. 攀爬类动作

攀爬类动作包括平地爬行及上墙攀爬等。倒立爬行是平地爬行中难度较高的动作，需要进行专业训练。上墙攀爬是指通过自身能力登上高墙，这其中包括助跑上墙、夹墙、蹬墙跳、月亮步等。攀爬类动作整体难度并不是特别大，通过权重分析，攀爬类动作课作为重点技术学习部分。

4. 跑步类动作

跑步类动作要领：保持头与肩的稳定。摆臂应是以肩为轴的前后动作，左右动作幅度不超过身体正中线。从颈到腹保持直立，而非前倾（除非加速或上坡）或后仰，这样有利于呼吸、保持平衡和步幅。腰部保持自然直立，不宜过于挺直。大腿和膝用力前摆，而不是上抬。脚应落在身体前约一尺的位置，靠近正中线。如果步幅过大，小腿前伸过远，会以脚跟着地，产生制动刹车反作用力，对骨和关节损伤很大。正确的落地时用脚的中部着地，并让冲击力迅速分散到全脚掌。

（二）实践技能内容的分析

1. 学校体育教学技能

学校体育教学技能重点包括讲解示范技能、教学内容选择技能、教学组织技能、教法运用技能、课程设计实施技能、教学评价技能六个方面。技能的培养，不仅仅是为满足基本教学需要，也是依据社会需求和学生的培养目标，使得学生更加全面地发展，让学生能够在就业竞争中凸显出来。

2. 体育技术训练技能

体育技术训练技能重点从训练计划的制订、训练方法的运用和训练目标的制定几个方面培养。首先要学会制订训练计划，同时在训练中选取合适的训练方法，训练方法的选择和应用均需要考虑学生的基本情况，同时，训练目标的制定不能一概而论，而是根据学生的个体差异以及每个人学习目的的不同来进行调整。

三、普通高校体育教学内容体系构建

（一）课内体育教学内容体系构建

1. 突出体育教学内容实效

课内教学要以满足大学生的多元体育需求、提高参与度为目标，在体育学习的安排上要在一二年级开设体育必修选项课，使大学生掌握终身体育的基本技能，在三四年级以及研究生阶段开设体育选修课，以发展大学生的体育特长为主。

2. 丰富体育理论课程资源

体育理论教学作为课内教学的另一个重要组成部分，是学生认识体育价值、获得体育健康知识、深化运动技能、熟悉体育竞赛规则、习得锻炼方法、提升体质水平的重要途径。要保证学生随时随地能够了解体育相关知识，充分认识体育锻炼对于体质健康的积极意义，做到知其然更知其所以然，使体育理论教学与体育实践教学相辅相成，共同提高大学生的综合体育素养。

（二）课外体育教学内容体系构建

1. 组建多种多样的体育俱乐部

课外体育俱乐部（协会）是大学生日常参与体育的重要载体和平台，对于丰富校园文化生活、提升大学生的体育实践能力以及培养健全人格和意志品质等方面具有特殊作用。

2. 构建人人参与的竞赛体系

意志品质和健全人格的培养离不开完善的竞赛体系。构建人人参与的竞赛体系，要做到以下两点：一是要丰富竞赛项目，从竞技到休闲只要有利于身心发展和规则意识、意志品质培养的项目都可以作为竞赛项目开展，形成班班有、周周有、月月有竞赛活动的校园体育文化氛围。二是要建立多层级的竞赛体系，建立校际级、学院之间、班级之间以至于俱乐部内部不同水平之间的体育竞赛，鼓励各院系组织多样化、小型化的体育竞赛，使全体学生都有机会参与到赛事中来，满足大学生参与体育的竞赛需求。

第五章　普通高校体育教学方法分析

体育教学质量是实现学生体育综合素质提高的重要保障，而体育教学方法的选择与运用是提高体育教学质量的关键。对于体育教师而言，如何进行体育教学方法的选择并在实践中加以有效运用，是一项长期而重要的研究课题。本章分为普通高校体育教学方法的基本理论、普通高校体育教学方法的特性与结构、普通高校新型体育教学方法的选择与运用、普通高校体育教学方法的创新策略探讨四部分。

第一节　普通高校体育教学方法的基本理论

一、相关概念

（一）教学方法

教学方法非常重要，只有掌握了正确的教学方法，无论是对教育本身的发展，还是对培养学生的才能，以及知识的有效组合，把握研究方向，取得最优的科研成果，都有着积极的作用。科学的教学方法与教育本身的客观规律相一致。只有通晓一般规律，才能正确地对待教育，才能正确地研究教学方法。随着科学的迅猛发展，方法将越来越显示出它在科学认识和逻辑思维中的重要作用以及在实践中解决问题的核心位置。对此，我们要充分认识教学方法的本质。教学方法是在教学过程中，教师和学生为实现教学目的、完成教学任务而采取的教与学相互作用的活动方式的总称。

（二）体育教学方法

体育教学方法，在百度百科中是这样定义的："它主要研究学校的体育教学，兼及竞技运动和群众体育的教学。其中心课题是探讨增强体质、掌握体育知识技能的规律，指导体育教学实践，提高教学质量。"

在人民出版社1996年出版的《学校体育学》中是这样阐述的："体育教学方法就是体育教学过程中完成教学任务所采用的教学途径和手段。"

瑞典的体育教师斯卡斯特罗姆在1914年出版的《体育教学法》一书中最早提出体育教学方法。20世纪初期，随着世界各国之间的联系愈发紧密，西方的优质体育教育思想也随之传入国内。我国的体育教育也随之发生变化，许多学校开设"体育教学方法"课程，其内容大都选用美国、英国体育教学教材，然后结合国情，为己所用。

从1954年开始，体育理论的课程内容首次提及了体育教学方法。随着师范院校体育系的逐渐重视，各个学校也陆续开设了中学体育教材法的课程，就是为了体育教学方法的改革以及满足社会需要。

龚坚学者持有的观点是：体育教学方法中方法的共性与体育教学的个性并存，结合现有的研究把体育教学方法理解为"体育教学方法中有其特定的体育教学思维，即在特定的教学环境里，特定的教育目标下实现其特定功能"的教学框架。教学组织策略和体育教学思维理论是这一观点的简单表达形式，同时也是理论联系实际的有效印证。

二、普通高校体育教学方法的含义

体育教学方法是一个总称，其包含了在体育教学过程中采取的多种教学方式和教学手段，目的是达到体育教学目标，并且具有教学可操作性以及有效性。体育教学方法是一个整体概念，可以对其进行多方面的理解。

（一）体育教学方法是"教"与"学"的统一

顾名思义，体育教学方法实际上包含的是教师的"教"与学生的"学"两方面的内容，即教与学的统一，其强调的是师生的互动交流。只有师生两个主体都充分发挥主体性，才能取得有效的教学效果，教学方法的作用才能得到充分发挥。针对学生的整体或个体情况，教师选择合适的体育教学方法和手段，这样有针对性的教学方式带来很强的互动效果，从而在师生的交流接触中，逐步达到教学的目的。因此，体育教学方法的本质是"教"和"学"的关系处理，这两个内容是教学方法必备的。

（二）体育教学方法是师生动作和行为的总和

由于体育教学的特殊性，教学方法实际上要通过师生两个主体的互动才能得以实施，所以两个主体的行为动作以及有关教学的互动总和属于教学方法的内容。体育教学与其他科目教学有很大的区别，体育要落实到身体动作上，所以在教学过程中，除了语言的交流，更多的是身体动作的交流。为了保证动作的正确和规范性，体育教师要进行相应的示范、讲解，观察学生的动作是否合格，发现动作错误时要及时纠正，帮助学生掌握正确的动作和技能。从这一角度来看，体育教学方法是教师和学生的动作和行为的总和。

（三）体育教学方法与教学目标不可分割

方法是目的的手段，教学方法是为达到教学目标而产生的，脱离目标则方法的存在就没有了意义。教学方法为教学目标而服务，采取教学方法是为了教学目标能够更高质量、高效率地实现，两者是密切相关的。目标是方法的依托，方法是实现目标的必要途径，二者具有不可分割性。如果一旦分割开来，那么教学方法将失去了方向，而教学目标也无法实现。

（四）体育教学方法的功能具有多样性

现代体育教学不仅注重学生动作和技术的掌握，以及各方面身体素质的提高，它更加注重学生的全面发展。因此，体育教学方法的功能也具有了多样性的特点，多功能的体育教学方法不仅能够在一定程度上促进学生运动能力的增强，还能够促进学生思想道德品质、心理素质等方面的发展，对于学生的全面发展具有重要的促进作用。

三、普通高校体育教学方法的分类

体育是基础教育阶段的一门重要课程，对学生的健康成长及身体素质提高具有重要作用。体育教学需要将理论与实践紧密结合在一起，既具有理论性，又具有实践性。体育教学方法的科学选择与运用，可以增强学生对体育知识与技能的了解和掌握，激发学生参与体育锻炼的积极性，提高学生的身体素质。体育教学质量是实现学生体育综合素质提高的重要保障，而体育教学方法的选择与运用是提高体育教学质量的关键。探究体育教学方法的选择与运用是完善体育教学的重要途径，是增强学生体育锻炼意识的有效手段。目前，业界对于体育教学方法并没有确定统一的分类标准和划分依据，现在一般根据经验将体育教学方法划分为教法类、学法类及练法类三种类型。

（一）教法类

1. 知识技能教法

（1）基本知识的教法

体育的基本知识包括体育基础理论以及体育保健方面的知识，体育基本知识的教学方法与其他的注重语言要素的学科的教学方法类似。由于体育的基本知识涵盖许多方面，所以体育的知识技能的教学方法分类比较复杂，当采取的分类依据不同的时候，对知识技能的教学方法的划分也不同。教师应根据具体的教学情况选择相应的教学方法，应注重体育基本知识与体育活动实践的结合，同时还要在教学过程中注意师生间的情感交流，以便最大限度地发挥出体育教学的多功能作用。

（2）体育技能的教法

体育技能的教学方法即常见的运动教学方法，教授的对象是体育运动，如体育动作、实践技术等内容。体育技能的教学因为涉及大量的身体动作，即身体要素，所以与其他注重语言要素的学科的教学有着很大的区别。在教学时，教师首先应明确教学的目的，如帮助学生掌握运动的动作和技术，或是提高学生的身体素质，明确了目的之后，将能够达到目的的内容列出来，并对教学内容进行分析和处理，经分析后选择合适的教学方法来完成教学内容，以达到教学目的。普通高校体育教学方法应根据具体的教学内容来选择，因此，体育技术技能教学方法有着适应性强、灵活多变的特点，应根据具体的教学情况进行随机应变。

2. 思想教育法

思想教育法是指对学生进行思想品德教育的方法。由于体育的内涵和功能日趋多元化，体育也承担着德育的重要任务。在体育教学中开展思想教育时，要结合体育的特点采用相应的方法来培养学生良好的思想道德品质，这样才能取得有效的教育效果。在普通高校体育教学中，要注重培养学生顽强拼搏、勇于坚持、敢于挑战等意志品质，以及团队协作、集体主义意识，同时要注重促进学生的个性化发展，帮助学生树立正确的价值观念，鼓励学生进行创新。

（二）学法类

学法类的体育教学方法的作用是指导学生掌握自主学习的方法，培养学生自我学习、自我提升的能力。在帮助学生掌握学习方法时应注意两个方面：首先，要帮助学生培养自我学习的能力，确保其能够有效掌握现有的体育知识和经验，在继承的基础上发挥自己的创造力，将自身掌握的体育知识和技能实现良好发展；其次，要帮助学生将相应的体育知识结合自身的个性以及身体素质的特点，使其养成终身体育的意识并拥有可以促进终身体育的能力。从长远的眼光来看，学法类的教学方法培养的是学生自主学习的能力，不仅要帮助学生掌握相应的体育知识和技能，还要培养其热爱体育的兴趣，使其能够在今后的生活中保持体育锻炼的习惯，养成终身体育的意识。

（三）练法类

练法类教学方法的作用是指导学生进行体育锻炼，是最直接，也是最具体育本质特征的教学方法。该类教学方法直接指导学生进行体育锻炼，有助于提高学生的身体素质和运动技能。

1．第一阶段

在普通高校体育教学的第一阶段，教学目的是建立动作技术的直观表象，即加深学生对体育运动和动作的记忆和理解，通过一般记忆来达到知识学习。此阶段一般会运用听、看、思、记等手段来帮助学生深刻认识体育运动。该阶段可以采用的方法有观察法、形象思维法、归纳思维法等。

2．第二阶段

第二阶段的教学任务是教授给学生体育运动技术并及时矫正学生的错误动作，帮助学生掌握正确的体育动作。该阶段可以采取的具体方法有模仿练习法、分解练习法、重复练习法、游戏练习法、循环练习法等。该阶段的教学任务是使学生掌握完整、正确的体育动作。

3．第三阶段

第三阶段的教学任务是巩固并提高学生掌握动作技能的熟练度和精准度，该阶段可采取的具体方法有强化练习法、比赛练习法等，教学重点是使学生将学习到的体育动作融会贯通。

在普通高校体育教学过程中，可以单独使用某种教学方法，也可以将多种教学方法进行有效的融合，使之形成体系，以便科学运用。但要注意的是，教师要让学生明确各种方法的目的和作用，使其明白方法之间的联系，这样才能加深学生对体育动作的理解，从而取得更好的教学效果。

四、普通高校体育教学方法的价值

（一）有利于推动体育教学任务的实现

要完成教学任务必须有相应的方法和媒介，而连接教师和学生这两个教学主体的媒介就是教学方法，师生之间经由教学方法而产生了互动，加强了联系，由此产生了教学的具体活动，如教师的讲解、示范、练习等。合理有效的教学方法有利于推动教学任务的完成。

（二）有利于良好教学氛围的营造

选择合理恰当的体育教学方法可以很好地适应学生的学习情况。学生在学习过程中感到顺利，便会更加激发自身对体育活动的积极性，其学习动机也会更强。学生学得顺利，教师教得顺利，学生对体育教师的信任度更高，师生间产生了良好互动，有利于营造良好的教学氛围。反过来，良好的教学氛围又容易感染学生的情绪，激发其学习兴趣，调动其主动性，使学生自主参与体育学习。科学合理的教学方法与良好的教学氛围之间相互影响，形成一种良性循环。

（三）有利于促进学生身心的全面发展

好的体育教学方法受科学的理念所指导，教师受到科学理念的熏陶和影响，就会更加科学合理地选择教学方法。以科学合理的教学方式进行体育教学对于学生来说十分有利，有利于引导学生树立正确的体育理念，能够为学生指引体育学习的正确方向。教学方法实施的具体过程，实际上是对学生的体育知识和体育运动技术的传授和锻炼过程。良好的教学方法不仅会注重对学生在理论知识和实践能力方面的培养，还能锻炼学生的意志品质，还会考虑到学生的情感活动。因此，科学的教学方法有利于促进学生身心全面发展。

（四）有利于体育教学质量的提高

选择科学合理的教学方法，不仅可以帮助教师顺利地完成体育教学任务，而且可以有效提升体育教学质量。同时，正确的教学方法能够充分提高学生对体育学习的热情和兴趣，充分调动学生的主观能动性，帮助学生提高学习效率，完成学习任务，提高教学质量。

第二节　普通高校体育教学方法的特性与结构

一、普通高校体育教学方法的特性

（一）继承发展性

体育教学方法诞生于长期的体育教学实践过程中，并随着体育的发展而不断发展，经过内容的丰富、创新和改革，现在的体育教学方法已经形成了独特的科学体系，具有顽强的生命力，在体育教学过程中具有重要的地位和作用。得到广泛使用的教学方法具备一定的使用价值，现在的教育者可以对前人的方法和经验进行整理和借鉴，在继承传统经典的教学方法的基础上不断创新，完善体育教学方法体系。在采取教学方法时，要选择符合实际情况的方法，不能盲目照搬或模仿所谓的先进方法，也不能盲目迷信现代化，适合才是最重要的。

（二）有机结合性

学生学习体育动作是一个复杂的过程，需要经历感知、思考、记忆、想象，最终将思维落实到身体动作中并成功掌握正确的动作的过程。所以，体育教学是思维和练习相结合的过程。在体育教学中，学生首先需要感知外界信息，在大脑接收信息后进行思维活动，分析并处理信息，最后依据处理结果做出指令传达至身体器官完成相应的动作。练习的原理是使学生通过不断重复的动作建立起相应的动力定型，形成身体记忆，实现动作的自动化，以此达到牢固掌握动作的目的。因此，体育教学方法的实施过程同样也是需要主体将认识与实践结合、思维与身体相结合的过程，是感知、思维和练习三者的有机结合。在体育动作的学习过程中，感知信息是学习动作的基础，思维活动是学习动作的核心，练习是掌握动作的重要手段。

（三）实践操作性

体育教学与其他学科最大的区别就是注重身体要素，即教学的主要方式是身体运动，所以其教学方法必须能够应用于体育实践，具备实践可操作性。体育教学方法中也借用了室内学科教学的方法，如用于理论知识或动作要领的讲解法。在借鉴室内学科的方法时，必须根据体育教学的特点、环境以及学生的具体情况来加以调整，以适应体育教学。

由于体育教学更多的是身体的运动，学生需要实时体会自身的运动感受才能有效完成体育学习，因此教师在教学方法的选择和安排上，一定要体现体育教学的实践特点，不能只将教学停留在理论层面，否则达不到学生牢固掌握动作技术的目的，也无法起到增强学生体质和提高心理素质的作用。体育教学方法最终用于教学实践，必须得到体育教学实践的检验，才能判断其有效性。

（四）时空功效性

体育教学的整体过程可以被划分为不同的阶段，在不同的阶段都有着鲜明的阶段性特点。在教学的初级阶段，往往教师处于主导地位，教授学生体育知识和动作。随着教学的阶段性推进，学生在体育教学中掌握了更多知识，逐渐增强主体地位。而在体育教学的过程中，教学方法发挥着重要的作用。例如，在教学的最初阶段，需要激发学生的学习兴趣和主动性，教师要运用合适有效的方法，通过讲解、示范等途径使学生理解和掌握相应的知识和技能。学生也要根据教师的教学方法找到对应的方式来感知，理解和掌握相关的知识和技能。在随后的阶段里，所采用的教学方法也会不同。所以，教学方法在不同的教学阶段都有着重要地位，这是教学方法的时空功效性特点。

（五）运动与休息合理交替性

在普通高校体育教学过程中，学生需要调动身体的多种器官集体参与到教学活动中，并完成一系列的思维与动作活动。高强度的教学会令学生的大脑和身体产生疲劳，随着体能和身体机能下降，学习效率也会下降。所以，为了保证教学活动正常进行，确保学生学习的效率，教师应在教学过程中安排必要的休息活动，否则高强度的教学将会超过学生的负荷，容易造成消极影响。因此，体育教学方法要注重运动与学习的结合，将学生的负荷情况考虑在内，安排适当的教学内容，同时要注意给予学生充分的休息，以便其恢复身体机能，从而保证学习效果。

要注意休息不一定是指完全停止所有活动的消极性休息，而是通过轻松的活动来放松身心，消除疲劳，达到一种 积极性的休息。教师安排休息时应考虑具体的教学情况，注重积极性休息和消极性休息的结合，使得休息能够更好地达到预期效果。

二、普通高校体育教学方法的结构

（一）教学语言

体育是一项培养学生健康体魄、良好生活习惯和运动习惯以及积极向上的精神面貌的运动，是促进学生身心健康发展的有效途径。为进一步提高高校体育教学的实效，增强学生的身体素质，教师可采用身势语言优化教学流程，使学生在课上更加高效地掌握体育知识和运动技能，培养良好的运动习惯，强化运动意识，在课内外坚持锻炼身体，增强意志力，借助运动排解内心的不良情绪，分散学习压力，培养健康心理和健全人格，为可持续发展提供强有力的支撑。

（二）体育教学技术

体育教学技术也称教学方式，是教师在体育教学中运用科学、合适的方法进行教学的行为方式，是教学方法的“中位”层次。体育教学技术是体育教学方法中的核心部分，通常定义为教学模式下属的具体组成部分。如应用语言法进行教学的讲述、讲解、讨论或提问方式，就是为了实现某个教学目标而运用的具体的教学技术或技巧，教学方式的层面主要体现在体育课教学设计和实施课堂教学实践活动的各个教学内容与教学步骤中。

（三）体育教学手段

体育教学手段是教师在进行体育课教学时为完成教学任务，实现教学目标进行教学时所运用的具体教学方式和程序。体育教学手段是为实现体育教学信息有效传递的活动方式与具体措施，包括体育教学的内容、行为方式及应用体育教学媒介技术等具体的教学活动。体育教学手段是体育教学方法的“下位”层次。体育教学手段主要应用在课堂的各个教学步骤中更为具体的教学环节上，通常定义为教学方式下属的具体组成部分，它是教师运用教学方式时所运用手段进行教学的具体行为方式。如体育教学过程中常见的直观式教学方式所运用的动作技术示范，教师或优秀学生进行动作技术示范就是利用直观式教学方式来实现学习、掌握某个动作技术或方法目标的教学手段。

在普通高校体育教学中，不同教学手段具有不同的价值和功能，多种各具特色价值与功能的体育教学手段，所具有的某种共同行为的特定程序与要求形成了体育教学模式；不同的体育教学模式，所具有的特定程序与要求形成了不同的体育教学方式与手段。

第三节 普通高校新型体育教学方法的选择与运用

一、普通高校体育教学方法的选择

（一）依据教育理念选择

教学理念对教学方法的选择有重要指导作用。教学方法的选择应以最新的体育教学理念为指导，具体要求如下。

第一，现代体育教学强调素质教育，强调学生的身心健康全面发展。体育教学方法的选择应体现“以人为本”，增强学生体育参与学习过程中的“健康第一”和“终身体育”意识。

第二，体育教学方法的选择应体现出学生在体育教学中的主体地位，有利于激发学生的积极性与主动性。

第三，体育教学方法的选择应重视教学活动中对学生的体育意识、体育能力的培养，为学生走出校门、走向社会继续参与体育奠定知识与技能基础。

（二）依据教学目标选择

体育教学目标是科学选择体育教学方法的重要依据，具体要求如下。

第一，从体育教学的总体目标要求出发，保障每次课的教学目标和总体教学目标都能实现。

第二，充分考虑教学媒体的选用能否实现本次课的教学目标，结合目标应用不同教学媒体、选择不同方法。

第三，教学方法要充分考虑具体教学活动安排所要实现的每一个小的教学目标。如为了让学生巩固技能，教师应多采用练习法、比赛法等；为了教会学生学习新技能，教师应多采用讲解、示范、分解、模仿练习等教学方法。

第四，现代体育教学总目标是促进学生体魄强健和身心健康，所有教学方法的选择都应该以此为标准，不能偏离这个标准而只考虑短期的教学目标的实现。应当认识到短期教学目标的实现也是为长期教学目标的实现服务的。

（三）根据教学内容选择

体育教学内容丰富，在展示不同的教学内容时，需要使用不同的教学方法，以呈现出最好的教学效果。具体要求如下。

第一，选择体育教学方法时应充分考虑体育教学内容的方便实施，如技术动作教学，应采用直观的示范法；原理教学，应采用语言讲解教学法。

第二，选择体育教学方法时应充分考虑教学内容的表现方式，通过哪种方式能更好地将教学内容呈现给学生、最大限度激发学生的学习兴趣，就选择哪种教学方法。若图片展示更直观便捷，那么就不用语言讲解。

（四）依据学生特点选择

学生是体育教学的对象，教学活动的开展离不开学生，否则教学就没有任何意义。对于体育教师来说，体育教学方法的科学选用是为更好地促进学生体育学习服务的，所以在具体的教学方法选择中应重点考虑学生的特点。在体育教学中，科学选择体育教学方法，既要考虑学生群体特点，还要考虑学生个体特点。就学生群体特点来说，要抓住某一学生群体的共性，科学选择能涵盖学生这些共性的、有针对性的体育教学方法。如低年级学生应多采用游戏方法教学，高年级学生多采用探究、发现法教学。就学生个体特点来说，应关注不同学生的个体差异，针对不同学生采用不同的教学方法。

二、普通高校新型体育教学方法之慕课教学的运用

慕课指的是通过一个共同的话题将教育工作者和学习者集中在同一个网络平台，从而进行在线教育。目前，绝大多数的慕课都是通过话题研讨的方式来进行授课的，即授课者对这一话题进行系统的阐述，学习者则按照授课章节体系进行学习。通常情况下，慕课课程对学习者的要求并不高，当出现一些难以理解或较为专业的内容时，授课者会进行详细的阐述。

（一）慕课在普通高校体育教学中的应用

慕课进入课堂以后，一直受到国内学者的广泛关注，各高校也逐渐开发富有本地特色的慕课，并且受到广大学生的欢迎。从目前来看，我国关于高校体育教学的慕课还比较少，有些人片面地认为高校体育教学偏向于实践，因此不重视相关的慕课开发工作，但实际上慕课对高校体育教学活动的开展具有重要的推动作用。

在互联网时代，人们的日常生活都离不开网络，网络已然成为人们生活的重要组成部分。慕课是一种依托于网络平台的线上教学，它能够同时满足人们对互

联网的需求和对学习知识的需求。与此同时，慕课还具有一定的主动性特征，人们不会被动地进行学习，而是根据自身的需求来选择最合适的课程，这与传统高校体育课程教学存在明显的差异。另外，慕课的学习资源相当广泛，即便身处国内，我们也可以通过网络平台来了解国外的体育运动知识，从而拓宽自身的知识面。

在传统高校体育课程教学中，体育教师主要以示范、讲解的方式来进行教学活动，然后学生再重复教师的动作，直到最终完全掌握。一般情况下，一节体育课程的时间为 45 分钟，在这 45 分钟内，教师要完成示范、讲解的任务，而学生要完成练习任务，因此教师和学生要在课程教学过程中分别占用一部分时间。当教师在示范、讲解方面花费的时间较多时，就意味着学生将没有足够的时间用于练习。与此同时，传统高校体育课程教学一学期只对一种运动项目进行教学，即便是大学生拥有充裕的时间来学习这项运动，他也最多只能掌握一种运动项目。另外，由于每个学生的学习能力存在较大的差异，教师也并不能保证每个学生都能够掌握同一项运动项目。

慕课不同于传统课程教学，学生能够在不受时间、地点限制的情况下进行学习。当视频播放结束后，学生能够自行地进行练习，以便于及时掌握相应的体育动作和技巧。在高校体育慕课中，教师不仅对体育动作进行详细的讲解，还会对体育动作进行示范，使学生既能够在观看视频的过程中学习理论知识，也能够练习并掌握相关的动作技巧。与此同时，高校体育慕课中所包含的体育运动项目较为丰富，学生可以根据自身的需求来选择不同类型的体育运动，这样不仅能增强自身的体质，还能极大地激发潜力。

近几年来，我国高校大学生的体质健康水平一直受到人们的广泛关注，家长为了提高学生的体质健康水平，经常带着孩子进行一系列的体育锻炼活动，但是取得的成效远不及理想目标。虽然参加一定的体育锻炼活动确实能够促进身体健康，但是前提是掌握正确的锻炼方法，如果没有选择正确的锻炼方法，那么不仅造成了时间的浪费，还会对身体产生一些损伤。因此，学生应当跟着专业的体育教师进行学习，完成体育锻炼活动，从而有针对性地提高自身的身体素质。

（二）慕课应用在普通高校体育教学中的未来发展

1. 优化慕课平台功能设计

虽然体育类慕课上线平台的课程网页设计不同，但是调查发现，基本包含课程介绍、课程建设单位、教师简介、学习人数、学习方式、教学安排、课程目标计划、教学大纲、预备知识、参考资料、作业测试要求、证书要求、互动问答、课程评价等元素。建议各平台可以对已有的学习数据统一研讨，对所需页面展示的课程元素设置统一的标准，对已上线运行的课程信息不明确的地方加以完善。对体育类慕课的分类，在搜索导航栏中设置相应的体育类课程专栏，避免课程重复搜索的情况，方便学生可以准确地找到符合自己学习目标的课程。

在教育部出台的一流本科课程“双万计划”的背景下，说明了要认定万门左右省级一流本科课程，要求制定省级一流本科课程建设实施方案，制定推动本地区一流本科课程建设与教学改革配套政策。建议结合国家相关政策，以省级教育单位为主导加快省级慕课平台建设，设置省级优秀慕课的遴选评比，增强课程的影响力。体育类慕课可以根据地区的情况制定统一的体育类慕课标准，使课程规范化提升课程质量，有利于更大规模地推广课程，缓解所在地区的线上教学的压力。

2. 加强合作、实现互利共赢

我国体育类慕课建设院校华东、华北地区占比较多，华南、西北地区占比较少，充分地说明了我国体育教育资源的不均衡。并且体育类慕课建设院校主要集中在综合类、理工类、师范类、体育类院校。其中北京体育大学、成都体育学院、山东体育学院、上海体育学院、武汉体育学院、广州体育学院等体育类院校参与建设较为积极，建设课程经验较为丰富。建议体育类院校可以发挥学科优势，积极探索更多类型的体育类课程。例如，华北地区院校可以加强冰雪主题的课程建设，华南地区院校可以大力发展水上运动项目的课程。同时在学校所在省市联合各高校主导建设体育类慕课符合地区特色或符合高校学生需求的体育课程，提升体育在线课程的质量。各相邻省市的院校可以利用建设省级慕课平台上体育类慕课资源交流共享，缩小我国东西部地区之间的教育资源的差距，缓解线上教学的压力，促进地区间教育资源的共享，实现互利共赢。

从传统的体育课程教学模式转变为线上教学的模式，要求教师及时改变教学观念，掌握应用现代信息技术的能力。体育专业有建设经验的教师，可以制作有关教师学习的在线教学的课程，提升教师的在线教学水平。同时鼓励其他教师参与体育慕课的建设或参与运行课程的管理以积累经验，适应体育课程在线教学的趋势。

3. 合理分工体育类慕课的内容

体育实践类慕课教师团队不乏教授、副教授等优秀的一线教师，他们对于体育教学拥有丰富的经验，在慕课教学过程中发挥着主要作用。但仅仅有体系内的教师仍然不够，应该让更多专业的慕课制作人员参与到慕课建设中：慕课网络平台的技术人员可以帮助教师更好地完成课程拍摄和制作，通过不同方位镜头的移动展示动作细节，指导教师熟练运用平台各项功能，能够让教师把更多精力放在慕课内容教学中；高级教练、文化传承人等其他行业的一线参与者能够从更专业的角度分析技术动作的特点，为学生提供更高效的动作学习方法，保证更加高质量的慕课内容。

体育类慕课建设教师团队需要合理分工负责体育慕课的课程的设计、课程的制作、课程上线管理、课程线上教学、学生测试考核、学生答疑互动等环节的工作，课程负责人主要是教授和副教授，他们的教学经验较为丰富，有利于提高课程的建设质量。调查发现，大部分课程在教师简介中没有说明教师责任分工，部分课程没有教师简介而且教师团队人数仅一人的情况较多。过少的师资人数不能保证课程的运行效率和对学习者的服务。课程负责人要重视和培养专业的体育慕课教师团队，在课程设计阶段，需要教学研究经验丰富的教师共同制定课程大纲，结合“慕课”教学的特点设置教学内容；有教学特色的教师负责录制课程视频；专业的视频处理人员制作课程，准备完善的课程介绍与课程信息再上线运行。教师在线上教学的过程中，要根据学生的规模配备助教老师及时答疑互动、批改作业，如此才能保证课程的质量。

4. 重视课程评价体系建设

部分慕课平台课程介绍页面没有互动问答和课程评价板块，在有此板块的平台上的体育类慕课参与课程评价和课程互动的同学并不积极，不同课程的互动评价人数差异较大且评价内容质量不高。针对以上问题，慕课平台需要注重课程评价体系的建设，完善相关功能。课程教师团队要配备相应的教师及时解决学生提出的问题，避免错误练习造成的损伤。还可以通过建立QQ、微信等通信软件群，方便解决学生随时提出的问题，同时增强师生间交流。建议教师把课程评价纳入考核成绩，对课程评价内容设置要求，引导激励学生对课程进行及时的反馈，以便更好地提高课程的质量。

5. 做好体育类慕课统筹规划

从体育类慕课课程内容的分类中可以看出实践课程开设数量较少，从课程专业类型建设的分类中可以看出，大部分集中在体育教育训练学和公共体育类课程，建议加强民族传统体育学、体育人文社会学、运动人体科学专业的课程建设。建设高校与课程团队结合自身的优势专业，不断完善体育各专业类型的课程建设。针对早期视频公开课与资源共享课转型课程，可以根据成熟的建设经验，完善课程内容，重新优化制作上线运行。对于教师在平台的自建课程，需要对课程名称做好标注，方便学生选择学习。

6．学生加强自我管理，端正态度

利用慕课开展体育教学，要求学生自主选课，自主安排学习时间，在学习过程中教师可能会有通知和提醒，但并不能对学生施加强制性的要求，所以学生对自我的管理和控制显得至关重要。首先，学生要明确自己的学习目标，有的可能是想获得学分和证书以完成学业任务，有的可能是出于兴趣爱好想要学会某项运动技能，有的可能是想通过讨论交流结识志同道合的朋友，在各种目标的指引下，学生都应以完成课程考核为终点保持对课程的趋向性。其次，规划好课程学习时间和学习进度。慕课视频时长较短，学习者可以利用碎片化的时间投入慕课学习中，如可以利用课余时间，甚至是吃饭时间通过手机观看课程，已经参加工作的人可以利用上下班的通勤时间进行学习，通过将全部课程内容分配好学习阶段，以打卡的形式按时完成各个阶段的课程任务。最后，注重自我评价。教师可以制作自我评价量表，或是开展自我评价交流会帮助学生加强自我认知，衡量学习效果。

学习态度也是学习成败的关键因素。学生参与体育实践类慕课之前先要对慕课学习的特点有一定了解，明确慕课学习的灵活性、交互性、包容性等优点，建立起对慕课的价值认同，激发学生的使用兴趣。在课程学习中，教师也可以在每一章节末尾设置一个课程任务完成打卡区，向积极参与讨论的同学，以及章节测验和章节作业正确率高的同学提出鼓励和表扬，同时也是对任务完成效果不佳的同学的一种鞭挞，激励学生认真完成学习任务，积极参与交流讨论，端正态度，追求进步。

7．建立以学生为主体的评价体系

随着慕课的深入发展，国内外众多学者都认为“同伴互评”有助于促进学习者终身学习，能够有效应对慕课环境下学习者对学习评测的需求，因此构建同伴互评模型对于教师得到准确合理的学习反馈至关重要。体育类慕课学生数量的大规模性和教师时间精力的有限性使得教师不再像传统课堂那样作为学习评价的主体，因此将学生作为慕课评价的主体要素就显得十分必要。在体育实践类慕课中，同伴互评主要包括了四个阶段：首先是作业提交阶段，学生需要在截止日期之前提交教师布置的作业，如自己拍摄的动作练习视频等。其次是同伴评估阶段，教师会将学生的作业随机分配给同伴，同伴依据一定标准进行匿名打分。再次是自我评估阶段，部分作业也需要自己评价打分。最后是结果查看阶段，对于同伴给出的意见学生可以进行评估，如果不认可，可向教师提出质疑，由教师做出最后的评定。通过同伴互评，学生的学习参与度和完成度能体现在同伴的反馈中，学生不仅能从同伴的意见中获得改进自己学习过程的具体建议，还能从中得到强烈的情感支持，激励他们持续投入体育实践类慕课学习，增强学习动机。

三、普通高校新型体育教学方法之微课教学的运用

微课是一种以传播音频、视频信息为主的线上教学形式。随着信息技术的不断发展，互联网逐渐成为人们日常生活中的重要组成部分，人们的生活方式、学习方式、工作方式也相应地进行了调整。在互联网的影响下，一种新的教学方式——微课应运而生。微课作为一种线上教学形式，能够极大满足学生的自主学习需求，并且学生长期坚持通过微课进行学习有利于培养终身学习的观念。在互联网时代，学生对网络信息的接受能力较强，他们可以通过网络平台浏览丰富的内容，学习到书本上没有的知识，而微课融合网络平台的信息和书本中的知识，不仅有利于加深学生对知识的理解，还能够拓展学生的知识面，使学生的学习形式多元化，最大限度地满足学生的学习需求。微课属于一种微型学习形式，微型学习是一种处理比较小的学习单位并且聚焦时间较短的学习活动，这种观念为移动端微型课程教学的产生提供了理论基础。从目前来看，微课主要有容量小、知识量大、表现形式丰富、传播快等特征，它不仅能够适应现阶段人们的快节奏生活，还能够改变人们的学习方式，最大限度地满足人们的学习需求，在人们学习生活中的作用越来越显著。

（一）微课在普通高校体育教学中的应用

微课主要针对传统课程教学过程中某一重点、难点进行具体化的教学。因此，体育微课教学方法指的是教师在微课教学过程中集中精力对体育课程中的某一动作或技能进行教学。在微课教学过程中，教师可以通过音频、视顿的形式来向学生展示教学内容，整个教学过程持续5～10分钟，教学内容精练且细致。虽然微课与网络教学都是线上教学形式，但是微课具有交互能力强、应用广泛、内容细致等多种优势，因此它广受好评，并成为目前最流行的线上教学形式之一。在体育微课教学过程中，教师通过视频教学的方式展现某一重要动作和技能，使学生充分利用零散的时间来学习这一重要动作和技能。因此，开展体育微课教学的目的更多地表现为提高学生对体育运动的熟练程度。

在设计微课教学内容之前，教师应当做好学生学情的分析与研究工作，并充

分考虑自身的教学能力、学生的接受能力等因素。除此之外，选择合适的微课拍摄设备也是影响微课教学效果的重要因素，还要根据不同学科的属性和不同的教学对象来选择微课教学内容的表现形式。

（二）普通高校体育微课教学设计的原则

1. 适时分解原则

微课之所以受到大多数人的喜爱，其中一个很重要的原因就是人们可以在不受时间、地点约束的情况下进行碎片化学习。因此，教师应当保证微课教学内容的精练而不是简单地舍弃教学内容，使学生在较短的时间学到丰富的内容。在具体制作过程中，教师应当充分考虑体育课程的知识、教学方法、微课的表现方法等因素，有意识地对高校体育微课的一些内容进行拆分。

2. 聚集性原则

通常情况下，学生在较短的时间内难以掌握大量的知识，但是可以通过集中时间，提高时间的使用效率，掌握重点知识。因此，在体育微课教学内容的设计过程中，教师应当对课程的重点、难点和其他部分进行分析与研究，从而使学生在较短的时间内集中学习重点和难点知识。在制作高校体育微课时，教师应加大对运动动作与技巧方面的拆分，详细地对难点动作进行讲解、对特殊的动作和技巧进行分析等，使学生能够有针对性地进行练习，提高自身对重要动作技巧和困难动作技巧的熟练程度。

3. 简洁性原则

一个微课视频的持续时间为5～10分钟，这与正常人的注意力集中时间保持一致，因此学生往往能够在这段时间集中精力进行学习，并利用其他时间对已学内容进行理解与巩固，从而更好地运用于具体的实践活动之中。因此，在设计微课教学内容的过程中，教师应当在较短的时间向学生展现微课的重点内容，并保证微课的质量。对于当代大学生而言，他们对新生事物的接受能力较强，并且已经具备了一定的体育运动技能，因此他们能够在较短的时间里适应微课的内容。另外，他们还可以根据自身的需求来寻找最适合自身学习的微课，从而有针对地提高自己对某个动作的熟练程度。

4. 微课设计特色突出

随着互联网的普及程度越来越高，人们对微课的重视程度越来越高，因此吸引了大量的教师加入微课的设计队伍之中，各种高质量、高水准的微课层出不穷。在这种情况下，如何设计出富有个性且高质量的微课是每个教师主要考虑的问题，因此在微课的设计过程中，教师应当充分发挥自身的优势和本校课程的特色，并相应地结合学生的实际需求，从而设计出最符合本校学生需求的高质量微课。

（三）微课对普通高校体育教学的影响

1. 依托微课教学实现课堂教学信息化

（1）授课方式的信息应用

在室内教学过程中，高校体育教师可在讲解体育理论知识或展示运动项目动作要领时，利用微课教育平台的视频展示或伪实景投影功能进行虚拟视觉教学；而在室外教学课堂上，高校体育教师可通过便携设备还原上述内容的场景操作流程，以此来为学生学习体育知识和技能提供更为精细、直观的指导。授课方式的改变，能充分调动学生对体育课程的学习热情，且微课也具有反复观看的优点，学生可对自己掌握不好的要领进行多次观看，从而提高自身的体育综合能力。

（2）教学管理方式的信息应用

针对学生的学习情况和日常训练、考核成绩的管理也是高校体育教师的重要工作内容。对于这些工作的开展，高校体育教师同样可借助微课教育平台附带的数据整合功能来进行，将学生的各项体育条件和考核成绩以数据的形式导入平台或软件的数据库中，利用大数据技术完成对各项信息的可视化整合。相比于传统的统计方法，既节约了时间，也使统计结果更准确，方便教师更好地了解学生，及时调整教学方案，从而促进学生更好地发展。

2. 依托微课教学实现教学内容多元化

（1）融入多角度体育知识和技能教学

对于很多体育项目来说，其中的知识和技能既有固定的“硬性内容”，也有“见仁见智”的“软性内容”，而后者常常需要学生结合自己的学习理解和条件做能动的吸收。高校体育教师要正视这一事实，在完成课内基本教学后，还要建议学生通过微课学习接触并尝试更多关于“软性内容”的教学讲解，并从中寻找最适合自己的知识信息。

（2）融入多类型体育项目教学

在学生依托微课开展自主学习时，高校体育教师不要对学生具体的学习项目过多干涉，应当在保证基本专业课程教学和训练的基础上鼓励学生通过一些关联项目的学习实现专业素养的联动提升。

（四）微课在普通体育教学中应用的优越性

1. 有效提升教学效率

在普通高校体育教学中，有的技术动作复杂难学，学生很难在短时间内学会，利用微课教学，就可以图文并茂、生动形象地将重点和难点展示给学生，视频可以随时随地观看，重复播放，通过不断学习和探究可以建立正确的动作表象，便于学生理解，为快速掌握动作方法奠定了良好的基础，从而有效地突破教学重点和难点。对于有些比赛的战术环节的教学内容，依托微课能更直观、更清晰地展示战术的设计和变换，便于学生观察和运用，可以有效地提升了教学效率。

2. 有效完成教学流程

课前向学生推送微课，进行自主学习，让学生对上课的动作技术提前有一个感知认识，在脑海中有初步的认识和印象。学生只有在课前尝试、探究，发现问题和提出问题，课堂上才能集中注意力。课堂上教师根据学生的提问，有针对性地对知识进行讲解，对学生难以掌握和易错动作进行示范，指导和帮助学生学习，做到教师精讲学生多练，达到熟练掌握动作技术、完成教学内容的目标。课后教师也可以通过学生学习后反馈的情况，帮助学生解决疑惑的问题，同时可以向学生推送学习资源，使学生达到巩固和拓展的目的，培养学生的终身运动兴趣。微课学习不受时间和空间的限制，极大地提高了学生学习的便利性，通过完整的教学流程，达到理想的教学效果。

四、普通高校新型体育教学方法之翻转课堂教学的运用

（一）翻转课堂概述

1. 翻转课堂的含义

翻转课堂又称为“反转课堂式教学模式”，它是新时代、新技术发展背景下的创新性教学思维和教学办法，是一种区别于传统课堂教学模式的全新的、深层次混合学习模式。其在教学内容、教学手段以及教学形式上与在线学习深度融合，构建成更加适宜于高校学生身心发展的创新性教学理念和教学模式。

2. 翻转课堂的特征

（1）主动性

教师通过实施翻转课堂教学模式，在课前为学生精心准备在线视频和网络

学习资源，使学生可以通过互联网随时随地浏览知识信息进行学习，大大便利了学生的学习。进行课堂教学时，由于学生已经通过课前学习对知识点有了一定的认识，增强了课堂上学生练习的主动性。便利易获得的海量资源、精心的课程学习、课上学习基础的准备，这都有助于提高学生在学习过程中的积极性和主动性。

（2）多元性

翻转课堂解决了传统课堂学习单一的问题，丰富了教学课堂内容、学习形式、学习途径以及演示方式，课前通过慕课或微课进行预习，为学生提供了更佳丰富的内容，通过视觉和听觉等方面的刺激，提高学生学习和练习的兴趣，在课上学生的学习和练习也更加个性和多样。此外，教师可以针对不同学生的掌握情况进行针对性的指导和练习，使学生课后可以再次利用这些教学资源，促进技能的学习和疑难问题的解答。

（3）实用性

高校课堂存在课上练习时间短、家庭和社会参与度不够等现实问题，翻转课堂为解决这个问题提供了新的思路，提高了课堂的教学质量和效果。翻转课堂教学模式实施之后，在课前进行课程的预习，课上则主要对技能进行集中的指导和巩固，增加练习时间，课前预习和课后的联系主要是在课外进行的，提高教育过程中家长的参与度，有利于形成学校、家庭和社区一体化的教学模式。

（二）翻转课堂教学在普通高校体育教学中的应用

翻转课堂教学有利于激发学生的学习主动性和积极性，培养和提升学生的团队协作意识与探究学习能力，弥补传统课堂教学模式下时空的不足，强化知识和技能的融合与内化，显著提升高校体育教学质量与效果。

1. 课前教学资源准备阶段

教学目标是教学活动开展的实施方向和预期成果，是指引教师教学行为的航向标。课前，教师首先应当根据教学计划、教学大纲审慎确定教学目标，基于清晰、明确的教学目标采取一系列的教学措施，以保障翻转课堂教学的正常实施。而课堂教学目标的确定应当体现发展性，即目标应当以保障教学的实效性为前提，在教学中对教学目标进行具体调整和修改，以动态性发展教学目标促进课前、课中、课后三个环节有效联通、互相协调。其次，教师应当基于已明确的教学目标确定好教学内容与知识点。教师应当根据学生的认知特点和发展需求恰当选择教学素材，并根据教学内容的结构特点对其进行合理加工和组织，以使其更加适应于翻转课堂教学的需要。应根据具体的教学目标进一步细化子目标，并对每一个子目标设置相应的学习内容和任务，采取信息技术手段将体育教学中的各知识技能要点整理设计成 PPT 演示文稿，辅之以比赛录像视频、Flash 动画图解等手段进行内容整理和编辑，制作完整生动的教学视频录像，并按照教学步骤和程序制作成学习资源传到网上。除了自制教学资源，教师也可以从相关比赛视频、网络公开课等一些网络资源中获取教学素材，进行适当的加工处理，以充实教学内容，使学生更深入地了解学习内容。要注意，视频制作必须充分考虑时间要素，要合理划分每一个单元内容，力求简明扼要、规范全面、由浅入深、由易到难，视频内容与教学目标、教学内容一致，确保时间利用效率，以使学生高效掌握和理解知识，实现教学效果的最优化。

翻转课堂强调学生的自主性、积极性，需要学生自己发现问题、解决问题，主动进行课前新知识学习。学生应当接收和下载教师已制作完成的学习资源包，从中了解教学目标、任务和内容。学生通过自行在课前学习本次课堂教学的技术动作和理论知识内容，以形成初步、大概的理解和认知，再观看相关视频录像进行对比分析，以形成正确的概念和印象，为课中实践打下坚实基础。此外，在课前自主学习过程中，学生应当主动探索、发现和解决问题，通过查阅资料等方法解决自己能够解决的问题，同时记录好自己解决不了的疑难问题，到课中问询教师或同学。要注意的是，课前自主学习阶段由于缺乏教师的指导和检查，学生的技术动作可能会出现差错，如果不加以及时矫正就会形成错误的动力定型，不利于之后的学习发展，因此，学生的自主训练应当适当，应尽可能在充分观看和认真理解教学视频动作示范的前提下，以小组或结伴的形式进行动作训练及检查指导，形成正确的动作定型。

2. 课中知识和技能的融合与内化阶段

课中教学过程中，教师指导教学并回答学生提出的疑问，学生通过具体的身体训练形成运动技能，有效内化知识。在课堂上，教师首先应阐明本次课堂学习的任务，收集学生的问题，并对问题进行分类，组织学生分成小组进行交流讨论，引导学生通过探究式方法自主、合作解决问题，培养和提升合作学习、主动探究的能力。对于其中难度较大的，普遍反映难以解决的问题，教师应当给予一定的提示指导，帮助学生形成正确的思维和良好的解决问题的能力。在解决好学生的疑难问题后，教师应根据学生的水平和特征展开分层的针对性教学，对学生中普遍存在的动作技术错误进行总结、讲解和纠正。此外，教师应当让学生进行示范指导，使学生会做、会教，透彻了解动作知识和技能。

在翻转课堂的课中教学中，应尤其强调学生间的讨论以及师生间的互动，应当通过探究式方法解决问题并引导学生主动参与讨论交流，互相纠错、团结协作，增强课堂的互动性。在分组讨论和训练后，应每组选取代表反馈结果和问题，教师进行总结评价，集中解决学生的问题，这不仅能培养学生的纠错能力、探究能力及观察能力，同时还有利于建设新型师生互动关系，使学生能够在和谐、平等、自由的学习环境中有效实现技能形成、知识内化。

3. 课后反馈、评价、巩固提高阶段

课堂结束后，教师应当对学生课中的学习态度、训练效果、错误动作进行总结、评价，根据存在的问题对整体教学方案进行思考和修改，通过网络平台收集学生对教学的感悟等信息，创造协作学习的环境和空间，形成有效的师生互动，确保师生之间充分地沟通和反馈，有效解决教学中存在的问题，实现教学效果的最优化。

（三）翻转课堂在普通高校体育教学中的意义

1. 让体育教学变得更加人性化

传统的体育教学，往往是以教师为主体，每节课要训练什么内容、要讲什么知识点都需要教师提前准备，而学生只能处于被动接受的地位，在这种气氛下学生往往没有创造力，表现欲不强，对于体育课程也提不起兴趣，在训练的过程中如果遇到了一些小问题，也不懂得如何向教师请教。而翻转课堂就不一样了，它注重人性化，注重师生之间的交流，能够发展学生的个性，教师可以针对学生的特点进行因材施教，学生也能够随时和教师保持互动。翻转课堂颠覆了传统的体育教学模式，让高校体育教学变得更为人性化，学生的积极性会大大提高。

2. 提高学生的自主学习能力

学校开设体育课程的目的之一在于放松学生的身心，让学生学会劳逸结合，形成良好的学习习惯，避免精神过于紧绷造成不良后果。同时体育课程的开设也有助于提高学生的身体素质，给予学生更多放松的空间与时间，在紧张的学业下开展体育活动可为学生积极投入学习注入更多动力。在学习过程中，学生能充分感受到有学习压力是一件好事，但是过度的压力可能会压垮学生的精神，造成不良后果，因此学习应讲究松弛有度，适度娱乐。传统体育授课是由教师主导整个课堂，教学模式相对呆板、单调，翻转课堂的应用则能打破这一现状，给体育课堂带来活力。翻转课堂最早应用于语文、英语等学科教学当中，在体育课程当中的应用时间比较晚，将其应用于体育教学中是让教师将课堂所讲内容通过视频等方式呈现在学生面前。大学阶段学生已经初具自学能力，通过观看视频等方式学习动作要领，便于学生掌握课堂教学的重点，不但能节约教师的教学时间，提升教学效率，还能让学生在自学过程中充分感受到体育的魅力，提升学生的自主学习能力。

五、普通高校新型体育教学方法之体育游戏的运用

体育游戏的开展是当代体育教学目标和课程改革的要求，将游戏作为体育教学的载体，同时通过游戏这种方式将技术教学融入其中，有利于学生从充满趣味的形式以及愉悦的氛围中学习到体育知识和技能，有利于充分调动学生的学习积极性和主动性，激发学生对体育的兴趣，提高教学效果。

（一）体育游戏概述

体育游戏又被称为“活力性游戏”，是以人们的基本运动能力为基础，根据不同的运动需要，按照一定的规则与方法进行创编的体育活动。它是在游戏发展过程中派生出来的一个分支，是以身体练习为基本手段，按照一定目的和规则进行的一种有组织、具有创造性和主动性的体育活动，它以增强人们身心健康、发展智力及社会适应性、培养良好的道德品质为目的。体育游戏可以提高学生对体育活动参与的积极性，展现出游戏本身的魅力。体育游戏作为学生比较喜爱的内容，教师可以通过游戏加强师生之间的互动，将学生的注意力放在体育运动上面，促使学生朝着良好的方向发展。

1. 体育游戏的特点

体育游戏主要是以人为载体表现出体育动作的游戏，体育游戏是游戏的重要表现形式，它在体现游戏的一般特性的同时又表现出体育的特征。体育游戏能够促进人的综合发展，可以同时发展人的德、智、体方面的特质，它主要具备以下几个主要特点。

（1）娱乐性

娱乐性是游戏的本质特征，游戏正是因为人们的娱乐需求而产生的，体育游戏的本质是游戏，所以当然也具有娱乐性。游戏的娱乐性能够让参与的人心情愉悦，舒缓压力，有利于营造轻松活跃的氛围，使学生在良好的氛围中学习，更好地掌握体育知识，提高学习和教学效果。同时，游戏的趣味性可以吸引学生参与，激发学生对体育活动的兴趣。所以，在体育教学中，教师应灵活运用体育游戏来

教学，提升教学的效率和质量。

（2）普及性

体育游戏的种类丰富多样，且富于变化，可以满足多种体育需求和游戏需求。在体育教学中，教师可以根据不同年龄、性别、体育水平的学生来编创、选择合适的体育游戏，以满足教学需要。

（3）规则性

体育游戏形式和内容众多，至今广为流传，而其中只有具备统一的规则的游戏才能在大范围开展。体育游戏的内容和规则传承于原始游戏，并随着时代发展而演变，为了适应时代发展，满足人们的需求，在现实中得到不断创新。体育游戏的规则性比其他游戏更为明确，能够保证游戏在体育教学中有序进行，顺利达成教学目标。

（4）竞争性

体育游戏的娱乐性能够激发人们的参与欲望，规则性保证了体育游戏公正公平地进行，而竞争性则可以调动人们的积极性和主观能动性。竞争带来的成就感能够激发人们的进取心，从而最大限度地发挥人们的主动性，激发人们的潜能，使体育游戏效果发挥到极致。

（5）目的性

体育游戏作为一种系统的活动，人们在开展的时候一定想要借助体育游戏达成某些目的，如愉悦身心、健身健体、培养意志品质、完成任务等。在高校体育教学中，开展体育游戏也有目的性，如调动学生的积极性，或是让学生热身等。体育游戏的开展就是目的和行为相统一的表现。

2. 体育游戏的功能

①锻炼身心，增强体质。

②丰富课堂活动内容，活跃课堂气氛，促进参与，变枯燥的教学内容为生动的教学内容。

③传递教学信息，激发学生的积极性，加大运动量与运动强度。

（二）普通高校体育教学中体育游戏的实施价值

第一，有助于制造热烈的训练气氛，提高学生的主动性。在体育学习中，轻松、有趣的活动形式是学生最根本的需求，部分学生不乐于参加体育训练，主要原因是训练氛围沉闷，教师的教学方法一成不变，引发学生的厌倦心理。教师运用体育游戏，有助于制造热烈的训练气氛，使学生重燃训练热情，显著提高学生的运动主动性。如教师根据体育课程目标和学生的行为特征，灵活变换游戏训练形式，每次教学都采用不同的游戏活动，借助游戏替代机械性的常规训练方式，使学生获得耳目一新的运动体验，这样学生便能真正沉浸、享受训练，从而更好地掌握体育技能。

第二，有助于在体育训练中培养学生的团队协作能力。团队协作是一项关键能力，学生在各学科的学习中，都需要具备良好的团队协作能力。体育游戏正是以小组、团队为组织开展的，对培养学生的团队协作能力大有裨益。如教师设计体育游戏化训练活动时，按照学生的运动能力、心理素质和性格合理划分同伴群组，鼓励小组成员合作完成游戏训练项目，促进学生相互帮扶、相互借鉴，不断增强团队荣誉感。

（三）体育游戏在普通高校体育教学中的作用

1. 对教学的有效辅助作用

在体育教学实践中，教师可穿插游戏让学生更形象、更真切地体会教学内容，或者将整堂课通过一个个游戏来完成，同时完成理论知识学习和实践验证。

体育游戏对于体育教学的作用从准备阶段就有所体现。在体育课刚开始的准备阶段，学生的身体和心理都处于一种平静状态，此时身体的关节灵活性差，肌肉僵硬，大脑的兴奋性不高，尤其是一些本身对于体育课程没有兴趣的学生，可能会出现消沉的情绪。基于这类情况，进行体育游戏就很有必要。体育游戏能够满足大学生的心理需求，激发他们对于体育活动的兴趣，吸引他们积极参与到体育教学的过程中去。在体育课的准备阶段，利用体育游戏可以帮助大学生热身，使得大学生处于一个轻松愉悦的环境中，从而调动他们的情绪，让大学生的身心都兴奋起来。所以，在体育课的准备阶段进行体育游戏作用明显，有利于促进接下来正式的体育教学顺利进行。

2. 强化了体育课健身的功能

体育课采用传统的教学方法时，呈现的教学内容对于大学生来说是单一枯燥的，因此学生的学习热情低，由此也直接影响了体育教学的效果。运用游戏教学法，能够提高大学生学习体育知识的积极性。学生积极参与体育教学，提高了体育教学的效果和效率，也能让学生进一步体会到体育的魅力。同时还因为体育游戏的形式丰富，教师选择适合的游戏能够最大限度突破人数限制，使每一位学生都能有机会参与游戏，获得体育锻炼的机会，保证了体育课的健身功能得以充分发挥。

3. 赋予了体育教学娱乐的功能

传统的体育教学方法往往是单一的灌输式教学，教师单方面将体育知识和技能传授给学生，教授的方法僵硬单一、气氛沉闷，学生对于体育课缺乏激情，长期下去还会觉得体育课无聊枯燥，这种教学氛围下的教学效果自然不佳。游戏教学法以游戏为体育内容的载体，具有游戏的娱乐性特质，生动有趣，能够满足大学生的内心需要，使体育课程变得活跃，愉悦了学生的心情。良好的学习氛围能够激发学生参与体育教学的热情，提高教学效果。

4. 拓宽了体育课的教育功能

体育游戏具有明确的规则，学生在参与游戏时必须严格遵守游戏规则，这能够让学生养成遵守社会规则的习惯。同时，游戏的内容和形式丰富多样，适用的人数也不一样，对于胜负的评判需要根据完成的数量、质量、速度等标准来决定，这样就使体育游戏的行为内涵更为丰富，教育功能更加全面。

第四节　普通高校体育教学方法的创新策略探讨

一、普通高校体育教学方法创新的重要意义

高校体育教学方法创新是在政策背景以及时代发展背景下提出的重要教学改革意见，对于高校教育教学实施有非常积极的作用。高校体育教学方法创新的积极作用，不仅体现在教学层面，对于学生、对于体育事业的发展都有积极的影响。

首先，高校体育教学方法创新的直接意义便是提升了高校体育教学效率，是高校体育教学的突破。此次教学方法创新，是要从理论、从目标以及从方法上实现全面的创新，从而确保高校教育教学展开更加合理，既符合现代化社会对教育的发展要求，也符合学生对体育教学方法的诉求。通过创新教学方法，高校体育教学更适应新时代学生的体育心理和需求，从而使体育教学不仅仅停留于表面，更能良好地培养学生的体育精神和体育意识，提升体育教学效果。

其次，从学生个体角度而言，体育教学方法创新，对于学生掌握体育知识和技能、形成体育意识等有积极的引导作用。良好的教学方法，能够让知识和技能的教学更加简便，同时让学生产生对体育科目的兴趣。学生对体育更有兴趣，才可以实现体育精神教育、体育意识教育。而通过创新体育教学方法，最终让学生形成终身体育理念，培养学生“不怕困难、迎难而上”的精神更为关键。

二、普通高校体育教学方法创新的必要性

（一）符合时代发展的要求

如果站在国家以及民族的角度来进行分析，那么可以看出大学体育教学改革工作符合时代发展的要求，能更好地提升国民的身体素质。在经济全球化快速发展的过程中，国家之间的体育文化交流非常频繁。大学阶段的体育教育工作有非常关键的影响，对学生的身心发育有一定的促进作用，教师需要意识到体育教学的重要性和必要性，关注对体育精神的有效传承，通过多种现代化教学策略的有效利用以及积极落实来进一步夯实学生的学习基础，促进民族文化和民族精神的有效传承及弘扬，确保学生能主动参与各种体育实践活动，积极接受教师的引导，成为传承体育精神的一员，真正实现个人身体素质的稳步提升。这一点对凸显以人为本的育人理念，改革传统的大学体育教育模式有非常重要的作用。

（二）有助于提升学生的身体素质

学生是教育改革的主要对象和受益者，教师需要站在学生的角度采取创造性的教学策略来鼓励学生自主探索。体育这门课程主要以培养学生良好的身体素质为基础，确保学生能形成锻炼意识，真正实现终身锻炼。如果结合国民综合素质教育工作来进行分析，那么大学阶段的教学工作对学生的身心发育有重要的促进作用。教师要结合学生的身心成长规律了解学生的认知能力，根据体育文化的传承要求培养学生的体育精神，为国民基本素质的提升做好铺垫，保证学生能逐步形成良好的锻炼习惯以及锻炼意识，提高学生的身体素质以及各个方面的能力。这一点对摆脱传统的教学模式有重要影响，大部分学生能在自主学习的过程中主动跟上教师的步伐，学会自由发散，掌握体育的基本技能及基本知识，真正实现理论联系实际，利用所学习的体育知识应对生活中的各种难题，规避各种身体伤害。

三、普通高校体育教学方法创新的原则

（一）以学生为教学核心原则

创新教育观点认为：课堂教学应以受教育者为核心，以学生的发展状况为首要条件，关注每一个学生的培养情况，这既是以生为本的教育理念，同时也是创新理念下重要的教学思想。为满足以生为本原则，体育教学需转变传统观念，切

实地将学生发展作为教学的核心内容。通过实施以学生为教学核心的原则，达到启发学生思维、提高学生的综合能力以及促进学生知识体系完善的目的。学生作为体育教学的对象，同时也是教学工作开展的核心，只有以创新教育理念为驱动力，将学生作为主体，切实地履行以学生为教学核心的原则，才能更好地进行体育教学方法创新。

（二）引导和启发原则

近年来，随着教育改革工作不断地深入，一些好的教学方法及教学经验逐渐显现，其中引导和启发式的教学方法受到各学科、各年级的青睐，被广泛地使用在教学中。通过使用引导和启发教学方法，学生的学习热情、主观能动性被彻底地激发出来，学生从被动学习转变为主动学习，此时教学效果也较为理想。因此，为了改善体育教学现状，学校在创新体育教学方法时，需重视和使用引导和启发原则，引导学生对体育课程建立正确的认知，从而激发学生的学习热情，并发挥出主体作用，养成良好的学习习惯。在创新教育的指导下，使学生在体育学习和运动过程中得到启发。

四、普通高校体育教学方法的创新策略

（一）学科融合促进体育教学方法创新的路径

与语文学科融合。例如，在进行民间传统游戏“跳房子”时就能有机融合语文元素。按照跳房子的游戏规则在地面上画出相应的方格，在方格内随机写上当天学习的生字、词语、古诗句等。

与数学学科融合。例如，和数学教师合作，根据当下教学进度所涉及的知识并将其设计成一些简单的计算题。例如，可以将“喊数抱团”游戏进行升级，数学教师根据体育活动将设计好的题给体育教师，让体育教师通过布置体育家庭作业“喊数抱团”将这些题在游戏中口算完成。

与英语学科融合。例如，在英语课堂上对表现良好的学生奖励带有英语单词或者对话的圆形硬质卡片，英语教师和体育教师合作将卡片当作轻物运用到“轻物投准”游戏中。

与美术学科融合。与美术融合是以体育绘图为融合媒介进行有效融合，体育教师提供体育相关技术动作或者运动场地的素材，让美术教师在课上以绘画、手工等形式让学生将提供的体育素材表达出来，从而达到课前预习的效果。

与思政学科融合。体育运动中有太多需要合作的运动项目而且体育运动一般具有艰苦性，对学生道德品质的培养有辅助作用。结合实际的教学能够发现，体育教学中蕴含着非常丰富的教育内容，其对促进学生的发展进步有着显著的推动作用，尤其是对提高学生的思想道德素质，作用显著。基于这一教学特征，将思政教育融入其中，能够对学生团结友爱、积极进取、遵纪守法等优秀的品质培养起到积极的促进作用，并且在此过程中还能锻炼学生的意志，提升其思想觉悟。因此，在实际的教学中，教师应当立足学生的发展需要进行教学引导，帮助学生树立正确的学习观念，克服以往教学中的弊端。在融入的过程中，教师应当注意，思政教育产生的影响不是一朝一夕就能实现的，因此，在实际的教育教学中应当注重长期坚持，并且结合学生的发展需要进行教学革新，保障学生能够积极融入，从而为后期的学习夯实基础。具体来说，思政教育的引导重在培育学生正确的思想意识，使学生能够在多元化和复杂化的社会发展中更好地体会和掌握相应的知识，由此保障学生思想道德观念和思想意识的建设，促进学生道德素质的提升，为其后期的发展进步提供相应的助益。

（二）新媒体促进体育教学方法创新的路径

新媒体技术在体育教学中的应用，可以使体育教学不受时间和空间的限制。在传统高校体育教学过程中，大部分活动都是在户外进行的。教师往往受课堂时间的限制，讲解理论所花的时间很少，学生无法充分理解正确的概念和动作技术，使课堂高效进行受到阻碍。教师在课堂上应用互联网技术，让学生在课余时间组织自己的学习和复习。例如，教师可以录制微课、公开网课等，教授有关体育的理论知识，让学生在合适的时间观看，掌握完整的理论知识，让学校真正注意到在线、智能化、电子化教学。此外，利用互联网进行教学可以让教师不受地域限制进行教学，让学生无论身在何处都能体验到体育锻炼的好处；利用互联网技术可以丰富教学资源，让学生开阔视野，不断完善自身的体育知识体系，调动学生学习体育的积极性，让学生将体育与生活相结合，养成良好的体育锻炼习惯。只有将互联网与课堂不断融合，大学体育教学才能得到创新。

1．媒体化教学

新媒体是指一些新型的传播媒介，包括短视频平台、网站、社交平台等。随着科技的发展和进步，新媒体的呈现形式更加丰富，由此为教学改革提供了新的思路。媒体化教学模式通过对新媒体技术直观、灵活等特点的充分运用，使传统教学枯燥单调的模式得到根本性改变。同时还能对学生追求时尚的心理给予最大化的满足，将学生的学习兴趣充分调动起来，由此进一步提高教学效果。

2．集体化教学

集体化教学主要侧重于充分发挥学生的主体性。学生在教师的鼓励和引导下，能将自身对体育教学的看法大胆地表达出来，并提出建设性的意见和建议。教师通过聊天软件建立班级体育讨论交流群，师生间可以自由交流。利用集体化教学，教师能够进一步了解每位学生理解和掌握知识的情况，这样能及时改进教学方法，并注重因材施教。过去主要采用面对面的课堂授课方式，一些学生因为自身的性格特点，不愿意表现，不喜欢沟通，由此对于培养学生的体育兴趣和提高学生的学习能力产生了阻碍。新媒体技术的运用能开展高效率、高质量的体育教学，真正实现师生教学相长的教学目标。

3．相互协作教学

相互协作教学主要侧重培养学生之间合作交流的能力。普通高校体育教学要与时俱进，充分发挥新媒体资源共享性、灵活性和丰富性的特点，利用新媒体技术构建充满趣味性的课堂。

第六章 普通高校体育教学模式分析

普通高校体育教学模式是体育的核心，是连接体育教学理论与体育教学实践的纽带，直接影响体育课的教学质量和教学效果。应探索并进一步完善学校体育教学模式，以此推动我国体育教学模式的深入发展，促进体育课堂教学质量的显著提升。本章分为普通高校体育教学模式概述、中外高校体育教学模式的比较、普通高校新型体育教学模式的构建与运用、普通高校体育教学模式的创新策略探讨四部分。

第一节 普通高校体育教学模式概述

一、相关概念界定

（一）教学模式

在我国《汉语大词典》中，模式被定义为：某种事物的标本或者我们可以按照其要求和标准做的一种样式。在《英汉大词典》中，对模式（Model）的解释主要是模型、模范、榜样、样式等。一般对模式的研究主要针对内容进行研究，而对教学模式的研究往往针对教学过程和方法，侧重于对教学策略的研究。

美国教育家韦尔（Weil）将模式融入教学中并展开研究，其认为教学模式就是一种学习模式，旨在让学生学会知识、技能、方法，教会学生如何自主学习。而我国针对教学模式的研究主要是从教学结构角度分析，如《教育大辞典》中将教学模式定义为："为完成某种教学任务，反映特定理论逻辑的相对稳定而具体的教学结构"。

教学模式是依靠教学理论逐渐形成的稳定的教学活动框架或教学程序。教学模式作为一种教学程序，具有一定顺序和可操作性，作为一种框架，也能突出教学活动的完整环节和各环节之间的关系。教学模式具有对应性，教学模式多种多样，每一种教学模式都有其所服务的教学任务，有其所适用的学生特性与发展水平，有其所符合的教学目标。同时教学模式具有灵活性，它并不是一种一成不变的程序，可以根据实际教学情况在实施过程中对其程序进行改动与取舍。研究教学模式有利于改进教学效果，使教学更符合学生发展的需求。

（二）体育教学模式

20世纪七八十年代，经研究发现，体育教学模式能将教学理论与实践紧密结合起来，有效促进体育课堂教学，于是开始着手于体育教学模式的研究。《体育科学词典》针对体育教学模式的定义是：按照一定体育教学思想形成的具有相应结构和功能的体育教学模型。

有学者认为，体育教学模式就是体育教学结构，也有学者认为体育教学模式就是体育教学方法。总结发现，不同学者针对体育教学模式的概念研究都有一定相同点：①按照一定的教学思想进行的；②以教学对象为支撑；③具有稳定的结构或模型。体育教学模式可以定义为按照一定体育教学思想目标，根据体育教学群体及体育教学内容逐渐形成的稳定而具有代表性的教学结构。

二、普通高校体育教学模式的构成要素

体育教学模式主要由教学指导思想、教学过程结构、教学方法体系三个基本要素构成。若将体育教学模式的构成要素当作人体的组成器官，则各要素都在其“岗位”上发挥着不可替代的作用。

体育教学指导思想主要是起到协调和指挥作用的“神经”，体现体育教学模式的理论性特征。体育教学指导思想主要有健康教育、体质教育、技能教育、全面教育、快乐教育、能力教育、竞技教育等，在不同的教学时期所运用的体育教学指导思想是不同的，在体育教学的前期主要以快乐教育为主，在后期主要以技能掌握为主，在技能掌握的基础上主要以竞技教育为主，但普遍还是以体质教育、健康教育和快乐教育为主要指导思想。体育教学过程结构是支撑体育教学模式的“骨架”，体现体育教学模式的稳定性特征。体育教学过程结构主要包含教师、学生、教学内容三个方面；体育教学过程结构具有整体性、连贯性、既定性与随机性等特性。体育教学方法体系是填充其中的“肌肉”，体现体育教学模式的可操作性特征。三者各自发挥着独特的功能，缺一不可。

对普通高校体育教学模式的构成要素进行具体划分，又分为以下六个要素。

（一）教学指导思想

教学指导思想是教学模式的核心和标准。其引导教学的开展和师生行为规范，在教学模式六个要素中起到主导作用，在教学模式中占有较大的比例。而不同的教育观、不同的教学人群、不同的项目提出的教学指导思想也有所不同。

（二）教学目标

教学目标是教学模式的导向。在教学活动中指定教学计划和运用教学方法都是为完成教学目标。其依托于教学项目的理论和教学指导思想，是教学评价与效果的评价重点与参照标准。

（三）教学内容

教学内容是教学模式的关键。其通过教与学、理论与实践的相互作用，有意识地作为信息点进行传递，并根据教学项目的目标选择传递信息点。在教学活动中根据教学环境、教学对象进行进一步加工，从而达成动态生成的素材。按照运动技能形成的阶段划分，每个阶段的教学内容会有所不同，往往会遵循循序渐进的原则，教学内容的难度会根据不同的阶段逐渐加大。

（四）教学方法

教学方法是教学模式的关键。实践是检验真理的唯一标准，教学方法是完成教学内容、实现教学目标的重要基础条件。在教学活动中完成教学目标，往往需要一定的教学方法、原则和手段等。教学方法多种多样，在教学的不同阶段，一种教学内容会使用多种教学方法，以至于完成该项教学内容。

（五）教学组织形式

教学组织形式是教学模式的基础及保障。其在教学活动中将教学模式其余的因子串联起来，形成完整的教学模式。目前，我国的教学组织形式仍以班级教学制为主流。

（六）教学评价及效果

教学评价及效果是教学模式的反馈。教学评价与效果反映了教师的教学能力、学生学习情况、教学目标完成程度、场地器材使用是否恰当以及操作程序是否合理。通常会通过教学的效果和评价了解教学目标完成的程度，进而对操作程序、实施的条件、教学方法与手段以及教学原则等进行相应的调整，使教学模式得到进一步的改善，而不同阶段会产生不一样的教学效果。

三、普通高校体育教学模式的特点

（一）开放性

教学模式具有开放性的特点，在教学活动中教学模式没有特定的教学内容或教学目标，对于任何教学活动都是呈现开放的状态。事物都是在不断变化的，教学模式也不例外，其根据教学理论、教学思想和外界的因素适当地调整其功能与结构，以至于更好地完成教学活动，达到教学目标。总之，教学模式处于不断发展与前行的状态。

（二）稳定性

稳定性是教学模式最基本的特点，教学理论与教学实践衍生了教学模式，其是经过不断地实践得来的，而非教师偶然的一堂课或者几次教学就能形成的。教学模式从实践中来，最后也会回归到实践中指导教学的实践。

（三）完整性

教学模式具有完整性的特点。为了解决教学过程中遇到的问题，实现教学目标，需要建立一套完整的教学模式，从而指导教学活动。教学模式将教学活动中的各个因子连接在一起，形成了一个有机的整体，并通过科学的安排和综合的考虑，指导着教学活动有序地开展。

（四）可操作性

教学模式具有可操作性的特点。教师可根据不同的教学要素，将适宜的教学模式合理地运用到课堂上，使教师在课堂上有章可循。

（五）方向性

教学模式具有方向性的特点。在教学活动中，每一种教学模式并无“万能”或“最优”的属性，选择教学模式时往往需要考虑很多因素。因此，选择教学模式时必须考虑该教学模式是否使用于该教学项目。

（六）理论性

体育教学模式是教学理论及其教学思想（教学思想是教学理论的具体体现）具体转化的载体，因此教学模式必有其理论内核。一定的教学理论及其教学思想又通过教学模式具体而直观地加以体现，从而使教学理论或思想和教学实践有机地结合起来。

（七）整体性

教学模式从整体上考虑教学的基本框架，既要研究教学各要素（教师、学生、教材、场地器材等）组合的内在关系，又要分析影响教学的外在因素（时间、气候等），以便综合地考虑体育教学目标的确立、教材和教学策略的选择、师生活动的规范等一系列问题，进而建构其基本的教学框架，并通过教学实践的检验，以确立能够取得较好的教学效果的基本模式。

（八）稳定性

体育教学模式在经过长期的教学实践检验而定型后，就具有相对稳定的结构。因此，一种较成熟的教学模式，在其运用的教学条件适合时，就有一定的稳定性。无论在什么时候运用这种教学，其基本的程序和主要的环节都不应有大的变化，如果某种教学模式在不同的时间运用时都要产生大的变化，那也就说明这种模式还没有成熟。一种模式不是通过个别或偶然的描述概括的，而是大量体育教学实践活动的理论概括，因此，在不同程度上揭示体育教学活动普遍性的规律。这种理论的科学性、规律的普遍性，奠定了体育教学模式稳定性的基础。只有教学模式具有了稳定性，才能对它指导体育教学实践的可行性提供保证。

（九）简明性

体育教学模式的结构和操作体系是以精练的语言、象征的图像、明确的符号，去概括和表达体育教学过程的。这样，既能使那些零乱纷繁的实际经验理论化，又能在人的头脑中形成一个比抽象理论更为具体的、简明的框架。

四、普通高校体育教学模式的功能

（一）理论功能

第一，教学模式是以某种思想以简化的形式表现出来的一种模型，其反映了教学中依据的教学指导思想，用该思想指导教学活动的完成。

第二，教学模式一旦形成，就会有一套完整的体系，紧密地将教学模式的各要素结合起来，并且在教学实践中不断地进行检验，为教学理论深入研究提供新的资源，促进教学理论更科学和系统。

（二）实践功能

教学模式在实践教学中以一种教学思想理念指导教师展开教学，可以说选择合适的教学模式完成教学活动，可促进教学效果的提高，还能激发学生的学习兴趣，为实践提供较大的帮助。

（三）简化功能

体育教学活动有着较为显著的特殊性和复杂性，因此，要想取得较为理想的教学效果，除了需要教师的讲解外，还需要其他一些简单明了的方式。图示就是这样一种方式，它能够将各系统之间的次序及其作用和相互关系较为清晰地表达出来，这样往往就能够使学生对事物有一个整体的印象。体育教学结构能够反映出各环节、各要素的关系，除此之外，也能反应组织结构和流程框架。这种结构的主要特点在于注重原则、原理，而且也较为重视行为技能的学习。

因此，从客观角度来说，体育教学模式有着非常重要的作用和意义，与现代体育教学任务是相符的。具体来说，主要表现在三个方面：其一，对体育知识的学习和体育技术、体育技能的学习与掌握非常重视；其二，对学生的学习目标和教师的设计方案非常重视；其三，在充分反映教学理念的同时，对具体的操作策略也非常重视。由此可以看出，体育教学模式具有较强的可操作性，其结构和机制也较为完整。另外，体育教学模式比抽象的理论更具体、简化，不仅与教学实际更接近，而且它能够为体育教师提供基本操作框架，使教师明确具体的教学程序，因此较容易被教师理解、选用、操作与认可，受到教师的欢迎。

（四）预测功能

体育教学模式是以体育教学活动中的内在规律与逻辑关系为基础的，因此，它有利于准确地对体育教学进程和结果做出判断。即使不能准确判断，也能对体育教学进程和结果进行合理估计，甚至可以对教学结果假说进行建立。通常以某种教学模式内在与本质的规律及其现象为主要依据来对该模式进行预测。例如，快乐体育教学模式，这种教学模式既注重学生在学习过程中的学习体验，也使学生对运动技能加以掌握，从而为学生的终身体育打下良好基础。

（五）解释与启发功能

体育教学模式的功能和作用主要表现为通过简洁明了的方法来解释相当复杂

的现象。比较常见的一种体育教学模式是发展体能教学模式，这一教学模式的建立给人以整体框架，其中的文字解释让学生能够更加深入地理解教学模式。具体来说，发展体能教学模式中所蕴含的理论知识主要体现在以下三个方面：其一，阶段性的体能目标实施与反馈控制理论；其二，体育教学系统、长期地发展体能的指导思想；其三，非智力、非体力因素参与体育活动并促进技能教学的发展理论。具体来说，体能的发展是比较枯燥的，因此，激发学生发展体能的兴趣成为一项关键性因素，需要注意的是，这一关键因素是非智力、非体力的。

除此之外，对于整个教学活动来说，具体的某种教学模式的核心环节具有非常重要的作用和意义，其主要在教学目标的制定与教学过程实施的形成性评价中得到一定的体现。

具体来说，主要包括以下几个方面：其一，预先进行体能测验，实施诊断性评价；其二，以学生的身体条件与身体素质的侧重点为主要依据来对教学单元进行合理安排；其三，有针对性地对单元中诸体能目标进行练习，并力争达成目标；其四，对学习效果进行总结，实施总结性评价；其五，以评价结果为主要依据来使矫正措施得以实施。

（六）调节与反馈功能

马克思主义唯物观认为实践是检验真理的唯一标准，因而体育教学模式是否科学也要通过体育教学活动的实践对其进行检验才能得知。体育教学模式是依据具体的教学指导思想、教学条件和教学环境来安排的。例如，在实际的运用过程中，如果某一种体育教学模式没有达到预先制定的教学目标，就需要具体分析教学模式操作过程中的各个环节与因素，并找出其中的关系，深入地分析原因并提出相关对策，以使体育教学活动更加科学、合理。

五、普通高校体育教学模式的地位

体育教学模式是体育的核心，是连接体育教学理论与体育教学实践的纽带，直接影响体育课的教学质量和教学效果。早在 20 世纪 70 年代，美国教育家乔伊斯（Joyes）和韦尔就开始对教学模式的相关理论展开分析。20 世纪 70 年代末到 80 年代初期，我国学者发现在体育教学中出现了理论与实践脱轨的现象：部分科研工作者仅会理论研究，不会实地教学，而一些一线体育教师课堂教学效果很好，但对理论知识的掌握相对欠缺，从而导致理论与实践不能有机联系在一起。为将理论与实践紧密结合，我国逐渐对体育教学模式领域展开探讨。

我国教育大改革时代的迅速到来，也意味着对体育教学模式的研究正式步入正轨，大批专家学者投入体育教学模式的相关研究中，并根据自身的想法和见解提出了各式各样的体育教学模式。尤其在近几年我国对体育教学模式领域的研究更加重视。2020 年，《“十四五”体育发展规划》中强调要促进青少年体育健康发展，提升体育发展质量，构建体育发展新模式。2020 年《关于全面加强和改进新时代学校体育工作的意见》的印发，突出强调了新时代学校体育改革的紧迫性和体育课程结构改革的急迫性，强调要逐步完善“健康知识＋基本运动技能＋专项运动技能”的学校体育教学模式。新的体育教学模式一经出现，必将对我国学生的体质健康状况有所改善。政策文件的陆续颁布意味着我国高度重视体育教学模式领域的研究，也表明我们要继续探索并进一步完善学校体育教学模式，以此推动我国体育教学模式的深入发展，促进体育课堂教学质量的显著提升。

第二节　中外高校体育教学模式的比较

一、我国普通高校体育教学模式分析

（一）我国当前体育教学主导模式分析

一直以来，我国对体育教学模式的研究都相对较少，而是更加注重体现一定教学思想和规律的教学过程结构。同时，教学过程结构又是教学模式中容易看得见的部分，正是由于这个特点，人们往往用“教学过程结构”来代替教学模式。笔者把我国体育教学实践中有一定代表性的体育教学模式分为以下五类。

1. 运动技能传授模式

运动技能传授模式是一种以运动技能教育观为指导，以运动技能的形成规律和认知规律为主要依据设计教学过程结构的模式。在我国体育教学领域中，它长期居于主导地位。

（1）指导思想

受凯洛夫教育理论的影响，强调以学习体育的基本技术和技能为中心，遵循学生的认识规律和动作技能的形成规律，把教学过程分为感知、理解、巩固、运用等几个阶段，以知识、技术和技能学习为中心，全面完成体育教学任务。在教

学中十分强调教师的主导作用。

（2）目标

主要是传授体育的基本知识、基本技术和基本技能，通过“三基”的传授来完成体育教学的各项任务。

（3）教学过程结构

该模式主要是遵循学生的“感知—理解—巩固—应用”的认识规律和“泛化—分化—定型—自动化”的技能形成规律，在教学中以教师为中心，学生在明确教师提出的教学内容、目的和任务后，教师通过一些直观教学使学生对所学内容产生感性认识，形成视觉表象。学生经过模仿练习和表象练习，再经过实际练习和教师指导，建立动作的动觉表象，形成动作技能。之后，教师对所学内容进行总结评价，并指出存在的问题，起到教学反馈作用。

（4）条件

按影响该模式教学效果因素的重要性排列，居第一位的是教师的技能水平，以下分别是学生学习的积极性、学生的体育基础、教学的方法手段、学生的身体条件。

2．以运动技能传授为主、以身体锻炼为辅的模式

以运动技能传授为主、以身体锻炼为辅的模式是以“全面教育”的体育教育思想为指导，以运动技能形成规律为主线，以运动负荷规律为辅助，构建教学过程结构的一种体育教学模式。

（1）指导思想

依据“全面教育”的体育教育观，提出将体质教育和运动技能教育两种思想相结合，主张体育教学应以发展学生的身体为核心，以“三基”为手段，以思想教育为先导，以社会教育为辅助，全面完成体育教学的各项目标。

（2）目标

教学目标是运动技能的传授和身体锻炼。

（3）教学过程结构

该模式在遵循运动技能形成规律的基础上，辅之以运动负荷规律，力图使发展体能和掌握运动技能二者兼得。

（4）条件

由于该模式既注重学生的技能掌握又兼顾学生的身体发展，其教学效果在很大程度上取决于教师在教学中对教材的熟悉程度和处理技能掌握与身体发展的协调关系，同时也受学生自我体育学习情结的影响。

3. 提高身体素质的教学模式

这种模式是在教师的指导下，学生进行各种身体素质练习，并规定负荷与休息的交替，以提高学生身体素质为中心的一种体育教学活动体系。

（1）指导思想

以提高学生的身体素质为主导，遵循学生生理和心理活动起伏变化规律和负荷与休息合理交替的规律，把教学过程分为准备、负荷、调整、负荷、休息等几个阶段。

（2）目标

提高学生的身体素质，增强学生的体质。

4. 培养体育能力的教学模式

这种模式是在教师的引导下，通过学生的自我探索尝试、自学自练自控和互帮互学互练，以培养学生体育能力为主导的体育教学活动的策略。

（1）指导思想

在教师的引导下，通过学生的自我探索、自我练习，培养学生的自学自练自评自控能力和互帮互学、组织活动、裁判比赛等各种体育能力。

（2）目标

培养开发学生的各种体育能力，为终身体育奠定基础。

5. 发展学生个性的教学模式

这种模式是从不同年龄学生的兴趣出发，采用多种教学内容、方法、手段和组织形式，以发展学生个性为核心的体育教学活动的策略。

（1）指导思想

强调培养学生的个性以学生的兴趣为出发点，不断满足学生的学习欲望。

（2）目标

通过丰富多彩的体育教学活动发展学生的个性，为培养个性充分发展的现代人服务。

（二）体育教学模式在运用中的注意事项

①必须结合实际应用，各个地区、学校的实际情况总是存在这样或那样的差别，如果不加区别地选择，结果可能会适得其反。

②结合体育教学目标选择体育教学理论，确定切入点。每一种理论都有应用的普遍性和局限性，只有创造性地把教育理论与体育教学实践结合，才能够有价值。因此，体育教学模式研究要恰当选择教学模式的类型，既要选准切入点，又

要标新立异，为体育教学实践服务。

③把握体育教学模式的框架，把握体育教学模式研究的要素、特性、功能，是从事体育教学模式研究的前提条件之一。

④体育教学模式选择的指向性，是我们结合体育教学思想内涵、目标、方法、组织类型等进行实际应用的体现。

二、国外普通高校体育教学模式分析

（一）美国高校体育教学模式及启示

1. 重视身体健康的体育教学理念

在美国，高校高度重视学生的身体健康，尤其重视健康体适能教育。美国高校普遍重视体育理论课，将其列为与实践课同等重要的位置，并设置相对应的学分，超过 70%的高校要求学生学习体质健康理论知识。美国高校体育健康理论包括运动人体类、健康体适能、健康的生活方式、安全教育等，授课的形式主要包括课堂教授、线上授课、理论结合案例等。高校普遍将“健康生活方式”或“健康促进”列入体育教学指导思想和教学目标，许多高校都积极倡导“运动是良药”的健身理念。

2. 灵活自由的体育教学模式

美国高校将体质健康理论课和体育实践课同时作为体育必修或选修课，并设置了相应的学分。在体育项目选择上，除了传统的足球、篮球、排球等项目，美国高校还增加了很多民间项目和新兴项目，如舞蹈、水上项目、单人或双人项目等供学生选择，旨在充分考虑学生的体育活动需求。此外，美国高校体育课还与其他学科内容相结合，如“跑遍美国”，将长跑运动和地理学科结合起来，学生在跑步的同时能够了解美国的地理形态，不仅增强体质，而且丰富其他学科知识。美国高校体育社团形式多样，内容也丰富多彩，涵盖了各种体育项目，包括户外运动、水上项目等。据统计，美国平均每所高校中有高达 44 个体育社团，其中康奈尔大学中体育俱乐部的数量更是达到 63 个，满足学生的各种体育需求。高超的竞技水平是美国高校俱乐部的重要特点，俱乐部经常会举办各类高竞技水平的校园比赛，表现突出可代表学校参加全国性比赛，浓郁的竞争性充斥着高校体育俱乐部，这也是吸引高校学生加入体育俱乐部的重要原因之一。此外，高校也开展丰富多样的体育社团活动，受众人群大多是热爱体育活动的学生。

在美国，在高校体育教学的过程中，教师不会以最终的考试成绩作为衡量学生体育学习好坏的标准。美国高校体育评价多是让学生和自己上一次的成绩进行比较，体育测试可以在任何时间、任意地点进行，学生可以选择在状态最佳的时候进行测试，测试的目的强调学生自己的进步，而不是成绩。在测试的过程中，教师会以热情的态度进行表扬鼓励，取得进步的同学则会给他们发奖励卡，可供在期末的时候加分。这种轻松的学习环境更容易让学生接受体育活动，也能提高对体育活动的积极性。

美国高校体育教育高度重视健康教育理论，认为要想从根本上提高学生身体锻炼的意识就要让其认识到身体健康的重要性。健康教育正是高校体育教学过程中被忽视的教学环节。此外，美国高校体育教学关注学生的主体感受，认为体育教学除了要教会学生基本的运动技能，更重要的是让学生感受体育教学的整个过程，如制定体育学习目标、评价体育效果等。美国高校体育教学重视健康教育以及关注学生的主体感受是我国高校体育教学值得借鉴和学习的。

（二）日本高校体育教学模式及启示

1．以“终身体育”为主的体育教学理念

目前，日本的体育教学宗旨是以不同的方式提高终身参与体育的能力。终身参与体育不仅限于从事体育运动或体育活动，还要提高体育在社会文化中的价值。在日本的教育中，从一年级到十二年级，每周体育课的时间总计达 3 小时，小学体育课由班主任教师讲授，初中和高中的体育课由体育教师讲授。日本政府、教育委员会、学校之间相互合作，根据教育部门规定的课程实施优质的体育教学工作，使体育教学计划保持一致性。

2．信息化导入的“翻转课堂”式体育教学

日本为了摆脱传统体育教学中存在的教师强行灌输、学生被动学习的教学模式，开始在体育教学中引入智能化的教学设备。日本佐贺县武雄市 2015 年开始将信息化设备带入课堂，成为日本第一所尝试“翻转课堂”的公立学校。传统的教学课堂，大都是教师将、学生听，教学方式较单一。而“翻转课堂”则通过媒介设施让学生成为课堂的主人公，学生可以在家里观看视频，完成选定的作业，然后将其带到学校进行讨论，在需要帮助的时候教师提供额外的帮助。武雄市通过“翻转课堂”的新教学范式试点发现，翻转教室的学生在学校的表现往往更好，并且创造了更好的学习环境，学习速度较慢的学生可以利用闲暇时间反复学习视频内容，而学习速度较快的学生在快速完成了相关单元的学习内容后，可以学习其他相关技术动作。当学生回到校园里，将他们的数字视频带到教学课堂上，教师可以轻松浏览学生的练习动作，为学生解答困惑的问题，这也使教师能够集中更多的时间解决难题。

日本高校将终身体育的理念贯穿整个体育教学。为了避免学生被动接受体育知识技能，日本高校专门开设“翻转课堂”教学模式，并融入智能信息化元素，旨在培养学生的自主学习能力和创新能力。

第三节　普通高校新型体育教学模式的构建与运用

一、分级教学模式的构建与运用

分级教学在教育领域拥有广泛的理论研究基地，尤其是在国外，虽然是一种比较成熟的教育模式，但我国的研究还处于实践研究阶段，高校在体育分级教学领域的理论探索较少、研究较少。根据国外分级教学理论，高校体育课程分级教学应遵循的原则：在教学准备时，根据学生体育运动基础的差异、身体素质的差异、个性需求的差异制定不同层级的教学目标进行分级教学；在教学过程中，根据学生的技能熟练程度进行差异性教学，对运动技能掌握较好的学生进行提高式的教学，对于基础薄弱的学生进行个别指导，让所有学生都能得到最大的提升。高校体育课程分级教学的定义：在高校体育课程的场域中，以个性化教学为指导、避免两极分化，以因材施教、以人为本的教育理念，采用针对性的、灵活性的、分层级的教学手段和方法努力适应不同的学生主体，让不同层次的学生都能得到充分的发展。

（一）理论基础

1. 因材施教理论

“因材施教”实则是分级教学的一种表现形式，“因材施教”始于孔子，是分级教学的原型或渊源。“因材施教”是教育实践结出的珍贵结晶，被历代教育家进行借鉴和采纳。董仲舒之后的一些汉代儒家思想家，对“因材施教”提出不同的看法，认为“因材施教”要因人而施。唐代的韩愈从选材的角度出发，采取了与“因人施教”不同的做法，提出了自己对“因材施教”的新看法，认为培养人才就像盖房子所需的木材，大小各不一，只选取适合自己的而舍掉自己不用的。

教师不应该有这种思想，选取有用的舍弃无用的，应根据各自的情况采用不同的方法促使学生成才，这是教师的责任也是义务。显然，这是一个独特的“因材施教”。宋代的程毅高度重视孔子“因材施教”的教法，并首次将这一经验总结为“因材施教”的思想，并将其提升到理论的层面。然而，北宋教育家胡瑗却建立了一种基于较为典型的分斋教学法（俗称苏湖教法），这种“因材施教”不仅具有分每个学科的教学属性，还具有培养学生专业能力的社会属性，在为学生选择职业方向方面发挥着主导作用，使他们能够获得就业所需的知识和技能，是一项教育创新。“因材施教”有区别于传统的统一标准、同一内容进行大锅炖式的教育方法，因材施教隶属于分级教学模式，不过是进行了细化。

2. 最近发展区理论

维果茨基（Lev Vygotsky）认为，孩子的发展分为两步，一步是孩子目前已具有的发展能力，另外一步是孩子将来能达到的发展能力，而最近发展区就是指这两者之间的差异性。孩子的智力发展有两个层次；一是实际达到的发展水平，它主要凸显的是这个水平的孩子独自处理相应问题的能力；另一个是潜在的发展水平，主要展示了这个水平的孩子可以在大人的指导下或与能力强的同龄人协作完成任务的能力。

学习应引领进步，学习包含符号的获取，进步就是经过自我消化将获得的符号吸收，并用它们独自处理问题。真正的学习只能在最近发展区域内实现，因此，教师要擅长利用学生的最近发展区，及时为学生创建获得知识的途径。依据最近发展区理论，教育应着眼于学生的未来发展，而不是止步于学生以往的成就。教育需要充分把握学生最近发展区的心理功能，在教育目标和内容上，以独立学习为基础的教育目标和内容应出现在最近发展区内，对于超出学生最近发展区的教育内容，更多地来自教师的指导和帮助，同时鼓舞学生更多地进行自我探究。此外，许多教育工作者基于最近发展区理论提出了“教师时刻”的概念。教师时刻是学生接受新内容、新观念的最优准备时刻，可以理解为教育的最优时机。每个人的教师时刻各不相同，但与最近发展区密切相关。

根据最近发展区理论，在教学的过程中要正确把握学生现有水平和未来发展水平之间的矛盾关系，把握最优学习时间，合理规划教学标准。因此，在高校体育课程分级教学过程中，课程目标的设定应针对学生发展水平的差异制定不同的教育目标，让每个学生都有适合自己的学习目标，教学过程中教师要充分应用好教师时刻，对不同水平的学生进行精准化教学。

（二）分级教学模式的依据

1. 遵循以学生为中心的教育理念

随着教育理论的发展，人本主义的教育理念深入人心，倡导人个性化性的发展。促进人的全面发展是当今教育理念的一大主题。为此，需要改变传统的教育理念，抛弃以教材为中心的教育模式，构建以学生为中心、促进学生全面发展的新的教育模式。

分级教学以尊重学生基础的差异为实事，教学是根据学生的具体情况安排的，教学的目的和内容会根据学生的学习情况不断调整。从最真实的意义上说，它专注于学生的成长，以学生为中心，学习过程中的个体差异被允许异步发展，教育针对学生不做统一要求，在学生能力和个性的基础上允许他们逐步达到不同程度的目标。分级教学力求从指导思想上将“教书”转移到“育人”层面上来。

2. 满足大学生体育个性化需求

大学生存在体育基础差异是高校体育课程分级教学改革的直接因素。传统的体育教学大纲按照其他学科的固定班级教育模式，分阶段界定了各个班级的教学内容和进度，忽视了学生体育基础的差异。此外，运动的内在需求程度和学习实践的价值取向也不同。即便在价值取向相同的情况下，需求也有一个从低到高不断提升的过程。因此，在进行高校体育课程编排和实施时必须考虑学生需求的差异性，避免在教学目标中“一刀切”的现象，同时也要避免在教育过程中“一锅炖”的现象。

3. 坚持终身体育的思想

随着我国终身教育思想的发展，终身体育思想也开始活跃。未来，在终身体育思想的引导下，学生能够保持浓厚的体育运动兴趣、真正学到体育知识与技能，并在参与的过程中获得情感体验，让体育锻炼伴随人的一生，让运动需求、运动能力、运动意识成为其不可或缺的重要内容。

终身运动的形成是一个循序渐进的过程，经历本能行动阶段、教育指导阶段、内化和自律的阶段，体育教育也应该遵循这个规律。在这一过程中，体育教育有很大的能动性，学生提高运动技能的需求并非天生就有的，而是一个渐进的刺激、晋升、改进的过程，在这个过程中教学应该为不同阶段的学生提供不同的教育内容，若在技能需求没有达到一定水平之前进行技能训练将无助于运动情感的培养。因此对于技能的提升不能盲目而要遵循其规律，不能将其作为教学唯一的目标，而是通过将教学过程进行分层，包括目标、内容、策略等方面，从而促进学生全面健康的发展，形成终身体育思想。

二、混合式教学模式的构建与运用

（一）相关概念界定

混合式教学模式是把线下教学和线上教学进行深度融合，覆盖课前、课中、课后以及整个教学过程，借助线上网络平台构成教学资源、教学环境、评价互动等的一种新型教学模式。

1. 线上教学

教师借助互联网技术在网络平台开展教学，帮助学生学习知识的方式，即线上教学。教学资源丰富、不受空间与时间的限制、师生自定进度是该教学方式的优势所在。学习的便捷性与多样化是线上教学开展的实际意义，能够帮助更多学习者同步或异步开展学习。这种教育资源的共享与开放推动了教育行业的改革，与此同时，也完善了线上教学体系。

体育作为高校学生的必修课程，线上体育教学更应顺应时代的发展，紧跟教育改革的步伐。当然，线上体育教学不仅可以解决特殊时期对体育课程的影响的问题，更重要的是可以解决高校师资欠缺的问题。高校在教师资源有限的情况下，可以紧密结合“互联网＋”，充分利用新媒体的功能，为学生提供线上体育教学。高校可以让熟练某项专项体育技能的体育教师将该项技能动作以视频录播的形式上传至学校体育教学平台，供学生参考学习，通过线上体育教学的形式形成线上和线下的联动教学模式，促进学生的体育学习。

此外，“互联网＋”的线上教学可以培养学生自主学习的能力和人际交往的能力。在网络视频授课的条件下，学生可根据自己的喜好自主选择合适的运动项目开展学习，在学习的过程中可以遇到相同兴趣爱好、志同道合的伙伴，不仅能够促进运动技能的培养，提高身体素质，而且可以结交新朋友，增进同伴间的友好交往，丰富大学生活。随着人工智能的不断发展，“互联网＋”的体育教学模式将在体育教学中扮演着更加重要的角色，“互联网＋体育教育”也将成为新时代体育教育改革的潮流。一方面，线上教学模式能为学生提供多样的运动项目选择机会，丰富体育锻炼活动，充实课外体育活动。另一方面，线上教学模式能够实现教师的“教”和学生“学”的优化，提高高校学生体育学习的效率，减轻高校体育教师的教学压力，促进高校体育教育的发展。

2. 线下教学

线下教学又称传统教学，这种传统的教学模式是教师普遍常用的一种教学方式。线下教学是指教师在学校面对面地，有目的、有组织、有计划地引导学生进行学习的教学活动。该教学活动以学校课堂为核心进行外部延伸，主要表现在课堂之内，以教师为主导，以学生为主体，根据学生的身心发展规律引导学生掌握系统的学科知识。这种线下教学的方式有利于充分发挥教师的主导作用，让教师很好地把握课堂节奏，更好地观察到学生的言行举止，发现问题并及时沟通解决，有利于教师与学生之间的互动。

3. 混合式教学

在信息化时代背景下，北京师范大学教育技术学院何克抗教授首先定义了混合式教学，认为施教者也就是教师担任引导与监督的任务，受教者也就是学生担任学习的任务，学生的学习积极性与主动性需要教师在教学的过程中激发出来，从而提高学生的学习效率。吸收线上教学与线下教学二者的优点，解决二者各自存在的短板而成的教学即混合式教学，其教学方式更为全面。混合式教学不是线上和线下简单的叠加，而是根据学生特点将线下和线上教学进行更深层次的融合。混合式教学是基于减少教学成本并增加教学收益的目的将线上教学与线下教学结合而成的教学方式。线上教学是混合式教学的主体与核心，并根据线上教学的问题开展针对性的线下教学，并非传统意义上的课堂授课。在国外，美国作家德里斯科（Drisco）从四个维度定义了混合式教学：首先，借助网络技术，实现教学目的；其次，多种教学方式结合以提高学习效果；再次，改善面对面的传统授课形式，融入多种教学方式；最后，在实际教学过程中依照具体情况使用对应的教学方式。混合式教学最恰当的表述方式为“Blended Learning”，教师可以依照所处的教学环境、教学对象选择自己对应的教学方式以实现学生的学习。教师可以按照不同的模块与单元开展教学设计，并根据对应的模块与单元挑选最适合的工具、媒体与技术手段。

基于此，将混合式教学定义为：这是一种“线上教学＋线下教学”的教学模式，主要通过学习软件或教育平台等线上方式与线下方式开展教学，优化整合课前、课中与课后的教学方法，推动学生学习进而提高教学质量的一种教学方式。

（二）混合式教学模式构建的理论基础

1. 多元智能理论与混合式教学模式

多元智能理论为现代教育技术的发展引领了一种崭新的教育教学理念，现代教育技术则为这种崭新的教育教学理念提供了实施的媒介。混合式教学是利用多媒体、网络等现代教育技术，充分融合传统课堂教学与网络化教学优势的全新教学模式。在混合式教学模式中，学生的多元智能可以得到潜移默化的、浸润式的发展，如果教育者对混合式教学模式进行精心设计，学生的多元智能的发展将更具系统性和成效性。混合式教学模式能够为学生的多元智能的发展创设适应性、触发性和诱导性的学习氛围，是诱导、激发和强化多元智能发展的强效活动平台。多媒体和网络技术提供的视频、图像、颜色、结构、声音、音量、音调等视、听、触多感官刺激，可以帮助学生创造愉快的学习情境，使学生更具学习的耐心，更易抓住学习的重点。多元智能发展需要在丰富多样的活动情境中展开，在混合式教学模式所营造的多媒体网络环境中，各种智能活动都可以“按需所求”“自得其乐”地发展。混合式教学模式突破了传统课堂教学的时间和空间维度的限制，可以帮助学生扩大交流对象。通过教学中基于案例的学习、基于问题的学习等教学活动安排，混合式教学模式能够为学生创设情境化的问题，引导学生学会解决现实问题，从而建构有意义的知识。此外，在混合式教学模式中，学生通过运用现代教育技术，如多媒体软件、文字处理软件、数据处理工具等，不仅可以极大地提高学习效率、节省学习时间，而且可以开拓和体验全新的学习方式，感受新型的学习文化。混合式教学模式还可以对学生的学习进程、学习时间、学习方式和学习结果等进行数字化记录，帮助学生反思学习过程，总结学习经验，调整学习策略。

2. 人本主义与混合式教学模式

现代教育技术发展到网络辅助教学阶段，人本主义理论成为其重要的理论基础之一。混合式教学模式所营造的多媒体网络环境为学生创设了广阔、丰富而自由的学习环境，提供了丰富的学习资源，拓展了学习的时空维度，为学生的自主学习、合作学习、发现学习、探究学习提供了基础，方便学生自我探索、自我发现和自我交流，有利于学生全身心投入创造性学习中。学生可以选择学习方向，寻找学习资源，解决学习疑问，确定行动指南，承担选择后果。混合式教学模式体现了以人为本的精神，基本实现了人本主义所主张的以学生为中心的教学形式和让学生自主学习、自我实现、自我评价的目的。在混合式教学模式中，教师由传统的知识传授者改变为学生学习的指导者、引导者、合作者、监督者和咨询者。教师应该在平等开放的环境中，引导学生自主学习、合作学习，指导学生学会学习，满足学生的求知欲。在混合式教学模式中，师生成为双向参与、双向沟通、平等互助的关系，这种人际关系的形成也体现了人本主义崇尚的人的尊严、民主、自由、平等的价值观。

（三）混合式教学模式构建的原则

1．以学生活动为中心，体现学生的主体性

在当今的网络学习环境下，学生可以选择的学习途径越来越多，学习资源和学习方式也越来越多样，导致产生了新的教学理念和新的师生关系。在新的师生关系下，学生成为学习的主体，不再是像以往那样获得知识的渠道较少，学生也对教学活动有了自己的见解。所以，在构建混合式教学模式时要遵循学生学习的主体性原则，教学活动要紧紧围绕学生来进行，教师要作为引导者，站在学生的角度去开展教学。

2．充分利用现代教育技术和网络信息资源

构建混合式教学模式要做到实事求是，要充分考虑学习环境以及其他一些客观要素，不能只顾着追求创新，从而脱离现状。现在用于教学的网络教学平台和教学资源较多，在构建混合式教学模式时要充分考虑到网络教学平台的成熟性和网络教学资源的实用性，教师也要不断地提高自己的信息素养能力，充分挖掘教学平台的功能，并与实际教学相符合，提高教学的时效性。

（四）普通高校体育混合式教学模式设计

设计混合式教学模式是为了完善以往体育技能课教学的不足，为高校教学模式改革寻求突破。混合式教学模式的核心设计理念是将线上教学和线下教学的优势进行结合，使其产生良好的教学效果。

1．教学准备环节

教学准备环节主要是对实施混合式教学模式所需要的条件进行分析，如通过了解学生的情况和学生对混合式教学模式的认知、喜爱程度、平时的学习方式以及个性化需求等来设计教学内容，使教学内容更加丰富，激发学生自主学习的兴趣。教师通过网络教学平台上传教学课件，通过微信群聊来增加教师与学生的互动，提高学生的沟通交流能力。

2．课前教学环节

课前教学环节主要是在线预习和提出问题。课前需要教师发布教学任务，在教学平台上传合适的教学资源和知识点。教师还需指导学生正确使用软件设备，定期为学生提供反馈，并解决学生在学习过程中遇到的问题。学生的主要任务主要是通过自主学习，完成随堂作业或者动作技术的学习，并且总结重点、难点，进行线下讨论等。

3. 课中线下教学环节

课中线下教学环节主要是面对面地学习。教师的主要任务有核心内容讲解并示范、组织学生进行课前学习成果的展示、组织教学练习过程中与同学进行面对面交流、指导并纠正错误动作、进行总结评价等。学生的主要任务有进行成果展示，通过教师纠错或者利用手机拍摄自己的技术动作，并通过观看进行调整，总结自己的不足之处。

4. 课后巩固环节

课后巩固环节主要是通过完成课后教师布置的作业巩固学习成果。教师的主要任务有收集教学资料、线上解疑、接受意见反馈、进行知识扩展和总结反思。学生的主要任务有完成课程作业、参与课题讨论、进行巩固练习、进行总结并提出建议。

三、TPSR 教学模式的构建与运用

（一）TPSR 教学模式概述

个人与社会责任教学模式（Teaching Personal and Social Responsibility，TPSR），最早出现在 20 世纪 70 年代初的美国。当时美国各种社会运动兴起，基础教育和生计教育之间的争论此起彼伏，青少年犯罪率逐年上升而德育教育水平则呈现下滑趋势。在这种背景下，美国学者赫利森（Hellison）提出将道德教育融入学校教育当中，并推出了著名的个人与社会责任教学模式，他希望以学习主体的身体活动为依托达到增强个人责任感意识的目的。TPSR 教学模式的核心内涵在于责任层级，其核心价值包括以下四个方面：①以人为本：在实际的体育教学活动中以学生为中心，帮助引导学生更好地学习与发展；②健全的品格与积极的互助关系：通过教学实践中的交流互动或是通过与其他个体进行互助更有利于自身品德的发展；③全面协调发展：在促进学生身体素质提升的同时，体育工作者要重视学生个人的思想道德、责任认知等方面的协调发展；④实践是 TPSR 教学模式的核心价值所在，即在将 TPSR 模式融入实际的体育教学工作中时，教师作为该模式的实施主体，应该在其中扮演实践组织者和价值养成指导者的角色。

经过多年发展，TPSR 教学模式在促进正面的社会和道德行为发展方面具有明显的效果，已被广泛应用到体育教学、课外俱乐部、户外教育项目、预防干预高危青少年辍学项目、残疾学生教育项目等不同领域中，被国际上很多国家所使用。TPSR 教学模式旨在利用体育课堂，在课堂中使学生学会尊重他人、对自己

的选择和行为负责、为实现目标努力奋斗，以及提高学生的社会责任感，培养学生维护他人的权利和换位思考的能力，最终目标是将这些良好的责任行为迁移至个人的其他社会生活方面。

（二）TPSR 教学模式的理念

TPSR 教学模式主要以身体运动为依托提高学生的品德素质和亲社会行为。这种教学模式强调渐进的作用，在学生学习技能的同时通过体育活动中与他人的沟通协作，借助阶梯目标的完成，潜移默化地帮助学生更好地理解责任的重要性，从而达到促进学生全面发展的目的。

其理念主要涵盖四个方面的内容：①责任教育和身体教育的和谐发展。要做到这一点最重要的就是参与者在体育活动中将责任意识看作课程的一部分，在与他人进行交往互动、合作反思、讨论感悟等过程中习得责任感。②责任意识的迁移作用。教师可以在潜移默化中帮助学生将课上所习得的能力迁移至生活当中，如在反思阶段，教师可以让学生思考他们在生活中遇到问题时是否同样展示出自己负责任的一面。③适当的教学授权。教师在技能教学中坚持以学生为本的原则，有利于培养学生的自主决定意识，调动学生的主观积极性，一定程度上给予学生思考关于责任认知的机会，从而促进学生责任意识的良好发展。④和谐的师生关系。师生关系的融洽与否是保证课堂教学顺利进行的关键所在，在这一阶段教师要尊重个体的个性发展，师生之间平等对话，采用合理有效的教学方式最大限度地激发学生的责任学习动力。

（三）TPSR 教学模式的理论依据

理论依据是支撑教学模式的基石，是一定教学理论或教学思想的反映。TPSR 教学模式强调将运动精神与德育教育深度融合，以身体运动为载体达到增强学生责任感意识的目的。其理论依据主要包括建构主义学习理论、社会互动理论和社会学习理论。

1. 建构主义学习理论

建构主义学习理论是继行为主义发展到认知主义理论的进一步发展，强调个体自身的建构潜能，认为获取知识的途径主要是主动地参与学习。该理论注重群体之间的合作互动，认为知识技能的获取要与个体和其他社会成员之间的互动同步进行，同时个体的身心变化发展也应得到相应的重视。该理论的主体在于学生本身，其核心在于帮助引导学生达到自主思考学习的目的。在这一目标下，教师以引导者的身份参与到学生的学习过程中，使学生在吸纳新知识时，不再是填鸭式地接收，而是在掌握理论知识的基础上根据自己的经验构建自己对于问题的理解。该理论的目的在于帮助学生学会学习。

2. 社会互动理论

社会互动理论把教师与学生之间的互动交流看作教学的核心，注重强调教师、学生、学习目标与教学活动之间的相互联系与相互作用。社会互动理论的形式主要包括交换、合作、冲突、竞争和强制，突出交流互动的重要性。在实际的体育教学中，教师通过指导学生，加深与学生之间的联系，使学生在进行身体活动时既提高技能水平，又增加自身的责任感意识。如排球运动的学习在一定程度上需要师生之间以及学生之间的交流互动与合作配合，在这一过程中不仅增进了师生之间的关系，更利于学生发展个性，这与 TPSR 教学模式的目标相吻合。

3. 社会学习理论

班杜拉的社会学习理论将观察与学习看作社会学习的主要形式，认为个体通过观察他人的活动行为而学会优化自身的行为，做出新的行为反应。其核心在于通过观察提前规避错误，学生先通过观察示范者的动作行为，在尚未做出动作表现之前，通过自我认知与自我调节等环节对所学动作进行加工处理，避免错误动作的出现，从观察、评价、调节三方面出发，形成自身独特的行为表现。教师可以通过提高学生的自主学习能力，让学生在体育运动中正视自身的优势与不足，通过观察学习他人的长处与优秀品质，不断培养自身坚韧顽强的意志品质，让自我的责任意识得到提升。

（四）TPSR 教学模式的基本构架

TPSR 教学模式主要以身体运动为手段培养学生的责任感意识，使学生将课上所养成的行为习惯逐渐迁移到学习生活当中，成为一种终身行为。为了更清楚地论述 TPSR 教学模式的基本构架，主要从教学目标、教学内容、教学策略以及教学评价四个方面对该模式的构架进行论述。

1. 教学目标

体育教学目标的设计主体是体育教师，依据是体育教学大纲；其特点是灵活实用，对实际的教学活动和计划安排具有一定的指导作用，为具体的教学过程与学生的学习情况指明方向。赫利森经过对 TPSR 教学模式长时间的理论实践探索，提出了以下五个责任层级的总体教学目标。

层级一：尊重。尊重既指尊重自己又指尊重他人，旨在通过课堂提高学生的自制力，尊重和理解他人在体育课堂中的权利与自由，自觉遵守体育课堂常规，遵守维护课堂纪律等。尊重他人的权利和感受，这是个人建立责任感的第一步，由自我控制、能正确和平地解决冲突、接纳同伴并与其合作三个部分构成。自我控制就是在尊重他人权利和感受的基础上控制自己的态度和行为，同时不被他人的言行所控制。能正确和平地解决冲突是指当与同伴在某一问题上有分歧时，能够和平民主地以讨论的方式解决问题。接纳同伴并与其合作是指在活动中，无论是性别、民族或者是性取向上的差异，每个人都有平等地参与活动和游戏的权利。尊重他人的权利和感受旨在为每个学生的心理和身体营造一个相对舒适、安全的学习环境。

层级二：努力与合作。努力是指努力参与体育运动，在遇到困难或者自己不喜欢、不擅长的运动时也可以坚持，勇于迎接挑战，努力参与其中。合作指的是在运动参与中，积极与他人团结合作，互帮互助。通过层级二的学习，可以培养学生勇敢拼搏、坚持不懈的品德，发展团队精神。

努力与合作是为了纠正学生在学习中自暴自弃的态度和行为（如被动学习、习得性无助等），它旨在帮助学生积极参与体育课程，学会与他人相处。层级二的第一个组成部分是自我激励，它可以通过把学生责任融入体育活动中来进行，如当学生完成一个训练站的任务后，自觉移动到下一个训练站，这可以使学生学会对自己负责。此外，与他人合作也是进行自我激励的又一方式。第二个组成部分是努力和对新任务的探索。努力是先让学生参与到活动中去，再逐渐引入“练习”和“训练”等概念，以获得运动技能、身体形态、身体素质等方面的发展。要使学生实现对新任务的探索这一目标，应该先向学生介绍成功的定义，使学生建立内部自我标准，并努力付诸实践。第三个组成部分是与他人友好相处，包括为了达到合作的目标学生之间不得不进行相处。探索新事物并尽最大努力是层级二的关键。

层级三：自我导向。自我导向，也可称“自我指导”，顾名思义，自己为自己指明方向，即学生可以根据自己学习的实际情况以及学习任务的难易程度为自己制定学习目标，并进行自主学习。

自我指导的第一个组成部分是独立完成任务，是层级一和层级二的进一步提升，指学生可以独立完成学习任务。第二个组成部分是设定长期目标，包括学生在教师的指导下设定可控的、可实现的目标。首先学生应该有审视自己内心、直面自己缺点的勇气，其次根据个人的问题和需要设定任务目标和完成标准，最后能够根据所设定的目标来制订并实施个人体育活动计划。第三个组成部分是有抵抗来自同伴压力的勇气，这非常贴近于我们的日常生活。青少年需要学会独立思考，能抵抗不良的外部影响，根据自己的需要和兴趣来制订切实的个人计划，并在练习中根据训练计划坚定地执行下去。

层级四：帮助与领导力，包括在课堂中关心他人，在他人需要帮助时积极提供援助。处于层级四的学生能够做到换位思考，具有一定领导能力，这种领导能力以关怀和自信为基础，为班级做出贡献。

达到层级四的学生比较感性，具有一定的人际交往能力，能够出于对他人的关心和同情做出相应的行动。层级四要求学生有多层次的人际交往能力，由关心和关爱他人，能换位思考并热心帮助他人，拥有强大的内心三部分组成。层级四的主要目标是学生能够像关心自己一样去关心他人，能站在别人的角度去看待和感受事物，尽可能地给予每个人良好的交往体验。另外，还要有强大的内心、良好的技能和身体素质，在团队中能挺身而出，带领团队向正确的方向前进。

层级五：迁移。层级五立足于实际，模式的目的不仅仅限于课堂之中，其最终目标是让学生将学习到的个人与社会责任迁移出体育场，应用到日常生活中。

层级五是以上四个责任层级的内容在课外的应用，是最难达到的。处于层级五的学生可以成为别人学习的榜样，尤其是在小孩子面前。教师可以在关系时间、认知对话、小组会议三个教学程序上引导学生如何在生活的各种环境中应用这些能力，让学生意识到这些能力可以迁移到他们的生活中去。

上述五个责任层级之间的关系呈现递增的趋势，每一责任等级对应具体的内容，可以帮助学生更好地去理解并达成层级目标要求。

2. 教学内容

TPSR 教学模式是教师结合学生的实际情况、体育项目的要求以及责任层级内容进行教学内容的设计，在此过程中没有统一固定的授课内容，教师有较大的自主选择性，在以教学大纲为基础的前提下，根据学生的实际情况设计教学内容。

3. 教学策略

教学策略是以现代教学观为指导，实施者在特定的教学情境下，对教学环节中各个相关因素进行合理设计而选取的工作方法，在此基础上对教学模式进行补充。体育教学活动的有序进行需要建立在有效的教学方法手段的基础之上，TPSR 教学模式是以各个责任层级的不同要求采取不同的教学手段，在实际的课堂教学活动中进行设计实施的。

（1）层级一的教学策略

当开展体育活动需要团队合作时，一些学生通常会沦落到“觉得没有人想要我”的境地。在出现这种情况之前教师可以通过改变游戏规则来预防这种情况的发生。此外，还可以采用授权的策略。通过授权，让学生进行讨论、选择、分组，最终组成几个实力水平相当的队伍。在分组过程中，教师要对学生进行引导，提醒学生要平衡队伍间的竞争力，避免讨论某个学生技能水平的高低。时间不多的话教师可以随意分组，并鼓励队伍整体实力比较弱的学生，把它看作一次挑战。若要确保团队竞争的公平性，教师还可以通过随意分组后，然后让几个学生进行换组。

（2）层级二的教学策略

首先，让学生自己确定练习任务。在体育技能教学中，教师引导学生根据自己的实际情况，可以适当地修改任务，去挑战自己，而不是完全按照教师规定的训练标准去练习。在体能锻炼中，教师通过讲解多种仰卧起坐的动作要领，要求学生从中选择一种来锻炼他们的腹部肌肉，包括选择仰卧起坐的难度（屈膝仰卧起坐或直腿仰卧起坐）以及选择挑战仰卧起坐的数量。为了达到教学目标，教师可以为该策略提出一些要求，比如为小组确定仰卧起坐的次数并要求他们最少要达到这个目标。这个方法同样也适用于俯卧撑、有氧运动（学生选择距离和速度，通过心率监控）和柔韧性练习（学生伸展到活动范围的极限）。由于学生的身体发育情况和技能水平有差异，所以教师所制定的教学目标并不是对所有的学生来说都是适宜的。因此，教师要教会学生制定学习目标，使学生对自己的身体负责，要求他们制定适宜的训练目标并努力去实现。

其次，让学生自定进度。自定进度是指教师引导学生将体育锻炼任务进行排序，让学生以自己的进度完成任务，确保一项任务完成之后再进行下一项任务。教师可以让学生把逐渐增加难度的技能的任务列表写在方便随身携带的任务卡上，可以让学生结合自身情况适当地修改任务的某些方面。例如，当学生完成一定次数的传球后，学生可以自行适当加大传球距离。

最后，重新定义成功。失败对于任何人来说都是一种宝贵的经历，但是连续的失败对任何人来说都没有好处，所以任务的自我修改和自定进度就十分重要。另一个有效的策略是帮助学生为自己重新定义成功。这样，只要学生付出一定的努力，成功就触手可及。

（3）层级三的教学策略

授权是一个比较抽象并且复杂的过程，它旨在促进学生的发展。层级一的授权过程主要表现为学生可以表达自己对体育课的一些看法，层级二的授权过程表现为提供给学生一定的决策机会，层级三进一步扩大授权范围，使学生可以根据自己的意愿和兴趣需要制订自己的个人计划。制订个人计划时应注意以下几点。

首先，独立完成任务。实现独立完成任务的第一步是学生在没有教师指导和监督的情况下，根据自己的进程安排独立完成教师布置的所有锻炼任务。例如，教师提前发布训练任务，并根据场地把这些训练任务分成几个训练站。学生可以根据自己的兴趣和发展需要从几个有不同训练任务的训练站中选择训练内容。

其次，设定目标进展。学生独立完成每一阶段的目标设定。随着学生身体素质、运动技能、心理等其他方面的发展，他们可以逐渐承担更多的个人责任，他们可以独自制订个人计划并找出评价自己的方法（如对完成任务的时间进行限定，或者相比上次成绩进步了多少）以及知道如何去改进等。

（4）层级四的教学策略

当学生的责任等级达到层级四时，可以组织他们进行一些团体比赛，这意味着他们在比赛中要信任队友、互相帮助、互相支持、互相配合。要想提升学生层级四的责任等级可以采取以下五种策略。

①相互指导。通过相互指导策略，学生可以在学习的过程中去帮助他人。当双方在练同一个技术动作时能给同伴提供适当的反馈，这是学生承担领导责任的第一步。当两个人练习时，一个人先练，另一个人观察同伴的技术动作有什么问题然后给予反馈，练习一段时间后两个人互换角色。练习结束后两个人一起讨论他们作为教练时的表现，并思考：他指导了什么内容？他指导的是对的吗？他的指导对我有帮助吗？这个策略需要确保学生清楚地明白技术动作，才能给同伴正确的反馈。

②同伴教学和指导。同伴教学和指导策略不仅能教会学生帮助他人，还传递给他人“领导”的概念。在传统的体育教学模式中，教师主要致力于提高学生的身体素质、运动技能，这是远远不够的，还应该发展学生帮助他人的能力。

③锻炼领导能力。学生可以在进行身体锻炼和技能训练时发展他们的领导能力。由教师布置训练内容和训练任务，明确任务后，其他学生先自由练习，组长被教师召集在一起开组长会议。教师用简短的话向组长说明练习中应该注意的问题，然后由组长组织学生进行练习。

④展示领导力。学生展示领导力的一种方式是通过暂停来解决训练中的进攻或防守问题、练习中出现的分歧、不好的态度或不懂得分享球等问题。

⑤团体目标，通过设定团体目标，可以提升学生层级四的责任等级。在这种策略中，教师将学生进行分组，并制定小组目标，然后让学生尽自己所能来共同完成小组目标。

（5）层级五的教学策略

虽然层级五旨在让学生在课外承担社会责任，但是课堂上的跨年龄教学和参加社会服务活动也会促进学生层级五责任水平的提高。跨年龄教学是指让有领导经验的学生将学到的知识教授给低年级学生，为低年级的学生提供服务，这是一种提高层级五责任等级很好的策略。另外，参加社会服务活动也能够有效提升学生的责任水平。

（6）特定情况的教学策略

在 TPSR 模式的日常教学中，教师可以根据体育课的课程内容、体育教学目标、学生责任的发展水平以及上课流程的设置，从上述策略中选择合适的教学策略。

4. 教学评价

针对 TPSR 教学模式的评价主要以质性评价和量化评价为主。过程性与终结性评价的相互结合是教学评价的一大特色，TPSR 教学模式在实际教学中主要强调过程性评价的重要性。在评价过程中不仅要包括教师评价，还要涵盖小组评价、学生自评以及学生之间的相互评价。教师采用观察访谈及教学记录等方式对学生的课堂表现和学期表现进行评价。

（五）TPSR 教学模式的教学程序

教学程序在 TPSR 教学模式中是非常重要的，它共有五个部分：关系时间、认知对话、身体活动、小组会议、自省时间。教师应根据学生的实际情况和具体的学习任务来设计 TPSR 教学过程，每次上课必须按照课堂常规的流程进行，教学内容的设计应结合 TPSR 的核心价值观来进行。

1. 关系时间

关系时间是指教师在课前、课中或者课后，与学生进行简短对话，谈话内容可以是体育活动或者是体育活动外的各种生活问题。教师要注意观察学生的优势和进步，肯定学生的个性，倾听学生的想法和意见，尊重学生的决策与学生建立良好的关系，并通过这种方式向学生传递 TPSR 的核心价值观。

在这一阶段教师充分利用课前、课后的时间与学生进行沟通交流，建立师生之间良好的沟通渠道，在对学生的基本情况有一定了解的前提下设计教学流程。在这一环节中教师要随时注意根据学生的需求对课堂教学进行调整，在沟通交流中引导学生正确认识自己及他人，肯定学生的自身价值，帮助学生建立自信心。

2. 认知对话

通常在关系时间之后，会进行认知对和。教师用简短的话告诉学生本节课的学习任务以及他们在本节课所要担负的责任，这是承担责任的第一步。教师在介绍学生所要承担的责任时要渐进地完成，先从介绍尊重他人、努力和与他人合作开始，然后增加自我指导和帮助他人，最后让学生将学到的能力应用到课外生活中去。

在这一部分教师将责任层级的相关概念与内涵告知学生，引导学生思考判断自己所处的责任等级，同时使学生对责任的概念有初步的了解，利于学生设立责任目标。在这一阶段中，教师要帮助学生在学习运动技能的同时建立健全的价值观，借助这一环节，为之后教学活动的顺利开展奠定基础。

3. 身体活动

身体活动占据了课程的大部分时间，通过融入 TPSR 理念的体育课程，学生进行体育锻炼。融入 TPSR 理念的体育教学模式与传统的体育教学模式不同，刚开始执行时可能会觉得困难，当学生能够独立完成任务并给予他人帮助时，体育教学就变得相对简单起来了。

身体运动是课堂教学的中心环节，在课堂教学时间中占有很大比例。在这一阶段教师应将 TPSR 教学模式的责任层级与技能教学进行有效融合，同时尽量避免刻意的责任教学，在运动练习阶段可从 TPSR 的四个实施策略（认知策略、直接教导、个别决定、组别决定）入手，在课堂教学中进行翻转式教学。

4. 小组会议

当课程快要结束时，学生聚集在一起参加小组会议。开展小组会议的主要目的是使学生对本节课的情况进行一个回顾，评估本小组整体的表现以及回想别人是怎样给予自己帮助或者自己是怎样帮助他人的。教师可以根据课堂上出现的问题，与学生进行讨论或引导学生进行讨论，最后教师对讨论结果进行总结。除此之外，教师也可以从小组会议中得到一些反馈。

在这一部分教师需要注意以下几点：①正面评价。在进行小组会议时应以互相尊重为前提，避免出现拉帮结派的情况；②和平解决。在出现冲突争端时，采用机会教育的方式，用和平的办法解决问题；③建立互信。教师要尽量让每一个学生都能参与讨论，使学生充分发表自己的意见，同时教师要尊重学生的想法，不要急于评判学生的对错，这样更利于小组会议的顺利进行。

5. 自省时间

小组会议后面的一个环节是自省时间，一般作为小组会议的延续进行，重点从小组会议中学生对本节课的评估转移到学生对自己的评估。学生根据本次课设定的体育锻炼目标和责任目标来反思和评估他们本节课的表现。可以选择多种评价方式，最简单的评价方式是填写本节课的自我评价卡，对个人表现的评价可以用手势来表示。“竖起大拇指”表示学生根据自己的水平对自己当天的表现感到满意；“横着竖起大拇指”表示在本次课上存在一些小问题；“拇指向下”的意思是学生认为他在这一水平上还需要再努力一点。

在此阶段学生将自身表现与责任等级内容进行关联，教师也可借助谈话交流等形式帮助学生完成自省。通过这种形式加深学生对责任的认识，并逐渐学会将这种责任意识转移至课堂之外。

（六）TPSR 教学模式的教师职责

TPSR 教学模式涉及教师职责的四个主题——教学内容的设计、逐步授权、自我反省、与学生建立友好的关系。

1. 教学内容的设计

TPSR 教学模式的实施与体育课程内容相结合才能达到最好的教学效果。因此，教师不仅要有教授体育课程内容的能力，而且还应有引导、教育学生的能力，并在教学过程中把这两项内容结合起来。

2. 逐步授权

在有同伴压力的交往情境中，一些学生会受他人的压力进而影响个人的选择。通过自身努力和教师指导，一些选择上的问题是可以克服的，但选择的自由并不是无限制的。自我控制、自我激励、自我指导，这些是学生学会承担个人责任的关键。教师的职责就是逐步授权，逐渐将责任转移到学生身上，直到学生能够承担相应的个人责任。在教学过程中，教师应逐渐从直接的指导转变为必要的指导，并给予学生进行选择的权利，旨在帮助学生能够做出正确的决策，同时使他们学会自我反思。

3. 自我反省

自我反省是专业发展的核心。本次课的教学任务是什么？教学目标是什么？能否达到教学目标？运用 TPSR 模式教学时，应该向他们提出什么问题？做出什么要求？教授的内容学生能够接受吗？是否在帮助他们超越他们认为对自己来说可能实现的事情？做的一切是以学生为中心吗？这些问题需要经过教师不断地反思，对课程设计进行调整，确保课程符合学生的身心特点。作为专业教育人员，必须学会进行批判性的自我反思，定期进行自我反省。

4. 与学生建立友好的关系

与学生建立友好的关系，通常被认为是教学艺术和个人魅力的结合，也是教师应具备的教学技能。教师可以通过观察，从学生的优势、个性、发言权和决策能力入手，与学生建立友好的关系。

（1）优势

在教学过程中，教师不仅要关注学生需要改正的地方，同时也要注意到他们身上的优势。通过发现学生的优势，教师可以帮助学生开诚布公地解决他们的问题。

（2）个性

学生都是独立的个体，是独立意义的人，虽然会存在性别、爱好、着装等方面的不同，但每个学生都希望被大家认可和接受。尊重学生的个性，这是教师认识学生优势和潜力的一种很好的方式。

（3）发言权

每个人都希望他人能倾听自己的观点，教师应认真倾听学生们的想法，并表示出在意他们的想法。认真倾听学生的想法，有助于 TPSR 教学模式的实施。

（4）决策能力

每个学生都可以自己做决策，但是决策能力也像学习一项运动技能一样需要练习。有时学生会做出一些错误决定，教师要注意引导学生进行自我反思。

（5）把以上方面结合在一起

教师应把焦点从学生的缺点和不足转移到他们的优秀品质上，尊重学生的个性，在体育课上给学生一些发言权和一些决策的机会，使他们逐渐学会承担责任。教师还要承认学生的优势，倾听学生的观点。

（七）TPSR 教学模式的优势与不足

1. TPSR 教学模式的优势

（1）推进教学模式的创新发展

TPSR 教学模式将德育教育与身体教育形成互补融合发展效应，在进行身体运动的同时强调培养学生的自制力，提高学生努力拼搏、合作共赢以及尊重与帮助他人等责任意识，将体育运动和品德培养结合在一起，推进教学模式朝向创新型方向发展。

（2）充分挖掘体育运动中蕴含的德育因素

体育运动中所包含的团结互助、平等交流、拼搏进取、尊重他人以及不惧失败等精神与TPSR教学模式所蕴含的责任层级目标所呼应，TPSR教学模式在教学过程中以学生的身体运动为载体深入挖掘德育因素并以此提升学生的责任意识。

（3）与常规教学模式形成互补效应

TPSR教学模式与常规教学模式之间并不是否定与被否定的关系，而是在常规教学模式的基础上通过增设教学流程等环节加深师生之间的互动交流，在技能运动中增进德育培养，全方位促进学生的个性发展。

2.TPSR教学模式的不足

（1）整体的责任水平发展目标界定模糊

TPSR教学模式中对于学生道德责任表现的相关论述存在一定的问题，缺乏对于整体达成的责任发展目标的相关表述。TPSR教学模式在具体的实施过程中对参与者所达到的具体的层级目标要求以及相应的评价标准方面的内容表述相对模糊，将TPSR教学模式运用到实际教学中时容易受到实施者个人的教学实践经验以及主观感受的影响。

（2）缺少实际融合发展措施

TPSR教学模式缺少在教学中将体育运动与德育教育融合发展的实际教学措施，在教学中容易造成过于强调德育教育忽视技能发展，造成教学设计安排不合理。

四、俱乐部制教学模式的构建与运用

普通高校体育教学强调“以学生为主体”的自主探究学习，目前高校学生虽然课后有丰富多样的体育社团及体育竞赛活动，但是由于缺乏体育教师科学的监督和指导，不能够保质保量完成课外体育活动。部分高校已经采用俱乐部制教学模式，旨在促进学生的全面发展，但目前高校的俱乐部制教学模式仅处于初期探索阶段。俱乐部制教学模式不能只停留在教学层面，应涵盖学生课外活动、体育竞赛等系列体育相关学习。在课外活动中可以以专项运动项目为基础，安排时间和场地，由学生干部带领，保证学生课外体育的参与度。此外，俱乐部的学生要以俱乐部为单位，积极参与体育竞赛，让学生在体育实践中体验体育乐趣。

（一）俱乐部制教学模式的必要性分析

俱乐部制教学模式与传统教学模式有着明显的区别，作为新时代的产物，俱乐部制教学模式是体育教学改革进程中一个较大的突破，有效地克服了当前教学过程中体育教师与器材设施的矛盾、教师积极性与学生学习兴趣之间的矛盾，能巧妙地将体育课堂、课外体育活动与体育竞赛以及期末考评结合起来，创新了体育课程教学模式与组织形式。

1. 俱乐部制教学模式是体育教学改革的必然走向

无论哪个阶段的体育教学都正朝着终身体育、快乐体育和多元化体育的模式发展。以全体学生为主体，实施课堂俱乐部制教学模式，能更好地发挥体育课的育人功能。俱乐部制教学模式一改传统单一的教学模式，在教学内容、教学方法以及评价机制上进行了相应的改革，使体育课更具有吸引力。这种教学模式提高了教育效益，符合体育教学改革的根本目的，跟上了经济体制和教育体制改革的步伐，为培养全面发展的人提供了可能，既满足了高等院校学生现实身心发展的需要，又满足了终身体育的需求。随着社会对高素质、高技能人才的逐渐关注，俱乐部制教学模式是高校体育课改革的必然趋势，符合体育教学的改革方向。

2. 俱乐部制教学模式更关注过程性与整体性评价

传统体育课教学模式比较注重期末的技能考核，而忽视了平时学生的课堂表现。在俱乐部制教学模式下，首先，将课堂表现与本堂课运动技能的掌握程度纳入考核的综合分数，而且每堂课或者一个阶段都对学生有一个考评等级，使学生在短期内能看到自己的进步。其次，弱化期末技能考核评价所占比重，注重过程性评价，关注学生在课堂的努力与进步程度，最大限度激发学生积极、愉快、自主参与体育锻炼的意识。评价体系在教学实施过程中起着激励、导向和质量监控的作用。俱乐部制教学模式注重将过程性评价与整体性评价相结合，强调对学生体育意识、体育兴趣和体育态度的考核，重视对学生的活动参与过程、努力程度、进步幅度等因素的评价。教师要把体能、知识与技能、学习态度、情意表现与合作精神纳入成绩评定的范围，让学生参与评价过程，体现学生的主体地位，提高学生的学习积极性。

3. 解决了教师主导与学生主体的矛盾

俱乐部制教学模式确立以教师为主导，以学生为主体的角色定位。教师主导强调的是强化教师的责任意识，并不是强调领导；以学生为主体则强调突出教学的目的性，进一步体现出教学的价值，体育课堂尤其需要强调的是不能扼杀学生的学习热情。教师的主导性强调的是以技术技能的权威性来引导和影响学生，使学生在教学活动中对教学活动与教学行为充满敬仰之心，从而更加积极主动地参与到教学活动中。俱乐部制教学模式下，学生有更多的自由空间，更能凸显体育课堂学生的主体性，也时刻提醒着体育教师，使他们更加清醒地认识到每堂课的教学任务。体育课堂只有真正实现以学生为主体才能真正体现体育教师的价值。因此，体育课堂教学就是要将教师主导和以学生为主体两个方面协调地进行融合，不仅充分发挥教师的主导作用，也使课堂教学更加卓有成效，而俱乐部制教学模式有效地解决了传统教学模式中的这一矛盾。

（二）俱乐部制教学模式的理论依据

顺应时代潮流，全面推进“素质教育”和实施“健康教育”，已成为21世纪高校体育改革的主题。教育发达国家在体育教育俱乐部制方面的实践已充分证明：高等学校体育教育走俱乐部制是完全正确的。按照《全国普通高等学校体育课程教学指导纲要》的指导思想和具体要求，其大学俱乐部制体育教学的核心正是以“学生为主体”，满足不同层次学生的成长和发展需要，符合“健康第一，以人为本”的科学发展观。

高校体育课实施俱乐部制课内外一体化，从观念、内容、组织方法等方面改革了传统模式，是解决体育课与课外体育活动脱节的最佳办法之一，能充分发挥学生的主体作用，调动学生学习的积极性，变被动学习为主动参与，在参与过程中提高学生的体育意识和体育能力，从而使高校体育改革能沿着素质教育的道路健康有序地向前发展。

（三）俱乐部制教学模式的优势

1. 充分发挥学生的主体作用

传统体育课堂通常都是体育教师先带领学生做热身运动，然后教授体育技能，其余的时间都交给学生，这就导致了体育课堂秩序混乱、教学效果较差。而体育俱乐部改变了这种现象，根据学生的运动需求，设计更加细化的体育运动项目，帮助学生掌握每一项体育技能，发挥学生的主体性。学生在体育俱乐部里可以更好地进行运动，保证个性化发展，还可锻炼社交能力和团队协作能力，增加学生多方面交往的机会，在潜移默化中取得更大的效果。

2. 丰富学生的课余文化生活

以前体育课堂教学都是以班级为单位，在教学过程中存在着一定的目的性和差异性，学生把学习体育当成一种负担，很少有学生在课后学习体育知识。而体育俱乐部制教学模式具有新颖的特性，不受课堂和班级的约束，学生可自由加入，还可在课后进行自主运动。只要参加体育俱乐部的活动，就会得到学分，极大地减轻了学生的心理压力，有效缓解了师生之间的矛盾。体育俱乐部集体育运动、体育竞赛、体育文化于一体，拓展了体育教育的时间和空间，对于丰富学生的课余文化生活有着至关重要的作用。

3. 注重分层教学

传统的体育课教学进度相对统一，体育教学内容固定，未打破自然班上课的形式，未实施分层教学，导致同一班级上课的学生会同时出现“吃不饱”“吃不消”“刚刚好”三种状态。俱乐部制体育课在选课时，学生一开始对于自己的运动能力会有一个基本的判断，可以实现同一班级的所有人都以不同的步调参与到体育课堂中。俱乐部制教学模式下，学生通过选课机制，对自身现有的运动技术与所选择的俱乐部有一个基本的判断，使体育教师能有针对性地进行教学设计，教学对象实现了基本分类，为分层教学提供了可能。

4. 满足高校学生对体育的需求

高校学生是一个有着基本认知与判断能力的群体。传统体育课教学模式下，授课形式为行政班级教学的被动参与，学生的主观能动性较差。高校学生在经过九年义务教育与高中阶段的学习，已经养成了一定的体育锻炼习惯，且学生的个性特点十分鲜明。在高校学习阶段，要想重新建立或者开发学生的学习兴趣是一件难度较大的事情。传统教学模式的弊端就是学生的学习需求无法得到满足，教学内容、组织形式等由体育教师统一安排，教学过程相对死板，教学方法缺乏灵活性。而俱乐部制教学模式，体现了学生的高度自主性，使学生可以依照自身的实际情况选择自己喜欢的体育项目、上课时间以及体育教师，俱乐部分等级设置，最大限度尊重了学生的个体差异性。此外，同一俱乐部的学生有着共同的兴趣爱好，在与同学的交流过程中，扩大了交流面；在与教师的沟通交流过程中，增加了与教师的共同话题。俱乐部制教学模式打破了传统教学模式，最大限度满足了高校学生对体育的需求。

5. 充分发挥体育教师的潜能与价值

在传统的体育教学模式中，一个令体育教师比较“难过”的现象即“学生喜欢体育，但不喜欢体育课”，体育教师的价值并没有得到肯定和体现。传统的教学模式下，采用体育教研室集中备课、分别授课的形式，部分体育教师的专项价值得不到展示，如让一位篮球专项的体育教师去上健美操课。尽管体育教师强调一专多能，但体育教师在大学或研究生阶段也仅仅在1～2项运动项目上有一定优势，在自己并不擅长的领域去开展教学需要一定的成长时间，这是导致学生喜欢体育但不喜欢体育课的主要原因。俱乐部制教学模式下，体育教师根据自身擅长的体育项目开展教学活动，合理安排教学内容、组织形式，最大限度地发挥了体育教师的潜力与价值，发挥了项目优势，激发了学生参与体育锻炼的积极性。

（四）俱乐部制教学模式的构建

1．教学内容与模式

（1）会员晋升层级有序

高校体育俱乐部实行三级会员制，即初级会员、中级会员、高级会员。初、中级会员基本上为大学一年级、二年级学生，高级会员为大学三年级和四年级学生。初级会员的教学内容以身体素质和基本技术教学为主；中级会员的教学内容以基本技、战术教学和教学比赛为主；高级会员的教学内容以运动队训练和业余竞赛为主。通过分层分级和层层晋升，可以有效激发学生体育锻炼的兴趣；可以有效打造具有“高阶性”“创新性”“挑战度”的大学体育“金课”；可以有效克服以前不同水平等级的学生在同一课堂的现象，即有的学生“吃不了”，而有的学生“吃不饱”。另外，学生每学期开学前登录教学选课系统，可根据自己的爱好和特长，自由选择所要加入的体育俱乐部，并选择相应的教学指导教师。

（2）学分获取途径多元

学分制现已成为世界各国许多高校实行教学管理的一种主要方式。学生体育社团和运动队作为课外体育俱乐部，可制定相应的课程管理办法，学生在课外体育俱乐部训练和学习达到相关课程要求和条件，可以获得相应的学分。可见，即使是课外体育俱乐部，也要实行学分制。

（3）教师能力提升主动

俱乐部制教学指导教师由体育学院选派，每位教师须在上学期结束前向学院申报下学期课程俱乐部的活动内容、时间、地点，经学院审核认定后，在网站和学校教务系统上公布。通过教师自主申报课程俱乐部的方式，有利于教师由以往的被动学习转变为主动学习，积极提高自身运动技能；有利于培养教师的组织管理能力；有利于促进教师主动改进教学方式；有利于推进教师主动分类转型，从而适应课程俱乐部教学的需要。当前体育俱乐部教学改革已经进入了“深水区”，“船到中流浪更急，人到半山路更陡”，俱乐部教学改革让体育教师普遍有了职业危机意识，如果他们不适应俱乐部制教学模式，就会被淹没在改革的历史潮流之中，必然被社会淘汰。当然，俱乐部教师教学、训练课时与学校教务部门认定的教学学时等同，考核依据校教务部门相关考核文件执行。

（4）时间选择方式灵活

俱乐部教学时间安排在学校教务系统教学时间段。学生在确保不与其他课程时间冲突的前提下，可以根据自己的实际情况，选择适宜时间段参加体育俱乐部的活动。需要说明的是：学生可以灵活调整自己的上课时间，如课表是周一的上课时间，只要是同一项目同一层级同一授课教师，经申请同意后可以调整到周二等其他的上课时间段。另外，学生上课前用手机打卡进入活动场地，参加俱乐部活动。总之，这样的教学时间安排，机动灵活，最大限度地解放了教师和学生，彻底解决了学生上课时间固定僵化的问题，增加了学生锻炼的次数，最大限度地利用了教学场地设施，有利于学生身心健康发展。

2. 考核内容与方法

（1）学期考核数据化

学期考核包括五个方面：打卡考勤（10%）、课堂表现（10%）、阳光长跑（10%）、特色项目太极拳（10%）、项目技能（60%）。项目技能考核以比赛形式进行，指导教师根据会员在该项目比赛过程中的表现（态度、技能运用等方面）进行评价。

（2）重考规定原则性强

因长跑不及格导致的体育课不及格，必须在第二学期开学后的第一个月内补满所缺次数；因项目成绩导致体育课不及格，可申请重考。重考通过者，获得相应学分；重考不通过者，必须参加重修。

（3）重修规定操作性好

因考勤不及格导致的体育课不及格者，不能申请重考，只能申请重修，且只能重修相同俱乐部的课程。重修学生应重新参加相应俱乐部的体育活动，并在学期初完成会员注册；达到规定的出勤次数，技能考核合格者，方为重修合格，可计相应学分；重修学生可以在同一个学期不同时间内申请参加两个俱乐部的体育活动，但要达到两个俱乐部所规定的相应要求。

3. 管理体制与机制

（1）俱乐部制教学改革领导小组人员构成精干高效

学校俱乐部制教学改革领导小组由校长、分管校长、教务处、学生处、体育学院、团委和各学院分管学生工作的副书记等部门负责人组成。

（2）俱乐部制教学管理层级划分科学合理

体育俱乐部教学管理划分为四个层级。第一层级：学校体育部。在校体育运动委员会的指导下，由体育学院教学副院长具体负责管理学校体育部。体育部下设三个部门，公共体育教研室（公共体育俱乐部联盟）、大学生体质测试中心、阳光长跑活动中心。第二层级：体育俱乐部联盟。第三层级：各单项体育俱乐部。

体育俱乐部联盟下设16个单项俱乐部和1个运动康复实训部。第四层级：会员。体育俱乐部实行三级会员制，即初级会员、中级会员、高级会员。

（五）俱乐部制教学模式的实施方案

1. 确立俱乐部制教学指导思想

以符合高校学生发展需求的“以人为本”“教会、勤练、常赛”为指导思想，从运动参与、运动技能、身体健康、心理健康与社会适应四个方面着手，重点关注如何促进学生养成良好运动习惯与自主锻炼意识、提高社会生存能力与抵御风险和疾病的能力、具备良好体育文化素养、树立终身体育意识、具备一定自我运动评价能力，将指导思想与教学理念具体化。

2. 确立俱乐部制管理机制

（1）学校体育部组织管理系统

体育课实施俱乐部制教学模式是体育课程改革中一个较大的突破。学校体育改革应属于学校的大事件，全校各部门协同发力才能更好地实施俱乐部制。体育教师师资力量较为匮乏，承担着体育课的教学、体质健康测试工作、核对学生长跑的成绩、期末成绩考核、运动队训练等，部分体育教师还兼有班主任的职务，体育教师的工作严重超负荷。俱乐部制管理机制分为三级管理模式，第一级是学校体育部，由第一级的学校体育管理部确立第二级的工作，包括俱乐部主要负责人、教研组工作安排以及其他各项体育工作（阳光长跑和体质健康测试等工作）。

（2）俱乐部管理中心部门设置

实施俱乐部制教学模式，需要整个俱乐部的良好运行机制，需要各个部门的分工合作，主要部门设置为俱乐部主席、副主席、办公室主任、宣传部、组织部、财务部、纪检部。

3. 确立俱乐部制决策执行系统

学校领导层承担俱乐部制教学模式的管理职责并在实施过程中承担管理与监督的职责；学校体育部承担着各单项俱乐部的教学管理；体育俱乐部运行机制出现的所有问题必须反馈到俱乐部管理中心；各单项俱乐部任课教师和单项俱乐部学生干部组成了俱乐部制教学模式的具体执行体系。当管理和教学方面出现问题时，教师和学生应积极有效地向学校俱乐部管理中心汇报，然后由俱乐部主要负责人处理，并反馈意见给学校体育部，由学校体育部与俱乐部管理中心商讨具体的解决方案并反馈给单项俱乐部指导教师。

4. 确立俱乐部制规模形式

首先，为保证教学质量，要对每个俱乐部教学班级的人数容量进行设置，如乒乓球、羽毛球等对场地器材要求较高的项目，每节课班级人数不得超过30人，其他项目每堂课不得超过40人。学生进行选课时，若达到人数限定，学生将不能继续选择该教学班。其次，由于部分项目的特殊性，男、女生在学习过程中也会有很大区别，部分课程可以男女合班上课，而部分项目的体育课采取分开上课的形式。这样安排班级容量一方面考虑了不同项目的特点与教学要求，另一方面也是为了防止出现由于学生对某俱乐部项目的喜爱导致课堂师生比例无限突破。

学生以自身的身体素质与运动能力为具体依据，选择任意一个教学班，课前进行打卡（人脸打卡或指纹打卡）。频率为每天不得超过一次，每周至少1次，但不得超过三次。俱乐部制教学模式最大的特点就是学生能机动灵活地安排上课时间，最大程度地解决了学生上课时间固定、上课地点僵化的问题，潜意识中培养了学生对自身选择负责任的态度。

5. 确立俱乐部制教学管理方案

在体育部的集中领导下，单项体育俱乐部由俱乐部管理中心直接管理，由单项体育俱乐部指导教师确立俱乐部的教学大纲与教学计划，并指导俱乐部独立开展体育教学、训练、比赛等活动。初级班以及中级班的主要教学内容都是围绕教学大纲与教学计划展开的，高级班的教学内容可以根据学生个性的发展特点和实际需求开展不同形式的教学课和训练课，通过学生在体育俱乐部的学习，共同营造良好的学习氛围。各专项俱乐部教学内容、考核形式均按照教学大纲、教学计划与考核办法严格实施。在起初阶段，实施体育课俱乐部制融合教学模式，十分有必要收集反馈信息。因为各运动项目的特点不一样，各单项俱乐部的教学管理、教学效果、考核机制均存在差异。调查各单项俱乐部开展过程中存在的问题，收集相关优秀教学案例，为俱乐部的整体运营机制以及今后出现问题采取何种应对措施与解决办法提供真实且丰富的理论材料与依据。

（六）完善体育俱乐部制教学模式的相关建议

1. 加强相关条件保障

为了有效地推进体育课堂俱乐部制教学改革，学校应根据开设课程的具体情况来置办相应的教学训练所需器械，如跆拳道项目需要足够的场地空间和购买专业的训练器材等，在校内应建设专业的综合训练馆以备不时之需，在专业器械齐全的情况下，更要确保学生在此空间内训练不会出现安全事故。

2. 优化成绩录入程序

教师在上课前为保证教学过程的完整和流畅需要进行备课，期末需进行期末测评。期末教学考核和教学评价是对一个学期的教学效果和学习结果的考核，传统的教学模式下，教师需要统计学生的成绩，线下合成后再录入学校教务管理系统，这增加了教师的工作量。为了优化学生成绩录入程序，让教师从烦琐的成绩录入工作中实现减负，建议在体育俱乐部管理、大学生体质健康测试等系统与学校教务管理系统之间实现数据无缝对接。

3. 合理安排上课时间

为了满足体育俱乐部的教学需求，避免造成体育俱乐部的课程与学院专业课程时间上的冲突，建议学校与教务处妥善处理学院专业课和公共俱乐部课程之间的具体时间安排。

4. 完善教学课程设置

各高校体育课堂俱乐部制教学模式都还处于不断完善的阶段，场地设施不足及师资力量不足是高校存在的较为普遍的问题，在设置课程时，学校应该在现有的条件下结合实际情况设置一些能较大满足学生的实用性强的课程，并根据现有师资队伍的实际情况更大限度地提高教师的能力。

5. 加大教师引进力度

俱乐部制教学改革让体育教师普遍有了职业危机意识，如果他们不适应俱乐部制教学模式，就会被淹没在改革的历史潮流之中，必然被社会所淘汰。学校应该高度重视师资队伍的建设工作，学校及教育局积极引进相关对口的人才，以充实教师队伍，建立一支结构合理、爱岗敬业、具有能力及创新精神的队伍。

6. 提高教师教学能力

人在学习的道路上应该一步一个脚印，一往直前，学习没有尽头，教师作为课程教学中学生学习的榜样和指导者，应该具备强硬的专业能力。体育课堂俱乐部制教学模式的运行和发展，对教师的教学能力、组织能力都更加严格，教师需要不断地学习提高自身的能力。现任教师可通过选择进修或者参加高层次的培训去提高自身的专业性；为了教师能变被动学习为主动学习，支持教师自主申报俱乐部课程，有利于提高其专业技能、培养组织管理能力，从而适应俱乐部教学。

7. 改进和完善教学评价机制

体育学科也有自己的教学评价机制，教学模式的改进目的是提升课堂教学质量，而不是简简单单地走形式，这就需要体育教师结合学生实际和俱乐部制教学模式的特点来改进、完善评价机制，使学生真正地学有所得。

8．采用启发诱导的教学方法

注重学生兴趣和能力的培养，发挥学生的主观能动性，启发和诱导学生用自己的智慧和能力进行学习和锻炼，让学生参与教学活动，锻炼学生对知识的摄取能力，增强学生的实践能力，使学生树立正确的体育意识和观念。

9．充分发挥学生的主体作用

新课改的核心要求就是在教学过程中必须尊重学生的主体地位，因此，采用俱乐部制教学模式一定要保证充分发挥学生的主体作用，，强调学生的主动学习，重视学生的认识和情感体验。

五、合作探究教学模式的构建与运用

（一）合作探究教学模式的内涵

合作探究教学模式富有创新性和探索性，合作、探究综合搭建、合二为一转化为合作探究教学，强调师生角色转换。学生在积极讨论中突破教学重难点，在探究中形成学科素养，教师参与其中，关注每位学生的个性特点和学习情况，认真观察小组讨论情况，并适时调控课堂，充分提升学生的自主能动性和合作探究能力，进而提升教学效率和学生成绩。合作探究教学模式的过程主要包括：教师通过创设情境提出所质疑的问题，学生自主研究，分组开展合作探究进而论证，得出结论，教师恰当地指导并做评价等。

（二）合作探究教学模式的基本特征

合作探究必须以小组合作为主体，它是非常特殊的教学活动，其全部环节均须立足于此，以此为核心。其主要特征是教师依据教学目标、内容和学生特点，划分成4～6人的小组，并且为学生创设宽松的学习情境，让学生各抒己见，主动地发现、探索、获得知识和能力。自主、沟通、互助、问题解决和探究是其重要特征。

自主体现在学生自主发动脑筋、思考问题、自由表达上，学生在教学活动中产生了参与意识，不再单纯依靠教师传授知识；沟通为学生、教师之间对于问题的相互沟通；互助则为教师给予学生帮助和小组成员之间的帮助；问题解决和探究体现在学生在体育课堂中受到任务的驱动，遇到质疑的问题，便努力思考解决问题，在不间断的挑战中学习知识、取得成就。

（三）合作探究教学模式的教学理念

1. 以单元模块教学为教学着手点

教师在教学正式开始前先对整学期的课程进行详细分析，根据学习内容和学生情况提前进行课程内容的单元模块选取，通过单元模块的形式有效地构建知识体系，提高学生的思维逻辑与知识迁移运用的能力。

2. 以多种教学方法组合为教学媒介

体育教学方法指的是在教学过程中教师与学生为了实现教学目的与任务产生的教与学相互作用的教学活动。教学方法运用合理与否直接影响了教学质量和教学效果，因此，合作探究教学中教师要营造与教学单元主题相对应的学习氛围，鼓励学生先进行自主学习，随后再针对学生特点进行分组，让小组成员共同探究寻找解决问题的方法，并将评价与反馈始终贯穿于教学之中，帮助学生实现多角度、全方位的提升。

3. 以学生为教学主体

合作探究教学模式改变了以往传统教学模式中“教师主体”的现象，需要“以学生为主体”，通过合作、探究等方式进行知识的构建，教师起引导、点评等辅助作用。具体表现在以下几个方面：一是正式教学开始之前教师先对学生的学情，如知识水平、理解能力等情况进行分析，指定教学计划；二是在教学过程中教师重点关注学生的想法和情感，通过个性化指导，引导和激励学生进行深度学习；三是评价与反馈始终以学生为本，关注学生的学习过程而不是只关注学习结果，通过评价与反馈帮助学生加深知识理解，实现知识的构建，最终提升深度学习的能力。

（四）合作探究教学模式的教学策略

教学策略指的是解决教学遇到的问题所采用的方法、技术操作原则与程序的。它主要体现在三个方面，一是解决教学问题的方法和技术，二是方法和技术的操作原则，三是方法和技术的操作流程。

合作探究教学模式在高校体育教育中的教学策略主要针对理论教学、实践教学和考核与评价。具体教学策略如下：首先，教师可以针对教学所面临的问题，自行选择自主教学法、合作教学法或探究教学法，或者也可以组合选择去解决遇到的问题。其次，教学策略方法和技术的操作原则：①始终贯彻教师引导与学生自学结合的原则，帮助学生进行知识的自我理解。它要求教师在课前进行完善的教学准备，分析学生的情况与教学目标，通过有效地引导学生进行自学，帮助学生提前进行知识的自我理解。②始终坚持合作与探究相结合的原则，促进学生高阶认识能力的提升。通过小组交流进行思维的碰撞，共同探究问题，提升高阶认知能力。③始终执行评价与反思策略，帮助学生进行自我评价与反思。作为深度学习的重要学习策略之一，需要始终在教学过程中执行评价与反思，通过不断地评价与反思帮助学生实现深度学习的目的。最后，教学策略方法和技术的操作流程：①学期开始之前，教师要先对整个课程进行分析，分析各个单元与单元内容，对学生的学情进行分析，再确定各单元学习主题。②新的理论教学和实践教学环节开始时，教师要对学生进行有效的引导让他们进行自主学习，以保证深度学习的发生。③在理论教学或实践教学过程中，教师根据学生的特点进行分组，通过小组学习营造深度学习的氛围。在理论教学过程中教师要注重引导学生对新旧知识进行联系，而在实践教学过程中教师要注重引导学生对新技术动作的掌握与练习，同时提醒学生注意易犯错误的技术动作，帮助学生构建正确的技术动作链。⑤在课程考核与评价过程中，运用教师考核点评、生生互评和自我评价的方式对学生进行考核，通过不同角度的评价帮助学生反思自己的学习行为，通过评价的形式优化学生在学习过程的行为，助力知识的掌握。

六、“师生互动”教学模式的构建与运用

（一）“师生互动”教学模式构建原则

1. 主体性原则

建构主义理论强调学生在课堂上的主体性，认为学生是课堂学习的主体，要发挥好“以学生为主体，以教师为引导”的作用，教师要善于调动学生学习的积极性、主动性，使体育教学过程成为教师和学生双方共同学习、密切配合的过程。因此，在体育课堂的互动过程中应尊重学生的主体地位，促使学生利用已有知识对新知识进行意义建构，高校体育课堂的互动设计应把握以下两个方面。

第一，体育课堂上教师要尊重学生的主体地位。体育教师要主动引导学生由传统的示范模仿学习技术动作转变为积极主动地探讨技术动作的学习，突出学生的主体地位。在学习过程中经过教师的引导，学生能够独立地学会某一项技术动作，理解技术动作的基本构成、掌握练习方式等，最终达到自己预期的学习效果。

第二，丰富课堂教学内容。由于高校学生经过小初高的体育课学习掌握了基本的运动能力，会根据自己的运动基础或者兴趣爱好选择针对性的体育课。因此，教师在教学中，应为学生创设一定的外部环境来丰富课堂教学内容，如创设与教

学内容有关的学习情境，可以是任务情境、时间情境等，让学生融入情境中去学习或者设计与教学内容相关的小游戏，辅助学生进行学习，通过设计合作学习环节，发挥学生的积极性。

2. 主导性原则

建构主义理论提倡学生在学习过程中处于主体地位，并不是忽视教师在课堂上的作用，相反比较重视教师在课堂的主导作用。教师在建构主义理论提倡的教学中扮演教学活动的引导者、帮助者和设计者的角色，要突出教师在课堂教学中的引导作用。因此，在体育教学中，教师可以从以下两个方面出发，合理地把握好课堂的主导作用。

第一，教师提前对教学内容进行情境设计，帮助学生建构知识。教师在情境创设方面发挥着引导作用，辅助学生对教学内容进行理解。合理地利用教师设计的教学情境、丰富的学习资源等会对学生的意义建构有着重要促进作用，如任务学习情境的设计、多媒体情境的设计等。

第二，教师根据教学内容设计教学组织形式。教学组织形式是学生学习的内部条件，在教学实施中，根据教学实际情况教师可以考虑小组合作、任务驱动、情境模拟等方式来组织教学。科学合理的组织形式会对学生掌握技术动作有着良好的促进作用，能够让学生有效地运用自己原有的知识经验来对新知识进行意义建构，而教师在其中起着主导作用，总体把握教学方向。

3. 生成性原则

生成性原则主要是指在动态的课堂教学中，教师引导学生结合自己的运动基础和生活经验对教学内容进行知识建构，对体育知识进行生成，从而培养运动技能和体育品德。

高校体育课堂的师生互动从设计到实施都需要教师进行合理的课前准备，但是没有限制其教学内容的生成，因为体育知识的生成是根据实际的教学情况、教师的情境创设、学生对知识理解和掌握情况等来决定的，是一个动态不断变化的过程。教师要善于抓住与学生互动的契机，引导、帮助学生朝着教学目标要求的方向发展。比如在比赛中的技战术指导环节，教师除了进行技战术分析，也应该适当地引导学生学会变通、学会转变思路、多角度分析问题等，实现教师和学生之间的感情交流、实现学生对体育课堂知识的迁移创新、学以致用，发挥出体育既育体又育人的效果，使体育课堂在有效的互动中焕发生机。

4. 情境性原则

建构主义认为知识的学习是在一定的社会背景下，通过人和教学环境的相互作用而建构生成的。在教学中提供一种与教学内容相关的学习情境或者学习环境会激发学生的学习兴趣，促进学生对知识的意义建构，提高课堂的教学质量。体育学科的特殊性决定了情境性教学的重要性，很多体育项目都与现实情境有关。因此，在体育课的互动设计中应该重视教学情境的创设，在情境创设时应该注意以下几个方面。

第一，体育课堂教学情境的现实性。教学互动设计的情境主要源于我们生活的方方面面，如接力跑教学，教师可以融入生活中消防员接力救火的情境，增加一定的现实性，也能从这个情境中教育学生在生活中遇到火灾的处理办法等，以此达到更好的教学效果。真实的教学情境能够帮助学生对技术动作的理解，能够展示技术动作的真实用处，促进学生在学习实践过程中更好地利用原有的知识去同化和顺应新知识，从而达到学习新技术动作，培养学生相应的体育品格的目的。

第二，注意教学情境赋予体育品格。体育学科有着既育体又育人的作用，发挥好教学情境中的育人功能会潜移默化地影响学生。因此，在体育教学情境的创设过程中，体育教师也应该注重培养学生的品格。

第三，注意分析学生的实际情况。学生是课堂教学活动的参与主体，教学情境的创设应该符合学生的实际情况，这样才能更好地引导学生对知识进行建构。

5. 合作学习原则

在高校的体育课堂上，学生具有一定的认知能力和相互交往沟通的能力，那么在强调教师主导、学生主体的教学思想下，教师与学生、学生与学生之间的合作学习就显得尤为重要。教师可以引导学生对教学内容进行讨论、协商，使之朝着有利于知识建构的方向发展。

在体育课堂上，合作学习方式是最为常见也最为有效的学习方式之一，主要有全班交流讨论和小组交流互助两种形式。全班交流讨论大多数是在教师提出一个问题让全班同学进行讨论交流下来完成这个问题的解决方案，适用于教师和学生之间的互动交流和协作。小组交流互动的学习方式是最受欢迎，也是最有效的方式之一，通过学生之间的交流沟通，互相指出对方的不足，既能够帮助学生更好地完成技术动作，也能够促进学生之间的情感交流，进而提高学生的自信心，培养学生善于思考、善于交际的能力。体育课不同于其他文化课，体育课有自身的独特性，无论是隔网项目还是对抗项目都少不了协作练习、合作学习、相互配合的环节。

（二）“师生互动”教学模式的运用

高校体育教学离不开教师和学生的双向配合。传统的体育教学模式主要以教师的“教”为主，学生被动接受教师的运动技能传授，制约了体育教学效果。体育是天然的育人手段，体育教学也是开放互动的，体育不单单只是进行身体锻炼的实践活动，而是要将理论基础和实际锻炼相结合的综合教学模式。体育传授给学生的是基本的体育知识、专项的运动技能和运动技术，帮助学生养成健康的生活方式和生活习惯。高校的体育教学在此基础上还培养学生的体育精神，以学生步入社会后的现实需求为基本出发点，教会学生适应社会生存的关键能力，为学生实现社会化提供帮助。教师在“师生互动”的教学模式中要扮演学生的引导者、帮助者和支持者，与学生共同享受体育课堂。高校体育教学更多的应该是培养学生自主学习的能力，强调学生个人能力的形成，力求学生能够适应社会生活的发展。学生要自主构建体育学习的基本框架，将原有的体育知识和技能不断更新换代，多角度、多方面加快体育知识和技能的学习。体育学习与其他学科的学习不同，体育要在日常的锻炼活动中不断巩固发展，将体育活动作为日常的生活习惯，以此促进健康生活的形成。体育教师的工作不能只停留在体育教学层面，更多的是要引导学生养成体育锻炼的习惯，尤其是要利用好课后的空余时间。体育教师要利用学校的资源，为学生提供科学的课外体育锻炼指导，做好学生课外体育锻炼的监督工作，促进学生课外内体育结合。

具体来说，建构主义理论强调教学内容情境创设的重要性，将教学内容具体化，把教科书上的知识内容与现实生活联系起来，提供一个完整的、真实的问题背景，以此为支撑物引导学生进入情境学习，让学生在互动的情境中学会技术动作。情境创设是创造学习环境的首要因素，完成情境创设首先要对教学目标进行确定、对学情进行分析、对教学情境进行确定，通过这三个方面来进行情境创设。

1. 教学目标的确定

建构主义理论提倡学生对教学内容的自主建构，强调学生对教学内容的自我理解，由于知识经验不同，不同的人对同一事物会有不同的理解。因此，对学生的教学目标无法进行一个准确的预设，但客观来说，学生在相同的教学过程中，通过相同的教学内容以及教学方式，学生相应地会有一定的进步或者改变。所以，教师在进行教学设计时首先要考虑教学目标的确定，避免陷入没有目标指引的无效课堂教学。对教学目标进行确定的同时，也确定了情境创设的主题以及课堂互动的主旨。

2．学情的分析

建构主义理论提倡知识的学习需要与自身原有知识基础产生联系，在原有的基础上对新知识进行重新建构，进而形成新的知识体系。那么，就需要教师对学生的基本情况进行了解，为课堂互动设计提供设计依据。学情分析是教师设计教学课程的最基本环节，也是教师在情境创设过程中必须考虑的问题。教师可以从学生的运动基础、认知规律和培养目标三个方面进行分析，从而精准把握教学的起点。

3．教学情境的确定

体育本是一个源于生活，发展于游戏的学科，在创设教学情境时不但要考虑学生的认知规律、发展规律，还要考虑学生已有的运动基础、生活经验等。根据课堂教学的实际情况和教学内容来确定创设情境所需要的素材，同时素材的选择要贴近学生的实际生活，还要考虑对学生情感态度、正确价值观的培养。素材的选择取决于教学内容，但又不和教学内容完全相同，情境的创设是引导学生在情境中学会学习，在情境中对教学内容产生兴趣。例如，选择某个项目的起源作为教学情境的素材时，可以使学生对此运动项目有全新的认知，促进学生对体育基本常识的了解；选择日常生活中的实际情境或者实际的生活经验，可以促进学生对某个动作的掌握，有利于学生知识的迁移，达到学以致用的效果；选择体育热点问题作为素材，能够促进学生社会责任感、集体荣誉感的培养等。

4．教学情境的创设过程

建构主义理论主张学生在教学情境中由教师引导，积极主动地融入学习情境中，发挥自身的主动性，借助一定的材料进行合作学习，进而达到对知识的意义建构。那么，在这个过程中就需要教师对教学环境的各个要素进行合理的设计，然后根据各个要素之间的关系创设教学情境。为了使教学内容与教师设计的情境相符，就需要发挥教师的引导作用，引导学生在情境中对知识进行意义建构，这个过程离不开师生之间的互动交流。

在教学中只有学生对教学内容产生疑问，才能更好地培养学生主动去分析问题、思考问题的能力，体育学科同样如此，并不是简单技术动作的模仿练习。因此，体育教师在情境创设的时候也要考虑融入一些问题情境，让学生带着问题去互相交流，在交流互动中对问题进行思考并解决，这样形成一个教学循环，既能够达到学生学会教学内容的效果，又能够培养学生主动学习、善于思考的能力。

第四节　普通高校体育教学模式的创新策略探讨

一、普通高校体育教学模式的创新的必要性

（一）时代发展与实施素质教育的需要

大学体育作为普通高校公共必修课，承担着学生健康成长和身心协调发展的重要任务。2020 年《关于全面加强和改进新时代学校体育工作的意见》指出，学校体育课程聚焦提升学生核心素养，高等教育阶段体育课程与创新人才培养相结合，培养具有崇高精神追求、高尚人格修养的高素质人才。由此可见，加快高校体育教学模式改革已是势在必行，而高校体育教学工作是大学人才培养的一个重要环节，高校应该重视体育的发展，发挥其在健全人格方面的作用。

（二）传统教学方法改革的迫切需求

当前部分高校开设的大学体育课中没有明确的教学目标，课堂上用相同的教学目标、相同的教学进度和相同的考核标准去面向全体学生进行集中授课，忽视学生自身差异性和个性发展，影响了学生身体素质的均衡发展，好的越来越好、差的越来越差，这与培养学生核心素养的要求背道而驰。部分学生对体育课的教学内容很难提起兴趣，学生个性化特征被忽视，导致学生内在核心素养价值很难被充分地体现，教学效率低。传统教学内容仅仅强调体育运动的技巧运用和对应体育基本知识的掌握，而忽视了大学体育课程中对学生核心素养等问题的关注，未能走出以教师为中心的知识讲授，致使学生学习时常处于困惑中。因此，利用体育课程教学充分挖掘学生潜能、提高教学效率，是实现高校体育教学目标的关键所在。

二、普通高校体育教学模式创新的价值

（一）培养大学生的体育核心素养

新时代背景下，提出核心素养理念，高校体育教育的实施应以体育核心素养培养为目的，促进体育教育的良好实施。传统的体育教育不能满足大学生核心素养培养的要求，而体育教育通过创新，提升教学质量和效率，可切实提高学生的

核心素养，为其持续性发展提供助力。例如，大学生可在网络教育平台中获取体育教育信息，以团队性、探究性、合作性、讨论性的教学方法运用为导向，同其他大学生进行讨论、分析、合作，从而更好地进行体育锻炼，彰显普通高校体育教育改革的价值。

（二）提升高校体育教学的地位

“健康中国”视域下，各个组织都在如火如荼地开展体育运动活动，包含社区、单位等活动载体，期望以体育运动提高居民及员工的身体素质。高校是人才培养的重地，更要重视体育教学的开展，要加强大学生体育技能、体育理论的教育，增强大学生的体质，使其成为健康的高素质人才。基于此，新时代背景下，普通高校体育教学的开展，可进一步凸显体育教学在高校乃至社会发展中的价值，发挥高校体育教学的作用，构建校内外融合的体育活动，从而不断地提升高校体育教学实践的效果。

三、普通高校体育教学模式创新的趋势

（一）教学理念多元化创新趋势

体育教学的理念随着现代化教育技术与教学的不断融合，正在潜移默化地影响着新一代的体育教育工作者。如果想要更好地了解这样的一种现状，就必须对当前的体育教学理念进行理解。体育教学过程并不是一个对于体育内容进行简单学习的过程，而是在学习体育的过程中进一步激发学生的体育意识，使其能够在所学知识的基础上继续进行二度创作。传统的体育教育理论认为，体育教学内容本身不宜过于复杂，而应该具有不同的属性和认知功能，要遵循一定的教学规律，循序渐进。在互联网和教育技术的推动下，学生接触到的文化越来越多元，体育的学习渠道和方式越来越多样，可接触的内容也越来越丰富，可选择学习的空间也越来越大。

（二）教学方法多样化创新趋势

在现代化教育技术的发展之下，教学方式也在向着多样化的方向发展。例如，根据教学大纲和教学目标，确定体育教学的内容，然后根据这些内容的难度，选择训练强度。新媒体呈现教学方法的多样性，教师可以利用新媒体教学工具开发更多的学习模式，如翻转课堂教学模式、微课堂教学、情境教学、网络研讨会教

学等。教师可以在平台上下载更多选修课，通过拓宽学习渠道，极大地激发学生的兴趣。

（三）教学形式新颖化创新趋势

以计算机网络技术和现代通信技术为代表的电子技术、通信技术、网络技术等的结合是现代科学技术发展的主要方向。它以前所未有的广度和深度渗透到社会的方方面面。

传统的教学方法是以受众为导向的，教师在讲台上讲，学生在课堂上做笔记。随着社会需求的变化和人才素质水平的提高，学生不仅要在课堂上学习，还要在课堂之外提高自己的研究能力、实践能力、学习能力等。在这种情况下，教师不仅要重视课堂学习，还要引导学生在课外自主学习。课堂空间不再被课堂教学所主导，而是被转化为课堂内外的混合。在现代教学技术的背景下，体育教学形式也呈现出多元化的发展趋势。

（四）教学内容综合化创新趋势

党和国家的教育政策法规以及对高等教育课程内容结构、教学体制和体制改革的新要求，为高校开展体育教学创新提供了政治支持和法律保障，逐步形成“互联网＋”的格局。随着信息技术的进一步发展，教育信息化也在不断向纵深方向延伸，教育信息学习过程中的个性化以及学习的自主性也将会进一步得到提升。

未来高校体育课程的内容将与时俱进，不断完善教学体系，不仅要更新体育教学的内容，还要更新理论相关的学习观念。为了适应社会发展的需要，学校应当对课程内容进行整合和优化，删除枯燥乏味的课程，同时增加选修课的内容，鼓励学生多元发展，更加重视实践课程，把学生的实践能力作为人才培养目标的重点。

四、普通高校体育教学模式创新的策略

（一）更新教学观念

体育教师要更新体育教学观念，不仅要开展基础的体育训练，增强学生的体质，也要向学生传递体育精神，让学生真正理解终身锻炼的重要作用，能够自觉地进行体育锻炼，将体育锻炼作为学习和工作的基础，从而真正实现普通高校体育教学的目标。在以往的体育教学中，部分教师为了完成教学任务，会采取传统的教学方式，只进行基础的体育训练。在新时代，体育教师必须创新教学方式，

更新教学观念，积极开展个性化教学，在体育教学中融入理论教学，不仅要让学生理解和掌握基本的体育训练项目，还要让学生能够明确体育项目蕴含的精神内涵，学习体育精神，让学生能够进行自主学习、自主训练。教师科学制订体育锻炼计划，培养学生终身锻炼的习惯，从而真正实现普通高校体育教学的目标。

（二）优化师资结构

对于师资、设施等资源问题，可以动用社会各层面力量，使资源投入更加有效、资源体系更加健全、资源结构更加科学以及资源共享更加便利。如对校园体育场地及器材加大资金投入，同时，对校园场地进行科学规划，在校园内建设体育场馆，可以对外开放收取资金费用，用于场地器材的补充资金，以此对教学设施不足的情况进行合理的解决。在师资力量上，通过教师网上自行学习或教师之间相互学习、送教师外出培训等方式来培养教师掌握多项技能，优化男女教师的比例，聘请校外体育教师或健身俱乐部教练到学校进行专业技能教学，综合学校资源开展学生喜欢的项目和新兴体育运动。

（三）完善场地设施的配备

第一，对现有的场地和设施进行利用率最大化；第二，适当增加经费的投入，建设学校紧缺的运动场地，加强体育设施的投入；第三，可通过拉赞助的形式来增加收入，以此增加或建设相关的运动设备。

（四）加强教师培训

学校领导应多关心体育教师，并加强沟通交流，加大培训力度，从多方面提高体育教师对课程标准的认知，不定期地组织教师进行新课标相关内容的交流学习，并及时进行学习内容的反馈，转变教师的体育课堂教学观念。

（五）制订全面的教学计划

课程内容安排以学生为主体，再根据学校现有优势开设校本特色课程和新兴体育类的运动项目，丰富体育模块的内容；要根据相关要求和条件制订教学计划，使用多种体能训练手段和有助于体能练习提高的相关器材；健康教育模块也要制订相应的教学计划，利用多种现代信息技术手段，如多媒体、挂图等，提高学生对健康教育的兴趣。

（六）优化整合模块教学手段

在高校体育课堂教学中利用多种现代信息技术手段，进一步提高学生的学科核心素养。如运用多媒体、手机、挂图以及多种体育课上的智能设备（运动手环、心率监测仪）等，使情境式教学与线上和线下相结合的混合式教学等教学方式常态化。

（七）改良传统教学课程机制

在原有基础上，结合学生的个性化和差异化需求，对教学课程和内容进行总体和顶层方面的改革。对于体育教学课程内容的设置，在体教融合的背景下可以开设新兴的体育运动项目，要考虑男女生性别上的差异，从而提升运动兴趣，提高学生的综合素质。

（八）完善现有管理体系

在现有的管理结构和管理体系方面提高其科学性，在主体之间进行相应的协调，可以建设“体教融合办公室”协调开展工作。在体育活动的管理中，对课外体育活动建立有效的管理机制，可以组建体育指导小组，帮助学生组织开展课余体育活动，增加体育活动的宣传方式，激发学生参与体育运动的激情。

（九）完善层级竞赛体系

完善竞赛项目建设层级竞赛体系，可以从学生兴趣、运动水平等方面建设不同层级的竞赛体系，帮助不同运动技能水平的学生广泛参与到竞赛当中，保证校园有足够的体育竞赛让学生去广泛参与，以此提高学生的运动兴趣，促进体教融合的可持续发展。

（十）完善考核评价体系

灵活运用评价方法，积极引导学生参与到学习评价中。可以采用以教师评价为主，以学生之间互评、学生与教师之间互评为辅的主观与客观相结合的评价形式，对学生的课堂表现、学习态度等进行评价，使学生及时得到评价时的反馈信息。

现阶段体育教育评价指标较为单一，不利于学生运动兴趣的培养。应当挖掘多元化评价指标，在整体上完善现有评价体系，如增加奖励制度以完善课程评价。在体教融合背景下通过体育教学过程中的参与度和运动过程中的运动密度，来制定教学评价指标，可采用电子监测记录学生的体育运动参与度来对学生进行发展性评价，调动学生学习的主动性。

第七章　普通高校体育教学评价分析

体育教学评价对提升体育教学质量、推动体育教学创新与完善体育教学管理的作用十分重大。随着新时期学校体育的全面加强与完善，普通高校体育教学评价也随之发生变化，根据发展要求需建立与之相符合的高校体育与健康课程教学评价体系，推动高校体育与健康课程教学评价改革。本章分为普通高校体育教学评价的基本理论、普通高校体育教学评价的发展历程、普通高校体育教学评价的标准与内容、普通高校体育教学评价体系的构建、普通高校体育教学评价的创新策略五部分。

第一节　普通高校体育教学评价的基本理论

一、教学评价概述

教学评价主要是指在依据教育性质、方针和政策的前提下，对设立的教学目标采用的教学方法和手段、对各种教学活动在实施中的效果、对学生学习需要的程度进行价值判断的过程；也指对在学习过程中师生为实现教学目标所做出的行为进行系统的定量与定性的描述，并最终赋予其一定现实价值的过程；同时还指依据客观评价标准，通过对教学活动的各种资料进行搜集，依据所搜集的资料对整个教学活动和效果进行相对客观的测量和科学判断的过程。总之，对教学来说，教学评价是非常重要的环节，

教学评价也是特定的评估价值的过程，包含其本身的运行规律与特色。

第一，教学评价不但需要对客体属性展开掌控，而且还需从主体的需要与行为目标方面展开价值评估，实际上就是评估价值的过程。

第二，教学评价由评价的方式、客体和标准以及主体等多个要素所组成。其关键的评价主体就是教师，评价对象包含教学方式、课程教材、教学组织形式、学生和教师，还有教学目标和教学环节等多个教学要素。

第三，教学评价还应当具体采集相应信息数据，同时通过各个对象借助不一样的方式来强化信息采集的合理性与正确程度。

第四，教学评价还应当参照相应的客观标准。评价标准就是指对教学现象展开价值评估的规则与依据。其能够通过评价目标的多样性还有评价客体与主体的不同而形成差异。通过主体的相应标准，在现有评价目标的前提下，借助一定的评价标准来评估客体的价值。

（一）教学评价目的

事物运动的背后隐藏着各种各样的目的，这些目的是事物产生、发展的推动者与引导者，是事物所趋之因。通过教学评价理论的历史演变可以发现，不同的教学评价理论指向不同的教学评价目的，教学评价目的的确立是在目的论基础的指导下进行的，每一个教学评价理论背后都有相应的哲学目的论基础。教学评价的目的是促进学生发展，学生发展是教学评价理论的逻辑起点，不同的教学评价理论实则是对不同学生发展观的理解。

目的是对需要的反映，学生的发展是与学生的需要紧密联系在一起的，促进学生的发展也就是要满足学生的需要。教学评价是以学生的需要为尺度，对已有的客体或将形成的客体的价值做出价值判断或价值程度（价值序列）的判断。价值判断不仅包含价值客体，还包含价值主体。教学评价的价值主体，作为价值关系的承担者之一，从直接可以通过感官而感知的存在形态上看，是学生。但就其抽象的实质而言，承担价值关系的是学生的需要。价值关系是主体与客体之间需要与满足需要的关系，具体地说是学生的需要与满足学生的需要的关系。学生的需要是处于支配地位的，是衡量客体价值的尺度。教学评价的最终目的是促进学生的发展，实则是通过教学评价来对学生的不同需要进行价值判断并进行排序，以揭示学生的需要与满足这种需要之间的价值关系，并采取一系列的措施来促进这种价值关系的发展。在评价活动中评价主体所理解的学生的需要以评价目标的形式起着衡量价值客体意义的作用。

（二）教学评价理论

教学评价理论是系统化了的教学评价思想，教学评价思想的首要问题是教学评价的目的问题。教学评价的目的制约着教学评价实践，无疑也制约着指导教学评价实践的理论的形成和实践对理论正确性的检验。教学评价理论是对某一时期的学生发展的反映和概括，对学生发展的目的的系统的学说是教学评价的目的论。

教学评价的目的论是学生与外界之间的博弈，即促进学生发展的目的是指向学生自身还是指向外界，用康德对发展的目的论的划分就是内在目的论和外在目的论。内在目的论认为目的性是学生自身具有的，每一具体的目的是特定条件下自然产生的；外在目的论认为学生发展的目的是由社会等外在的力量加给学生的。一个新的目的是系统在内外条件具备时自然出现的，学生的发展是内外条件共同作用的结果，学生发展受目的支配是人类活动内在的必然规定性。教学评价的目的论是对不同学生发展观的前提预设，这些前提预设是教学评价理论回答其基本问题的基础。理论是概念化和系统化了的理性认识的结果，通过正确认识和利用内在目的论和外在目的论来满足学生的需要，促进学生的发展，对内在目的论和外在目的论的正确认识和利用，是教学评价目的实现的重要条件，教学评价理论正由此产生。

学生的发展是一种生成性的存在，是一个开放的、不可限定的、复杂的、不确定的过程。当用一套专门概念（术语）、命题构成并支持着的一组陈述对这种生成性的存在进行系统化并以语言的形式呈现之后就会形成教学评价理论。教学评价理论立足于学生发展的立场，是一般性的现实理论，指向现实中的教学评价。教学评价的目的指向是任何教学评价理论都要解决的第一个基本问题，这是教学评价元理论的研究范畴。元理论是指导教学评价理论的更高位的原则，是对所有的理论进行研究的规范和指导原则。教学评价的元理论通过指导教学评价理论来指导教学评价实践以发挥教学评价理论的引导作用，同时亦通过教学评价实践修正、补充、突破和更新教学评价理论。

二、体育教学评价的定义

根据翻阅文献资料发现，研究者们对体育教学评价提出了很多的概念。有学者把体育教学评价概念解释成在体育课中全面适用的普通的教学评价。体育教学评价是通过相应的体育教学目标还有相应的指标，对全部体育教学环节展开系统化的调研，同时将其价值与含有的优缺点进行明确，以期可以不断有序发展的一个过程。国内研究者指出体育教学评价就是构成教学评价的成分之一，也就是普通的评价行为在体育课方面的生动体现，通过现有的体育教学目标，借助相应的评价措施与模式，对体育课的教学活动的成效与各个环节展开对比、研究与估量，同时提供价值评估的过程。有的研究者认为，体育教学评价指的是通过体育课上的教学规律与现存的教学目标，借助一定的评价标准，对相应教学信息进行全面的收集，来充分诠释体育教学活动的成效并进行价值评估。也有的研究者认为，体育教学评价就是根据现有的体育教学目标，借助相应的评估措施与技术，对体育教学工作的成效与各个环节展开对比、测量与分析，同时提供价值评估的流程。还有的研究者认为体育教学评价也是教学主体反思性和主动性的展示，其是将体育课的教学目标当作参照，借助执行性强的合理措施，对相关体育教学的数据信息进行全面的收集整理，从而对体育教学工作的结果与每个环节展开价值评估，同时为相应部门的先进策略与被评估者的不断成熟带来大量参考的一个过程。

虽然研究者的描述不同，但能够看到的是重点大致相似，研究者对体育教学评价的定义的明确还包含了相似性的特点，他们均认为体育教学评价是根据该课程的教学目标而确立的，对体育教学整个过程产生相应的影响。通过以上论述就可以为体育教学评价下定义：和体育课程教学工作有密切关系的多个要素，将其当作评价对象，借助先进且有效的方式与措施，对体育教学工作的成效与各个环节及教学要素还有相应影响展开价值评判的特定行为。

三、普通高校体育教学评价的内涵

体育教学评价是通过体育教学规则与该课程的教学目标所展开的活动，体育课教学目标也就是对体育课教学能不能实现提前规划的目标，有没有取得提前预设的成果和完成任务的判断标准；体育教学参照的原则也就是对教学工作是不是进行得有效，是不是满足体育教学基本标准的这些判断条件。以上的判断标准均包含了规范性与客观性，还有教育评价的信度与效度。体育教学进行评价的对象就是体育课上的学和教的过程与成效，其评价的关键对象就是接受教育的学生具体的学习，还有学生的品德状况与学习能力；体育教学评价也会对体育教师的教学过程、师德状况与教学能力展开评估。该科目教学评价的具体内容就是价值评估与量评，价值评估指的是定性的评判，大致是评估教学方向的正确与否，采用的教学方式是否合适等；量评指的是定量性的评判，大致是评估能够量化的学习结果，如掌握技能的程度与身体素质的提升等。

四、普通高校体育教学评价的相关理论

（一）有效教学理论

有效教学研究的最终目的就是提高课堂教学效果，从而对整节课堂教学过程

中的教师行为特征进行研究。研究人员提出课堂教学评价中要注重4类教师行为，即课堂教学活动中是否对教与学进行合理的组织和安排，是否提出有效的问题引发学生积极思考，是否引导学生主动探究学习，以及是否对学生的学习行为和学习效果及时进行反馈或奖励。通过对教师的教学行为特征进行归纳、分类，提出了一套具体的教师教学行为特征，具体见表7-1所示。

表7-1 教师教学行为特征

序号	行为描述
1	帮助学生识别学习中的重点与非重点
2	帮助学生维持学习兴趣
3	适合不同学生的发展水平
4	努力满足不同学生的需要
5	采取措施保持学生的注意力
6	使学生了解教学的目的
7	帮助学生利用已有的知识经验学习新材料
8	清楚地讲述教学内容
9	提供数量合适的内容（既不过多也不过少）
10	对学生的学习加以有效的指导
11	给学生提供有益的反馈
12	帮助学生把已学过的知识、技能运用到新情境之中
13	帮助学生有效地巩固学习成果
14	使学生感到容易接近
15	尊重学生
16	理解学生
17	努力保持学生的好奇心
18	熟悉所教学科的教学内容
19	恰当处理重点、难点

（二）系统评价理论

系统论将研究对象视为一个系统或整体，因此其具有完整性和层次性等特征，即各要素之间相互联系，并处于动态变化中。系统评价理论遵循系统论的原理、原则、方法等对评价活动的指标、权重、方法等进行构建。构建体育课教学评价指标体系以系统评价理论作为理论支撑，将构建的指标合理分解、整合，并通过德尔菲法、层次分析法等保证评价指标的系统性和科学性。

（三）体育教学理论

体育教学理论主要以体育教学过程的基本要素为研究对象，其要素包括教师、学生、教学目标、教学内容、教学方法、教学评价等。体育教师在体育这一复杂学科活动中起着领导、引导和指导的作用。

第二节　普通高校体育教学评价的发展历程

一、普通高校体育教学评价探索期

中华人民共和国成立初期，高校体育教育基本遵循的是苏联的“传习式”竞技体育教育的理念，以增强学生体质、掌握体育运动基础知识和基本技能为基础，在教学内容和课程设置上缺乏独立性，教学评价方式并未有明显体现。这种体育教育模式当时在客观上有利于我国高校体育教学的规范化和发展。

这一时期高校的体育教学评价方式以单纯采用终结性评价的方式为主，以后逐渐采用诊断性评价和形成性评价，以及形成性评价和终结性评价相结合的方式。诊断性评价主要关注学生在学习某一教材前的准备状态，以确定教学起点和采用何种教学方法；形成性评价即在教学的过程中及时发现问题，获取反馈信息，及时改进教学工作；终结性评价指对某一阶段的教学工作所进行的综合全面的评价，以确定教学的最终水平，以作为下一阶段诊断性评价的依据。

二、普通高校体育教学评价发展期

这一时期的研究热点主要是素质教育。为了完成这项目标，国家教育部门开始推动教育改革和学生的素质教育发展，而改革的核心内容就是教学评价。体育教育在改革期间受到教育部门的广泛重视，并且针对这一课程教育发布了相关的文件和政策。1992 年下发的《全国普通高等学校体育课程教学指导纲要》中，对考核评价规范做出了规定。1998 年发布的《面向二十一世纪教育振兴行动计划》中体育教育成为素质教育中的核心内容，并对评价体系进行改革。2000 年，九年义务教育教学大纲在各地开始施行，将学生的学习能力、健康状态、体育教育统统计入对学生的综合能力评价内容中去。这些文件的下发让体育教育逐渐成为社会的热点，也间接地发展了体育教育。在体育教育的发展阶段，教育工作者将提高素质教育与提高体育教育质量放在一起进行研究，提高了体育教学的评价质量，也让体育教学制度研究逐步完善。

三、普通高校体育教学评价深化期

这一时期体育教学评价标准做出了两次重大改革，国家和社会渴望提升青少年的身体强健水平，并将这一期望寄托于体育教学，在这一关键时期体育教学评价就需要快速地发展起来。体育教学评价的发展在全方位地进行改革，主要内容如下。

第一，体育教学评价的理论基础的建立。针对以往体育教学评价中存在的问题进行探讨以及引进国外相关的教学经验，进行多层次的发展。教育研究人员认为，将学习过程与结果进行结合评价，关注学生的全面发展，也能对教育质量进行关注。还有的研究人员认为发展体育教学评价应将教学目标、教学方式以及教学评价内容进行联合分析。

第二，建立和完善体育教学评价指标体系。评价量表能够对研究价值进行评价，它是体育教学中表现体育教育能力与总体的研究水平的指标，研究人员最终证明指标体系的建立与比重的分布是对结果进行评估的重要因素。所以一个符合实际情况的评价量表是十分关键的。研究人员认为，在当今新的社会背景下，在对学生建立体育教学评价量表时，应将学生对这门课程的态度和对这门课的情怀等因素考虑其中，使学生越来越重视对身体的锻炼，同时也对体育教学评价中的内容比重分布进行了解，表明评价体系中内容的重视程度的变化规律，以及这一变化对教育的影响程度，最终站在体育教育的最佳角度来对体育教学大纲进行建立。教育工作者为了让体育教学紧跟上教育改革的步伐，在加强学生的体育锻炼的基础上对体育教学评价标准进行建立和完善，在建立和完善过程中应当考虑体育教学的实际情况，并且也应重视学生对这门课程的看法。

第三，改革研究对象以某一范畴的体育教学评价为参考。高校是高学历人才的聚集地，也是进行科学研究最合适的场所，高校往往会诞生许多新的科研成果，因此在高校进行体育教学评价研究具有良好的基础和条件，高校教师能更精准更方便地获取评价样本来进行分析研究。通过对体育教学评价样本进行分析，我们可以得出高校应该格外重视学生在校期间的心理健康状况和形成体育锻炼能力的观点。有学者通过对比中美高校调查样本做出分析，他们认为中国的体育考核的方法、内容和标准有些死板，其体育考核更像是进行一次体育考试，对促进学生培养自主锻炼意识和提高学习能力的作用不明显，起到的引导和控制作用也很有限，他们认为美国春田学院的体育考核方法、内容和标准更有利于培养学生自主锻炼的能力。在后来的科研中更有学者提出要对高校体育教学评价进行多元化的改革，强调要同时关注学生在校期间的心理情感状况、参加体育运动的积极性和全身心发展情况等多个方面。他们还认为现代的教育方式其主要目的应该是提高和培养学生的综合能力，所以当前的体育教学评价呈多元化发展已经是大势所趋。还有学者认为体育教学评价体系的确立应该建立在培养体育生命意识的基础上，要重视学生自身的健康发展，关注他们成长和成人的过程，站在学生的角度对其进行科学合理综合的分析，而不是一味地对学生进行一次简单的评价。

三、普通高校体育教学评价的基本走向

（一）体育教学评价内容的全面性

在传统的体育教学中，对学生学习结果的评价主要集中在知识的掌握、智力的发展等认知领域，对教师教学水平的评价往往以学生的考试成绩为依据，而对学生的思想品德、个性、人格等的发展，以及教师的教学行为、授课质量不够重视。随着人们对体育教学评价目标和功能认识的不断深化，体育素质教学评价的内容也日益全面，不仅要评价教师的教，还要评价学生的学；不仅评价体育教学活动的结果，也评价体育教学活动的过程；不仅评价学生在知识、技能、智力和能力等认知方面的发展，还要评价情感、意志、个性、人格等非认知因素的发展。

（二）体育教学评价方法的多样性

在传统的体育教学中，评价大多采用单一的方法，或是单纯定量的方法，或是单纯定性的方法，由于多因素的制约性以及评价技术和手段的局限性，严重影响了体育教学评价结果的客观性、科学性。因此，体育教学改革主张把各种评价方法结

合起来。例如，把定性方法与定量方法、自评与他评、结果评价与过程评价、诊断性评价、形成性评价与终结性评价相结合，这样既可以充分发挥各种评价方法的优势和特长，又可以互相弥补缺陷和不足，从而使评价的结果更加客观、公正。

（三）体育教学评价主体的多元化

在传统的体育教学中，体育教学评价活动的主体主要是学校管理人员或体育教学行政部门，是一种单一性的他人评价，作为评价对象的教师和学生则完全处于被动地位，没有任何主动选择的余地。当前体育教学评价的一个重要转折点就是评价主体的多元化，即评价主体由单纯的体育教学行政部门转变为学校管理者、同行教师、学生以及教师本人都可以对体育教学活动进行评价。评价主体的多元化，一方面可以从多个方面、多个角度出发对体育教学活动进行更全面、更客观、更科学的评价；另一方面，由原先的评价对象成为评价主体的教师和学生，在进行评价的过程中，也不再处于过去单纯的被动状态，而是处于一种主动的积极参与状态，充分体现了他们在体育教学评价活动中的主体地位，这十分有利于教师、学生不断地对自己的体育教学活动和学习活动进行反思，对自己的活动进行自我调控、自我完善、自我修正，从而不断提高体育教学的质量和效率。

（四）日益注重体育教学评价的教育性和发展性功能

传统的体育教学评价注重的往往是区分、甄别、选拔性功能，只看体育教学的结果而不问体育教学的过程，是一种单纯的结果评价和终结性评价，一般用于对教师的奖惩和选拔学生。素质体育教学则更加重视体育教学评价的体育教学性和发展性功能，力图通过过程性评价和形成性评价，及时地向教师和学生提供反馈信息，使他们能够了解体育教学活动中存在的缺陷和不足，从而促使教师和学生能够不断地改进、完善自己的体育教学活动和学习活动，也使体育教学活动更好地为学生的发展服务。

第三节　普通高校体育教学评价的标准与内容

一、普通高校体育教学评价的标准

所谓标准是衡量事物的一种准则或规范，是关于价值的陈述。教育评价是指在系统地、科学地和全面地收集、整理、处理和分析教育信息的基础上，对教育的价值做出判断的过程，目的在于促进教育改革，提高教育质量。教育评价本质上是对教育的价值进行判断的过程，但是，如何把教育的价值准确地表现出来，这是教育评价的关键环节。所谓教育评价标准就是准确具体的表现出教育的价值的内容。教育评价标准包括两大要素：一是指标体系；二是评定标准。其中指标体系是指教育活动数量和质量要求的具体评价内容的集合，它主要是根据教育目标、评价对象和条件以及人们的愿望、需要和意图、现有相关的各种规章制度和科学理论等进行考虑的评价内容的集合。而评定标准是指规定对应于相应的指标，评价对象达到什么程度，才能获得相应的分数、等级和评语。

（一）制订体育教学评价标准的依据

1. 教学评价标准要兼具多元性与综合性

学生作为一个独特的人，在性格、兴趣、品格、能力、爱好、智力、动机等各个方面都存在差异，同时，在学习效果的行为表现方面也各有不同，但以往的传统教学评价将学生看作完全相同的个体，采取统一僵化的标准对学生进行整齐划一的评价，在过分关注学业成绩的同时，错过了学生身上独特的闪光点，因而我们应该尽快构建多元的教学评价指标体系，评价标准应当关注学生的个体差异与个性发展，在充分考虑学生的个性特征、兴趣爱好、发展状况以及各方面能力特点与优势的情况下，通过分析与协商，根据教学目标科学合理地设计出不同方面、不同层次的评价标准，突出学生间的差异性，展示学生自我的独特性，使每位学生都能在原有的基础上实现个性的发展。

2. 教学评价标准要兼具科学性与可操作性

一套科学性和可操作性都很强的教学评价标准是保证体育教学评价有效性的关键所在，评价标准只有符合学科特色与学生发展需求，并能在实际教学过程中为教师所利用，才能确保教学评价真实全面，进而促进思想政治课教学的改革，发挥体育教学为社会培养高质量人才的功能。每一门学科都有各自不同的特点，而学生作为教学的对象，其认知与心理的发展又具有一定的规律性与阶段性，因而体育专家学者应当依照学科的特殊性，结合国内外先进的教学评价以及学生发展的相关理论，对教学目标进行科学严谨地分化，制订出既有学科特点又符合本年龄段学生发展的评价标准，保证教学评价标准能够客观地反映学生学科核心素养。但是，科学的评价标准只有应用到实际教学评价过程才能发挥出其巨大潜能，但以往的教学评价标准都是由本学科著名的专家学者进行制订，虽然学者们在本领域都有着突出的学术贡献，但大多都缺乏实际的高校教学经验，而普通高校教师作为评价标准的实施者，虽然具有丰富的教学经验但对教学理论缺乏详细的认识与了解，这便导致了评价标准的理论与实践的脱节，评价标准虽然具有科学性，但脱离实际教学，缺乏可操作性，因而应当让高校体育教师进入教学评价标准的制订队伍中去，让教师在参与过程中对抽象的评价标准进行熟悉并理解，将理论与实际联系起来。只有这样，体育教师才能根据教学实际需要，将科学的评价标准划分为具体的、可量化的行为表现，制订出兼具预见性而非预定性、开放性而非规范性、整体性而非片面性等多重属性的评价量表，使科学的评价标准能够在实际教学过程中得以运用，发挥出评价的真正功能，促进学生的全面发展。

（二）制订体育教学评价标准的必要性

1. 落实“立德树人”根本任务的需要

“立德树人”是培养高质量人才的必然要求，为了实现“立德树人”的根本目标，学校必须要紧抓教师教学质量这一核心内容，学校工作做得如何，“立德树人”的工作落实得怎样，这些都可以从教师教学质量上反映出来。构建体育教学质量评价体系时，将“教师基本素养”作为其中一项评价指标，其中对“师德师风”的评价就包含在其中。在实际操作中，所提及的一两项内容可能会难以评判体育教师的师德师风，但是在一定程度上也会对教师起到提醒的作用，进而有助于建设高素质教师队伍，有助于培养德智体美劳全面发展的社会主义建设者和接班人，亦是落实“立德树人”根本任务的需要。

2. 推动高等教育改革的需要

高等教育的任务在于培养更多专业的优秀人士，在于培养更多具有创新精神和实践能力的高级专门人才。量的积累必然会引起质的飞跃，为了更好地适应经济社会发展的需要，高等教育规模在稳步增长的同时，应该注重教学质量的提升。因此，全面提高高等教育质量，也成了高校的中心工作。因此，这就要求学校要有完善的、客观的教学评价体系，以评价来促进教学质量的提高，以评价来推动高等教育的革新。提高高等教育的教学质量，不仅是遵守高等教育本身的发展规律，还关乎学生就业和创业能力的提高，更是促进高等教育革新的需要。

3. 加快体育教学改革的需要

体育教学是教育事业发展中不可缺少的部分，志在为国家培养出更为优秀的综合性人才，是推进我国各项事业蓬勃发展的重要基石。我国体育教育分为学前体育、学校体育和社会体育，学校体育是其中最为关键的一部分，而高校体育又是学校体育的重要一环，也是培养学生终身体育思想的主要阶段。高等教育阶段体育课程应与创新人才培养相结合，培养具有崇高精神追求、高尚人格修养的高素质人才。而对体育教师教学质量进行评价的主要目的是充分将体育教师的积极性调动起来，激励教师进行自我评价，并根据自身情况适当调整，进而提升教师业务能力，提高教学质量和效能，加快体育教学改革。

（三）体育教学评价标准的结构

体育教学评价标准的结构是指体育教学评价标准的构成体系，包括组成部分和层次，又称指标体系。一般来讲，体育教学评价标准由以下三个部分构成。

1．效能标准

效能标准包括效果标准和效率标准两部分。效果标准是从工作效果的角度确定的教学评价标准。体育教学效果标准一般从以下三个方面来考虑：一是体育基本知识、基本技术、基本技能掌握标准，它主要考查学生在体育教学中掌握体育基本知识、基本技术的数量与质量；二是能力发展标准，在体育教学中，要把发展学生的智力、个性，将培养学生参加体育锻炼的能力与习惯放在重要的位置；三是思想品德教育标准，即寓思想品德教育于体育教学之中。

效率标准一般指根据产出与投入的比例来衡量工作成果，在体育教学评价中是指评价活动要考虑教和学的时间因素，即在规定的时间内，体育教师是否根据大纲要求完成了教学任务，学生在思想、体育知识、技术、技能的掌握及增进健康等方面是否达到了应有的水平。

效果标准与效率标准有相近之处，但二者又有区别。效果标准是根据预定的目的考查工作的成果，它不考虑投入的人力、物力和时间。效率标准是教学评价中最根本的标准，它把人力、物力、时间的消耗与成果联系起来考查，可以使体育教师关心、重视工作效率，提高教学效果。在高校体育教学评价中，应把效果标准和效率标准结合起来。

2．职责标准

职责标准主要是根据评价对象所承担的责任和完成任务的情况去评价的依据。评价体育教师的教学工作时，首先，要看备课的质量，即对体育教学大纲钻研的程度，对学生了解是否清楚，对教材重点、难点是否明确，教案的编写、场地和器材的布置是否合理等。其次，看上课的质量，主要看授课内容是否科学，教学目的是否明确，重点是否突出，方法、手段是否有效，语言是否清晰，示范动作是否正确、优美等。最后，看教学过程是否贯彻了体育教学原则的各项要求。如果贯彻了正确的体育教学原则，教学过程必然生动、活泼、效果好，反之则效果差。

职责标准可以使被评价者增强事业心和责任感，关心教或学的全过程。但这方面在评价过程中不能过于偏重，应与教学工作成果结合起来，防止形式主义。

3．素质标准

素质标准是从承担各种职责或完成各项任务应具备的条件的角度提出的标准。例如，作为一名合格的体育教师应有比较渊博的体育专业知识，懂得教育教学规律，有科学的世界观和高尚的道德品质，热爱体育教育事业并有强烈的事业心和责任感。这些都是一名体育教师应具备的基本素质。素质是被评价者的基础和条件，是一种长期起作用并能决定今后发展方向的因素。

体育教学活动是复杂的教学过程。评价的素质标准反映了对体育教学系统中各部分素质的要求，对优化体育教学起着决定性的作用；职责标准反映了对体育教学系统中各部分的职责要求，它主要促进体育教学活动的优化；效能标准是对体育教学系统运转效果和效率的要求，是素质标准和职责标准功能的反映。三个部分既有独立性，又有统一性，核心是效能标准，特别是其中的效果标准。在具体的评价标准中，三个部分并非并列关系，有时偏重效能标准，有时偏重素质标准，有时偏重职责标准，究竟属于哪种情况，要根据实际情况来确定。

二、普通高校体育教学评价的内容

（一）学生学习评价

学习评价的概念可有广义和狭义之分。广义的学习评价认为评价是好与坏的价值判断。狭义的学习评价主要是对学生学习质量和学习活动的综合评价。学生学习评价体系是以学生为评价主体，对学生学习质量和活动进行科学、全面的评价；学生学习评价体系是学生学习评价内部各指标按照一定的原则组合而成的学习评价系统。

在教育不断发展的背景下，学习评价应以三维教学目标为一级维度，综合评价学生在学习过程中的知识与技能、过程与方法、情感态度与价值观三个方面，即学生评价是在系统的基础上判断学生发展变化价值的过程，科学、全面地收集、整理、处理和分析学生的信息活动，促进教育教学改革，使学生全面发展。

（二）教师教学评价

教师的教学能力直接影响着教师的教学行为，而优秀的教学能力则有助于教师合理地组织课堂，激发学生的学习兴趣，从而达到最佳教学效果。体育教师要取得这样的教学效果，不仅要在教学之前进行研究和设计，而且要注意在课堂上的表现和调节，以及在教学后的总结和评估。体育教师对教学能力的掌握和应用，使其能更好地进行体育教学，也是其职业发展的必然结果，也是保证学校体育教学健康有序发展的重要途径。在实施教学过程中，体育教师应该具有培养学生的教学能力的意识，并定期地进行教师教学能力的评估。

体育教师的教学能力是指对体育的理论知识的传授，也包括对体育课程的探究力能、体育教材的教法运用能力、制订教学目标和教学内容的能力、组织课余体育活动和体育竞赛的组织能力、正确标准的示范动作能力、体育教学质量的评估能力等方面。教师的教学能力是影响教师专业素质的重要因素，在教学中帮助学生掌握充分的专业技术和理论知识，以提高他们的身体素质，提升他们的体育兴趣，从而塑造学生的健全人格。

（三）教学质量评价

教学质量评价体系主要由课堂教学质量评价体系和实践教学质量评价体系两大部分构成。教学质量评价体系是由若干相互联系、相互作用的评价指标联结而成的，具体涉及教学过程中的各个环节、要素、过程、路径等。在教学质量评价体系中，教学质量是评价的最终目标，而直接影响教学质量的因素则是被评价的对象。可以说，整个教学质量评价体系显得多元、系统而有机，具体包括诊断性评价体系、过程性评价体系、总结性评价体系三个部分。

诊断性评价是指对教学计划、教学大纲、专业设置、人才培养模式予以判断评价，而这四个部分均是为人才培养目标而制订与实施的。诊断性评价发生于教学活动之前，对教学状况及其存在的问题予以判断评价，以便制订符合实际且有针对性的教学计划或方案。过程性评价是对教学目标、教学态度、教学内容、教学方法、教学手段、实训方式、实训过程予以评价。教学活动过程的复杂性和多样性往往决定过程性评价的难易程度。而总结性评价主要由学生评价、教师评价、管理者评价、专家评价等组成。这是对教学活动达成目标程度予以判断的评价，为过程性评价和诊断性评价提供必要的依据，从而确保教学质量。

教师教学质量评价工作极为复杂，体育教师由于自身职业的特殊性，其教学质量评价工作更是涉及多个层面。立足专业特点，并结合教师评价标准，构建适用于普通高校体育教师的教学质量评价体系，有助于教师自我改进、提升自己；有助于高校审视自身，从学校实际情况出发为提高教学质量做出努力；也可以进一步完善高校体育教师教学质量评价工作，更好地指导教师教学实践，为普通高校加强教师科学化管理提供参考依据。

第四节　普通高校体育教学评价体系的构建

一、普通高校体育教学评价体系构建的理念

传统教学评价采用的是评价报告的方式，或者采用教师的教学标准。这种评价方式无法反映现代教学理念，无法充分体现新课程标准，也无法体现学生的主体地位，缺少多元化的考虑，无法满足现代社会的发展要求。根据素质教育的要求，教学评价应当满足大多数人的评价要求。评价内容、评价方法、评价标准以及评价面都要实现从单一到多元，为学生的全面发展提供保障。这种评价方式，从知识性评价转变为综合素质评价，有利于提高学生的身心素质，帮助学生养成自主性评价习惯，培养自我意识，逐渐发展为主体性评价。

（一）强调以人为本的设计理念

现代社会强调以人为本的发展理念，为学生的全面发展提供了社会基础。教学评价应当借助此机遇，时刻关注学生的发展，时刻关注学生的生活状况，引导学生积极参与社会实践活动，不断进行创新探索，形成多元化的发展模式。因此，有必要关注学生的综合能力，在学生的日常生活中融入教学评价，挖掘学生的发展潜能，发挥学生的特长，提高学生的生活质量和社会适应能力，实现学生的个性化成长。

（二）以新时代特征为设计理念

一切教学活动的根本目的都是促进学生的全面发展，为顺应新时代的发展，以习近平新时代中国特色社会主义思想为指导，全面贯彻党的教育方针，落实“立德育人”的根本任务，系统推进教育评价改革，发展素质教育，通过构建具有新时代特征的体育课堂有效教学评价指标体系，顺应新时代核心背景下学生体育核心素养和德育的培养要求，促进体育教师的专业发展，提高体育课堂教学的效率和质量。

二、普通高校体育教学评价体系构建的原则

（一）科学性原则

设置科学的评价指标是进行教学评价工作的重要前提。若没有科学的评价体系作为引导和设框，高校体育教育课程的标准就没有正确的轨道循迹，因此，各指标的选取以及权重的确定等都要遵循科学的研究方法，并对所构建的评价指标体系进行合理性验证，使评价指标体系能够准确客观地反映体育课堂教学的实际情况，这样才能更加符合新课标的要求，使体系更加严谨、合理，使评价也更具先进性。

（二）可操作性原则

建立高校体育课堂教学评价指标体系的最终目的是客观评价高校体育课堂的教学情况，以指导学校体育的教学工作。指标体系中的指标条目应该重点突出、简单明了，具有一定的可操作性。指标内涵能让使用的教师或管理人员理解，能够客观评价出高校体育课堂教学的实际情况，便于对高校体育课堂教学进行相关的评价工作。

（三）导向性原则

导向性原则是指在构建评价指标体系的过程中要以教师的教和学生的学为导向。在发展和学习的背景下，做好对体育观的正确塑造，从而对学生学习体育的影响更为深刻，在以后的发展中可以根据自身的能力和对体育的认识做出更为有利于个人发展、国家发展的有益作用。因此，在学生体育学习和认识的关键期要做好意识形态的塑造，在评价指标体系的构建中更要注重教学过程的有效融入，学习中更要强调交流互动以及质性评价等特征，让教学更有效，根据教学情况了解学生对体育思想的认识，真正做好导向工作，从而进一步优化新时代核心背景下体育课堂教师有效的教学理念。因此，要遵从导向性原则，最终实现学生的全面发展。

（四）学科性原则

由于各学科内容不同，教师的教学行为和教学能力的划分标准也不同，因此在构建高校体育课堂有效教学评价指标时既要把握体育学科与其他学科的共性，也要充分考虑体育学科的特点，在学习过程中注重学生学习能力和运动技能的习得，落实体育核心素质和德育的培养要求。

（五）目标一致性原则

体育课堂教学评价指标体系是体育课堂教学评价目标的具体化，主要由教学评价目标逐层分解而来，这表示：①所有下属指标的总和应等于上一级指标，所有一级指标相加应等于总的教学评价目标；②一致性要求是每一个一级指标都应符合的基本要求。

（六）全面性原则

全面性原则并非指指标条目的选择越多越好，指标项目过多不仅增加工作负担，在实际运用中也会使可操作性下降。评价指标全面在于能从多方面客观且真实的反映高校体育课堂的实际教学情况。通过指标体系的运用，能看到体育课堂教学中的优点与存在的不足，让教师、管理人员能根据评价结果看到差距进而弥补存在不足的方面。

（七）可测性原则

构建的评价指标体系需要运用到实际的体育课堂中并进行教学评价实践，所以构建出的最低一级的指标要尽量可量化，而对于像情感态度这类不能量化的指标，则可以用具体化、可操作化的语言加以概述。

三、普通高校体育教学评价体系的结构

（一）体育教学评价的目的

实施教学评价的根本目的在于实现学生的全面发展。通过教学评价，可以发现现有教学过程的不足，根据评价结果改进教学过程，使学生在评价中不断成长，适应现代化社会的发展需要。

具体来讲，教学评价的目的包含如下几个方面：首先，通过定性诊断方法评价现有的教学过程，根据评价结果及时改进教学方法，以便更好地促进学生发展，发挥教学评价的作用。其次，帮助学生进行知识的查漏补缺，进行学习上的自我反思，使其不断改进学习方法。每个学生都是独立的个体，其在学习上必然存在一定的差异。通过诊断评价，及时反馈学生学习上的不足，根据学习上的不足改进学习方法，科学地进行学习，发挥自身的优势。再次，帮助教师改进教学设计。教师的教学是针对整个班级进行的，由于学生的接受程度不同，教学中的知识点难免会出现偏难的情况，教学方法的针对性就会降低。通过教学评价，教师会发

现教学设计中的不足，及时改善教学设计，调整教学计划，进而提高教学质量和效率。最后，为教育主管部门提供教学信息。根据教学评价结果，为教学决策提供客观的教学数据，教学主管部门会及时调整教学决策，保证教学决策的科学性。

（二）体育教学评价的内容

教学评价的内容，指的是对教学过程中涉及的方面进行评价。一般来讲，教学评价的内容包括如下三个方面。

首先，学生的学习，教师的教学，这是教学评价的主要内容。为了使教师的教学更具有针对性，教学重难点更加突出，更好地为学生服务，应当对教师的教学进行评价。对学生的学习进行评价，目的在于督促学生学习，优化教师的教学效果。

其次，教学过程。教师和学生之间相互作用的过程，便是教学过程，如教师的导入、教师的教学、学生的学习、学生的作业等。通过教学评价，逐渐改善教学过程，提高课堂教学质量。

最后，教学效果。在检验教师教学效果、学生学习效果的过程中，最重要的手段便是教学评价。通过考查教学效果，可以判断教学目标是否完成，教学计划是否实施。因此对教学效果进行评价是改进教学决策的重要依据。

（三）体育教学评价的手段

教学评价的手段是指采取何种方式进行教学评价，一般而言，主要分为动态评价和静态评价。动态评价，指的是对教学采取动态化的评价方式，如形成性评价和发展性评价。根据学生的课堂表现、教师的课堂教学情况进行评价，确定最终的教学效果。因此在实际教学中，不应过度注重学生知识的掌握程度，还应注重对学生世界观、人生观、价值观的培养；注重培养学生解决问题的能力。教师则要多用鼓励性语言，多对学生进行鼓励，肯定学生做出的成就，实现学生个性的发展。静态评价则是一种诊断性评价，通过诊断测试或诊断检查，获得评价结果，实现教学工作的改进。在实际教学中，应当实现静态评价和动态评价的结合，两种评价方式互补，发挥各自的优势，以便实现对学生进行全方位的、客观的评价。教学评价体系是一个整体，评价工作要坚持“以人为本”的评价理念，使学生成为教学活动的主体，将学生培养成创新型人才。

（四）体育教学评价的实施

如何实施教学评价才能更好地服务教学工作，是所有教育工作者面临的问题，也是所有教育工作者需要解决的问题。为保证教学评价的有效实施，可按照如下方式开展基础教学评价。

首先，确定教学评价标准及教学评价目标。设定教学评价标准及教学评价目标的目的在于服务教学工作，提高教学质量。评价目标越明确，评价标准越详细，教学评价工作越科学，越能体现评价规则，教学过程越接近实际情况。

其次，收集整理教学信息，开展教学评价。在明确教学评价标准及教学评价目标的情况下，应当着手收集教学信息，并对收集到的信息进行客观、公正的处理，保证教学评价结果的准确性、科学性，以全面提高教学质量。

最后，对教学评价进行总结，及时反馈教学信息。有学者指出，在日常教学中，要采取灵活机动的教学方法，多对学生进行表扬，提高学生学习的积极性，这样才能获得意想不到的教学效果。教学评价的初衷是提高教学质量，以教学评价为基础保证教学决策的科学性，以便更好地指导教学实践，提高教学水平，从整体上促进学生的身心健康。教师在对学生进行评价时，不能以成绩论英雄，而应认真地分析思考，选择恰当的评价时机，采用恰当的评价方法，实事求是地评价学生。因此，要根据不同学生的不同表现，给予学生不一样的评价，对学生进行不一样的启发教育，以此提高学生学习的主动性，使其感受到学习的乐趣，促进学生的成长。

四、普通高校体育教学评价体系的指标

（一）教师专业能力

体育学科核心素养提出要培育学生运动能力与习惯、体育情感与品格、健康知识与行为，其目的是促进学生全面发展，这就要求高校体育教师在教育教学过程中应根据高校学生的身心特点和体育需求进行教育教学。在教育教学过程中要结合自身的专业能力，培育学生的思想品德和心理品质，促进高校学生形成良好的品德；注重情境化教学和学练赛一体化，激发学生体育学习兴趣，帮助学生掌握基本的技战术和竞赛规则；设计丰富多样的体育活动引导学生自觉参与体育锻炼，形成良好的体育意识和健康行为。

1. 德育能力

德育能力是指教师在某种特定的文化背景下，能够胜任德育工作，实现德育目的的能力。教师的德育能力对学生的道德品质和人格塑造起着至关重要的作用，不仅对学生当前的思想道德和心理发展产生影响，还会影响其未来发展。《关于

全面加强和改进新时代学校体育工作的意见》中明确提出，要培养学生奋发向上、顽强拼搏的意志品质和集体主义、爱国主义精神。将体育教师德育能力评价指标分为思想道德教育能力和心理健康教育能力。

在培育学生体育学科核心素养过程中，体育教师不仅要具备良好的思想道德和心理品质，为学生树立榜样，潜移默化地影响学生，同时还要在体育教育教学实践中注重对学生进行德育教育，促进学生体育情感与品格的形成。这就要求体育教师要在教学设计过程中认真研究教材内容，提炼出德育教学方面的基本点，如遵守规则、尊重裁判、团结合作等，并在教学实施过程中准确把握育人时机。

2. 教学能力

教学能力是指教师在教学实践中形成的，基于一定的教学知识和教学技能，顺利完成教学活动任务和促进学生学科核心素养发展过程中表现出来的个性心理特征。体育教师教学能力的高低直接影响着体育课程教学的质量和效率，是评价体育教师是否合格的重要标准。体育教师教学能力是由诸多单向教学能力组成的，我们可将体育教师教学能力评价指标分为体育教学设计能力、体育教学实施能力、体育教学评价能力和体育教学反思能力。

培育学生体育学科核心素养对体育教师教学能力提出了更高的要求，体育教师在体育教学设计中，要树立正确的教学理念，以体育情感与品格、运动能力与习惯、健康知识与行为为导向，结合教情、学情，设计体育教学计划。在体育教学实施中，创设真实、有趣的教学情境，激发学生的体育学习兴趣。在体育教学评价中，评价内容能从体育情感与品格、运动能力与习惯、健康知识与行为等多维视角综合评价学生课堂表现。评价主体要从单向转为多向，通过教师评价、学生自评、同学互评、学生与教师互动评价，帮助学生提高对自我的认识，促进学生的个性发展和潜能挖掘。评价手段要多样化，能够通过行为观察、随堂提问与测验、成长记录袋等方式对学生的课堂表现进行评价。评价标准要分层化，能根据学生个体差异和发展水平的不同，设置不同的评价标准，促进学生在原有基础上得到提高和发展。教学反思是体育教师提升和实现自我发展的有效途径。在体育教学反思中，能根据学生的学习效果判断学生是否达到培育学生体育学科核心素养的目标，教学内容和方法是否有利于培育学生体育学科核心素养，教学互动是否以平等的姿态与学生讨论、交流、分享，与学生共学共成长。

3. 教研科研能力

教研科研能力指教师在教育教学实践中，运用教育科学理论探索教学规律、解决教学实际问题和优化教学实践的能力。体育教师通过教学研讨和科学研究，能够获得更多教育信息和资源，掌握体育学科前沿知识。如果体育教师缺乏教学研讨和科学研究能力或不具备教研科研能力，就难以适应新时期社会发展对学校教育提出的新要求。我们将体育教师教研科研能力评价指标分为教学研讨能力和学科科研能力。

培育学生体育学科核心素养过程中，体育教师要以“培养什么人、怎么培养人”为出发点开展教研科研工作。在教学研讨中要深入学习新的教育理念，从培育学生体育核心素养的角度理解体育与健康课程，设计基于体育学科核心素养的教学计划，探讨基于体育学科核心素养的教学方法，分享教学经验等。在科学研究中要立足一线教育问题，把教学活动作为科学研究的切入点，以解决和改进教学实践为目的。

4. 沟通与合作能力

沟通与合作能力是体育教师在体育教育教学实践中所具备的思想交流、信息传递、协调合作的能力，包括沟通交流能力和协同合作能力。沟通交流能力是指体育教师能与同事、学生、家长等沟通、互动的能力；协同合作能力是指体育教师能够协调好同事、学生、家长之间关系的能力。对于体育教师而言，与同事、学生、家长的沟通与合作已成为体育教师专业能力的重要构成要素，是体育教师提升自我、实现专业发展的重要途径。

（二）学生学习能力

在具体的课堂教学活动中，学生是学习的主体，教学的最终目的是学生的发展。在新时代背景下，为了适应深化体育课程改革的要求，落实“立德树人”的根本任务，培养学生的核心素养已成为教学的首要任务。因此，在体育课堂教学中可以通过学生学习过程和学习效果等的可视化的行为指标来评价体育课堂是否体现了新时代的要求。

1. 学习过程

①积极参与运动的全过程，有广度和深度。体育课的学习主要是身体上的学习，学习效果也是通过学生的身体来体现的，因此，学生的参与度的高低是判断教学效果的一个重要方面。学生主动还是被动地参与，参与程度是高还是低，这些都是衡量体育教学效果的重要标准。

②能内化知识，自学能力强，能独立思考。该指标体现了学生学习能力的应用，对于教师教授的知识能够独立思考和内化。

③体现自主、探究、合作学习的意识。该指标体现了学生学习方法的应用，

学习过程中具有自主学习、探究学习、合作学习的意识。

④运动中体现出迎难而上、不怕吃苦的品质。该指标体现了体育与核心素养中体育品德方面的体现。

2. 学习效果

①学生的身体得到有效的锻炼。学生在课堂活动中的练习密度和运动负荷要合理，使学生的身体得到有效的锻炼。

②不同层次的学生获得相应技能水平的提高。没有水平完全一致的班级，或多或少地都会存在个体差异，因此判断学生的学习效果就是观察不同学习水平的学生是否都能不同程度地获得运动技能。

③完成预先设计的教学任务，达到预期的教学目标。完成教学任务是适应教学目标的体现，而目标的达成是学生学习效果的体现。

3. 学生满意度

①在运动中获得快乐的体验。体现了学生对教学内容、教学方式感兴趣。

②学生评教结果好。学生的评课、评教结果反映了学生满意程度高。

③学生期待上体育课。学生对体育课产生期待也体现了学生的满意程度。

（三）体育课堂环境

课堂环境包括课堂的物理环境和人际环境。对于体育课堂而言，良好的课堂环境应表现为安全规范的场地设施、和谐民主的交流互动等。因此，课堂环境这一维度通过物理环境和人际环境两个方面得以体现。

1. 物理环境

物理环境指的是体育课堂教学所需要的硬件设施，如场地、器材、设施、多媒体等。除此之外，还要有安全措施的预防。

①器材数量和质量满足教学需要。教师要根据教学需要给学生配备充足的器材，以保证教学的顺利进行和教学质量提高。

②场地布置合理，安全措施落实有效。安全规范的教学场地是进行体育课堂教学的前提，体育课是自由度比较大的课程，因此教师应根据教学内容的需要合理选择和布置场地，检查并确保无安全隐患。

2. 人际环境

民主、平等的人际环境是教学的必要基本条件，不仅能激发出学生的学习潜力和热情，还能提高学生的交往能力。

①师生之间相互配合、及时沟通、平等交流。师生间平等、有效地沟通和互

动是调控课堂氛围的关键，活跃的课堂氛围有利于教师开展教学工作和提升学生的学科核心素养。

②生生之间积极讨论、互相帮助、相互评价。学生之间能够在学习过程中相互帮助、积极讨论、相互评价。

第五节　普通高校体育教学评价的创新策略探讨

一、普通高校体育教学评价存在的问题

（一）评价主体缺乏多元性

调查结果显示，高校中参与体育教学质量的评价主体较为单一，主要以教学督导小组、学校领导评价为主，部分学校忽视了同行教师评价和教师自评。选择同行教师进行评价能够更加身临其境地在评价过程中找准问题；教师定期进行自评可以更好地根据实际情况进行评价，及时反省改正。教学督导小组和学校领导在日常工作中很少有机会直接参与到教学中，可能是凭借过往的资历对体育教学质量进行评价，不一定具备评价所需的专业素养，因此只根据领导评价较为片面。长此以往，教师一直处于被评价的被动状态，可能会挫伤教师参与评价的积极性，违背了通过评价使教师实现自我提升、从而提高课堂教学质量的目的。

（二）评价方法缺乏科学性

调查得知，对于体育教学质量评价的时间大多在学期末进行，部分普通高校以终结性评价的方式对体育教学质量进行评价。体育教学活动是一个复杂的大系统，参与这个系统的主体是多样的，过程是动态的。而终结性评价只能对最终的教学效果进行评价，无法全面地考查课堂教学的全部，既无法评价教师课堂上的教学行为、教学态度等因素，又无法判断学生课堂上的学习行为。这样做不仅忽视了教师是教学活动的主要实施者，学生之间存在个体差异性等，还违背了最初帮助教师提升体育教学质量的初心。因此，仅以终结性评价的方式对教学效果进行评价，就会忽视对整堂课教师的教学过程和学生的学习过程进行考察，那就失去体育教学质量评价的意义了。教师评价问题是一个多维度、多主体的综合问题，评价结果可能会因为评价指标、评价方法等方面的不同产生差异。高校应该科学、

全面地对教师教学质量情况做出评价，才更有利于促进教师教学质量的提升，促进其专业化发展。

（三）评价反馈缺乏及时性

评价结束后，学校对评价结果的反馈在整个评价过程中相当重要。及时有效的反馈可以帮助被评价者更好地了解和改进课堂教学中存在的问题，从而促进课堂教学质量的提升。然而，在高校体育教学质量评价反馈工作的调查中显示，做到及时反馈的学校仅有一小部分，大部分学校存在反馈不及时和不连续的情况，忽视了评价过程中与被评价者相关联的重要一环，导致被评价者不能及时获取到评价反馈信息，从而使前面的评价工作大打折扣。站在被评价的教师的立场上，在评价结束后没有及时收到评价反馈，评价工作只是走过场，这将会对教师的成长和发展需求起不到激励作用，甚至影响教师参与教学评价工作的积极性。所以，高校对于评价结果的处理应该公开、公平、公正、透明，应该加强对教师教学质量评价反馈的重视程度，应该及时地、有针对性地对教师的教学质量评价结果进行分析。正如大多数教师所期望的那样，教学评价反馈结果应该是为了向教师提出改进、发展建议，教师了解了自身在教学工作中的不足，才能及时改进工作，采取挽救措施，提升教学质量。

（四）评价主体缺乏自我性

评价主体的合理选择是开展高校体育教学质量评价的重要保障。调查结果显示，高校体育教学质量的评价主体主要以学生评价、同事评价、领导评价为主，教师自我评价情况较不理想。一半以上的教师对于参与评价活动的态度都是比较积极的，但是在实际参与情况中，大部分教师表示只参与评价活动的某几个环节或者没有参加。另外，在参与评价活动的人中，存在不认真对待的情况，主动参与意识比较薄弱，会认为评价的形式要大于评价意义，产生这样的想法也可能会影响最后的评价结果。因此，在教师教学质量评价中，教师作为被评价对象，如果一直处于被动地位，他们的观点无法在评价活动中映射出来，可能会有教师出现消极情绪，影响其配合活动的主动性；如果教师参与到教学评价活动中，可以实时掌握教师反馈信息，进而有利于教学的改进，提升教师教学质量。

（五）评价体系缺乏完善性

调查发现，大部分高校采用的体育教学质量评价体系是与其他学科通用的评价体系。由于各个学科之间差异较大，不同学科在评价活动中对评价指标、评价主体、评价方法与技术的要求各不相同。体育课是学校各学科中唯一在户外教学的课程，其教学目的是增强学生体质，增进学生健康。体育课堂相较于其他学科而言，既要教会学生相应的运动技能，保证学生“动起来”，更要在此基础上保证学生的安全、提高学生的社会交往能力等，这决定了体育课堂教学的管理工作更加复杂，对体育教师的综合能力要求更为严格。因此，在开展体育课堂教学质量评价时，使用与其他学科通用的评价体系无法确切地反映出体育课堂教学存在的问题。体育学科的特殊性决定了它需要有更加科学、完善、有针对性的评价体系作为支撑。

二、创新高校体育教学评价的措施

（一）评价内容多元化

进行体育教学评价的内容应该更加全面具有综合性，其评价的内容应该涵盖参与态度、知识与技能、情意与合作、体能等四个方面。虽然这四个方面已经呈现出一定程度的全面化，但还需要进一步地完善。要让高校体育教学评价体系评价内容多元化，就要从数据的来源这一方面出发，得到的数据越多，评价的内容就越丰富。教学评价的内容，除了评价学生的身体素质和体育成绩之外，还应该注重对学生体育精神、品格意志等方面的评价，让学生对自己的人格进行完善，提高体育运动成就感和自信心。并且学校应该充分重视学生体育运动能力的差异性，避免对学生体育成绩过度关注，而忽视对学生体育理念的培养和提高学生体育锻炼兴趣。对教师的评价应该建立多元评价制度，在对教师进行评价时，要充分考虑教师教学方式、教学内容、教学理念等方面的内容，在听取相关意见后，对自己的教学模式进行改善和发展。在高校教育实施过程中，学校将教育数据分成两个方面，一方面是结果性数据。例如，对学生的学业进行数据的评价，以及对学生所学的课程质量进行评价，又或者把学生的发展情况进行评价。这些数据都是以结构化的方式储存在了评价系统中，并且不同的数据对应了不同的教学时段。在生成数据的同时，包含了大量的量化数据。这些数据是在评价活动中具有系统化特点的模块，有利于学校提取教学评价结果、分析教学情况，提高体育教学的质量。另一方面是阶段性数据。例如，设置学校的专业数据，设置师资力量数据，设置教学内容数据和学习平台的使用数据以及学生的主体信息、出勤数据、多媒体使用数据以及书籍借阅数据等。其中也包括学生在校学习和生活的相关数据，如在校的消费数据、学校网络的使用情况。这些数据显示了学生学习和生活的过程，体现了学校在对学生进行教学时使用的教学手段以及教学策略和学校对学生生活的管理方式。这些数据对于研究学校教育方式提供了重要的参考信息，并且不同的数据模块共同存在并且相互印证，是展开数据分析的基础。

（二）评价主体多元化

《中共中央关于制定国民经济发展第十四个五年规划和二O三五年远景目标纲要》提出的“建设体育强国、教育强国，完善终身学习体系，建设学习型社会”的目标，为终身体育明确赋予了顶层设计。助力建设体育强国，是新时代赋予中国高校体育的重大使命，加快构建高校体育高质量教育体系就是推动达成这一目标的重要举措。为推动学校教育评价改革落实落地，营造抓改革、促发展的浓厚氛围，各高校应深化“体教融合”、推动“以体育人”活动的开展。

为实现高校体育高质量教育体系的目标，改革评价方式是极为重要的手段，尤其是要注重评价主体的多元化，健全家校社协同育人机制。各高校可通过“学生综合素质评价鉴定表”这一载体，将学生与导员、学院、实习单位、用人单位、学生家庭等多元育人主体联结起来，凝聚育人的合力。“学生综合素质评价鉴定表”为每位学生的全面发展进行成长性记录，由学院统一认证后发放，可用于学生求职、升学、存档使用，搭建起学生、学校和社会三者之间的有效连接平台。社会用人单位通过“学生综合素质评价鉴定表”，可根据学生参与活动情况，对学生进行综合能力的描述性评价，更好地实现双向选择。此外，各高校还应尝试加强家校联系，通过微信、电话等全方位了解学生综合素质品质。

（三）评价方式多元化

在全面实施素质教育的时代背景下，要让评价更有针对性，必须将评价方法与体育教学过程进行同步。例如，老师设置周评价表全面记录学生一周的体育学习情况，并将这周的表现情况与上周进行对比评价，对有进步的学生进行表扬和鼓励，对学习态度较差的学生予以督促和监督。也可以采用互评的评价模式，让学生们进行相互评价，更能体现评价的真实性和准确性，增强学生的参与意识，利用自评和互评的模式，可以让学生对自己的情况有更深层次的认识，提高的评价活动的客观性和主动性。学校可以采用网络数据收集和人工收集的方式来汇聚数据，构成具有时效性、动态性的数据中心。首先，可以通过能联网的数据，来定期收集网络信息数据，了解在一定的时期内，学生与教师的学习和工作状态，或者教育资源的使用情况。再者，对于具有结构化特征的数据，将其储存在专项系统中，如学生的学籍信息或者中国慕课平台学习数据以及学生的期末成绩评价等，将这些数据收集到专项系统中，再将这些数据汇总到学校的教育数据中心。最后，还可以利用人工收集法，就是只用人工整理数据、录入数据的方法，来实现对数据的收集。利用这些方法可以有效完整地记录高校教学过程。部分学校往往注重评价结果忽视评价过程，但其实评价过程和评价结果同样重要，我们应该改变单纯注重评价结果的理念，注重评价过程的开展，并根据阶段性评价结果，及时调整教师的教学方案和改进教学工作。

（四）评价理念先进化

伴随着社会的发展进步，人们的思想也在不断发展变化，体育教学评价也在顺应时代发展的变化，越来越多的学者提出从学生的自身利益出发，对学生进行多角度、多领域、全方位的研究。可以看到研究后期这种“以人为本”的理念越来越受学者们的推崇。他们认为应该以尊重学生个体差异为基础，弱化以往体育教学评价中的鉴定和分类的功能，有效利用体育教学评价的教育和反馈的功能，帮助学生进行多样化的发展，激发学生对体育运动的兴趣，端正学生对体育课的思想态度，培养学生自主锻炼的意识和习惯，加强学生心理健康教育，深挖学生的潜能帮助其掌握基础体育知识并能在生活中灵活应用，全方位地提高学生的综合素质，为其今后的体育运动能力打下坚实的基础，帮助其发展成为符合社会发展需求的人才，所以我们的体育教学评价理念的改革也越来越重视人文化和科学化。

（五）定性定量相结合

利用大数据对高校体育教学评价体系进行构建时，其教学质量评价是由多个评价系统构成的，其中产生的数据是将定性评价与定量评价互相结合的成果，其中大量的数据中显示出教学规律和教学效果。在我们的现实生活中，定性评价有着极为广泛的应用，如在对学生成绩进行评定时，传统的教学评价方式采用的是“打分制”，以及取最终得分的平均值作为学生的最终成绩。这样的评价方式具有十分强烈的主观臆断性。云理论实现了定性概念与定量素质之间的相互转化，并在一定程度上准确地实现了体育教学质量从定量到定性的转换。这样使得大数据时代背景下的高校体育教学评价体系更为科学和客观，更有利于促进高校体育教学的开展。

第八章　普通高校体育教师专业发展

教书育人是每一位人民教师的神圣使命，体育教师不仅需要有过硬的体育专业知识，还要有崇高的道德情操，正如著名教育家陶行知所说的“学高为师，身正为范”。同时，体育学科有着其他学科无法替代的作用，如对合作、创新、担当等意识的培养。所以，建立系统的专业发展策略对于体育教师非常重要，因为只有专业能力夯实了，才能建立自信、收获尊重，教师的使命感和价值才真正得以体现。本章分为体育教师专业发展与标准、普通高校体育教师技能与胜任力、普通高校体育教师专业发展策略三部分。

第一节　体育教师专业发展与标准

一、普通高校体育教师专业发展

（一）相关概念界定

1. 教师专业发展

当前的研究中对教师专业发展的定义有很多，有学者认为“教师专业发展是指教师在职业生涯中，通过不断的专业学习逐渐提升自身的教学能力，成为一名专业的教育人员的过程”。也有学者认为“教师专业发展是指教师自身的专业结构由低到高，不断发展成为教育专业人员的过程”。上述定义都把教师专业发展理解为一个不断发展的过程，是教师内在结构不断优化、提升的过程。

教师专业化是职业专业化的一种类型，是教师个人成为教学专业的成员并且在教学中具有越来越成熟的作用这样一个转变过程。国内外学界从不同视角解释教师专业发展内涵，比较具有代表性的界定有：教师专业发展是教师的专业成长或教师内在专业结构不断更新、演进和丰富的过程；教师专业发展是教师在专业素质方面不断成长并追求成熟的过程，是教师专业信念、专业知识、专业能力、专业情意等不断更新、演进和完善的过程。

以上关于教师专业发展的界定包括三层含义：一是教师专业发展是教师教学生涯中由不成熟到相对成熟的动态、持续提升的完整过程；二是教师专业发展是教师专业实践所需的知识、技能、能力、态度、信念、情意等专业素养形成和发展的过程；三是教师专业发展强调个体的成长历程和发展过程，其实质是促进完善个体专业结构，提升自身专业能力，实现自主专业发展。

2. 体育教师专业发展

教师专业发展作为研究热点，各个专家针对教师专业发展进行了不同的定义。有学者认为，教师专业发展是以教师自我为核心，以教师个体或群体的自我反思为主要媒介，以提升专业素质、表现专业道德、实现专业自我为目的，不断学习教育专业知识与技能，逐渐成为一个良好教育工作者的过程。教师专业发展是教师提升自我专业性的一个关键理论基础，对培养完善教师各方面素质与能力有着至关重要的作用。

因此，体育教师专业发展指的是体育教师个体以在自身领域内的自我发展为核心，以教师个人反思为媒介，以专家引领和教师团队间相互合作为指导，不断提高自身专业道德，习得专业知识与技能，实现专业自主发展以及提升教育素质与能力，逐步成长为一个专业、优秀教育工作者的过程与结果。

（二）普通高校体育教师专业发展的价值取向

体育教师的专业发展是当下研究的一个热点，特别是在“健康中国梦”“体育强国梦”的战略背景下，探寻体育教师专业发展的内涵及其价值取向，具有十分重要的意义。体育教师专业发展的内涵在于——促进体育教师掌握扎实的教育学理论知识和体育学科知识，掌握一定的运动技能和创新意识，促进学生全面发展。但是，根据不同的内容视角及体育教师工作的实际情况，体育教师专业发展的价值取向不同。

1. 价值取向之一——体育教师个体知识的增加与技能的提高

体育教师作为特殊的教育职业必须具有一定的运动技能，同时要求体育教师在工作中应注重理论与实践相结合，通过实践检验来进一步完善专业知识，拓宽专业知识的宽度和广度。可以说，体育教师知识的增加和技能的提高都是其专业发展的价值目标。

2. 价值取向之二——师生互动教学实践的反思和探究

互动教学实践要求体育教师对课堂知识传授过程所遇到的问题进行不断的调

整与改进，从而提升学生的主体地位，使学生能高效、快速习得体育专业知识。所以，需要体育教师在体育教学的实践过程中不断地去发现问题、解决问题，已逐渐成为现代体育教师专业发展所追求的重要内容。

3. 价值取向之三——体育教师群体的同伴互助与共同提升

体育教师群体的同伴互助是指体育教师之间的交流与互动、合作与发展，形成相互学习、共同成长的专业群体，构建合作的教师与教学文化。在体育教师的个人及整体发展规划、科学研究等软环境方面，同行之间的学术交流与合作可为教师的自主发展提供更广阔的平台，创造更大的空间。所以，体育教师群体同伴互助取向要求体育教师在相互学习、相互合作中形成和改进自己的教学风格和策略，从而促进体育教师群体的专业发展，使体育教师获得更积极的身份认同。

（三）普通高校体育教师专业发展的内在机制

1. 教师专业发展的两个核心因素

两个核心因素是指专业发展意识和专业发展能力。其中，专业发展意识是教师对自己的状态评价和主观态度，以及对未来专业发展的具体规划。专业发展能力是指教师在专业发展过程中所掌握的专业发展技能，如文献资料搜索、总结、分析的能力等。一般来说，教师专业发展能力越强，其专业发展的范围就越广。专业发展能力和意识，二者相辅相成，且缺一不可的。专业发展意识是动力，专业发展能力是手段，只有动力没有具体的方法和手段，其专业发展会受到一定的限制；掌握了手段和方法而缺乏专业发展的动力，则教师的专业发展同样会受阻。这是因为教师的专业发展离不开教师的内在驱动力，只有加强自我发展意识才能推动自我发展的能力，最后促成教师的专业发展与成长。

2. 教师专业发展中“关键事件”的作用

关键事件是指事物在发展过程中起决定性作用的事件。对于教师来讲，其专业生活中并非所有的事件都能对其专业发展起到促进作用，而是只有关键性的事件才会对体育教师专业发展产生重大的影响。研究者通过自身的行动研究以及对其他体育教师专业生活的观察发现，体育教师在日常的工作生活中有着繁重的工作任务，除了要完成常规的课堂教学任务之外，还要负责家校沟通、活动策划、教学管理、学生安全等众多的工作任务。这些工作任务虽然是教师专业发展中不可或缺的组成部分，但是对教师专业发展影响较小，不能实质性地提升教师专业发展水平。而那些关键事件，诸如教师组织的研讨会、说课比赛、教学大比武、学生满意度调查等，能对教师产生较大影响。所以，作为教师主体，要把握关键事件的契机，从课堂教学的过程中、教学评价和教学反馈中来发现专业发展的关键事件，利用关键事件来促进教师的专业发展。

（四）普通高校体育教师专业发展的构成要素

对教师专业发展的定义随着时代的发展有着不同的理解，对教师所具备的专业结构以及基本素质等也都有着不同的观点。不管时代怎么变化，教师专业发展内在结构都包含三个基本方面：专业知识、专业能力以及专业情意。

1. 专业知识

一般认为教师应具备专业教学知识、有关学生的知识、学科内容知识、课程知识、一般教学法知识等。随着社会的发展，教师专业发展内在结构趋向于教师的实践性。“实践性知识”概念的出现，逐渐在教师专业发展中成为新的知识基础。教师的实践性知识是指教师在教学过程中通过对自身经验的积累，不断整合自己的认知并以新的形式存在，是在旧的认知中进行升华，形成教育教学新的认识。实践性知识是一种内隐性知识，在特定的情境中机体无意识地进行经验的积累，它的影响是潜移默化的，在特定的环境中给予机体的刺激越大影响就越大。

2. 专业能力

对于专业能力的表述也有很多，有学者认为教师专业能力是指教师在进行教育教学活动中完成教学任务时所表现出来的综合能力。但有学者则认为教师专业能力是指教师在教学活动中，通过利用教学认知灵活地应对不同的教育情境，对学生做出合适的行为，引导学生学习所需要掌握的技能。综上，教师专业能力是一种教师在教育教学中体现出来的综合能力。

3. 专业情意

专业情意是指教师在教育教学活动中在心理上对其职业形成稳定性情感，反映了教师对职业的专业情绪或者热情度，从心理学意义上说是一种更高的职业境界。学者孟宪乐认为，教师的专业情意包括专业性向、专业理念以及专业情感。还有人认为教师专业情意表现在教师对其职业所表现出的情感态度等方面，如对理想抱有崇高的追求，以及包括正确的道德和伦理规范等在内的理性价值观。情感领域的相关研究中的大多数都是关于兴趣、自我意识、价值观等，专业情感是专业者在心理上对职业的一种情感态度，从事该职业的前提条件是要具备坚定的职业情感，这种专业情感在某种程度上支配着人的行为。

（五）普通高校体育教师专业发展的影响因素

1．政策制度方面的因素

（1）高校体育在高等教育中的弱势地位

学科地位的高低决定了该学科在高校发展过程中所能获取资源的多少。一般来说，地位较高的学科，所能获取的资源越多，其学科发展的动力越强。而那些学科地位较低的学科，能获取的资源有限，不利于学科的长足发展。近年来，随着体育教学改革的深化，高校体育学科地位有一定提升，但是相比于其他学科，仍处于弱势地位，甚至个别高校的体育教师仍然存在被边缘化的现象。这就使得高校体育在教学资源分配的过程中所能获取的教育资源比例较低，无法满足体育教师专业发展的需求，造成体育教师专业发展动力不足的现象。高校体育教师专业发展需要教育资源的支持，而目前高校体育在高等教育中仍然处于弱势地位，决定了高校体育学科所能获取的资源非常有限，不利于高校体育教师的专业发展。

（2）偏重科研而忽视教学的职称评定制度

职称是综合评价教师的手段，是教师全面发展的具体反映，也是教师教学水平、科研水平、管理水平和师德师风的综合反映。科学合理的职称评定制度对人才的培养与选拔、人才的合理流动等方面都具有积极的作用。而通过调查发现，目前部分高等学校由于没有对体育教学和科学研究的关系形成正确认知，以及不能依据办学理念和学校定位制定个性化的职称评定制度，造成高等学校的职称评定制度都存在一定的不足与偏好，主要表现为过于重视科学研究的成果评定，轻视对体育课堂教学的评价，甚至个别高等学校只要求体育教师完成相应的教学课时就算达标，而对体育课堂教学的质量则没有提出明确要求。在这种职称评定制度的导向下，高校体育教师则会过于偏重科学研究，而忽视了自身教学能力的提升，从而降低了体育课堂教学的质量与效果。这不仅不利于学生的全面发展，而且对高校体育教师的专业发展也会产生不利影响。

（3）缺少对体育教师专业发展的激励机制

为了持续激发和保持高等学校体育教师专业发展的积极性，增强高等学校体育教师专业发展的自主意识，构建一套体育教师专业发展的激励机制是十分必要的。然而，通过调查发现，所调查高校几乎没有制订相关激励机制，不利于专业发展的连续性。原因在于：一方面，人生来就具有惰性，缺少专业发展的激励机制使得高等学校体育教师专业发展动力不足，专业发展的积极性与专业发展的获得感不强，无法激励体育教师的持续投入。另一方面，缺少激励机制也就意味着丧失了专业发展的竞争渠道，缺乏专业发展的竞争渠道会弱化体育教师专业发展的动机，降低其专业发展的积极性。所以，高等学校的管理部门需要制定有效的激励机制来鼓励教师发展专业水平。

2. 高等学校方面的因素

高等学校作为体育教师的管理主体，对其专业发展水平结果负有直接责任。高等学校对体育教师专业发展的影响主要体现在部分高校体育教师职后培训缺乏系统的规划和质量基准规定、忽视体育教师教学实践知识和能力的培养、缺少鼓励体育教师自主发展的管理文化、忽视体育教师地位及学校体育工作边缘化等方面。

（1）缺乏系统的职后培训规划和质量基准规定

随着高等学校体育教学改革的不断深入，高等学校体育教师的专业发展问题逐渐成为高校师资力量培养和储备的重要问题。而高校体育教师的职后培训与规划以及对体育教学质量基准的规定是影响其专业发展的重要变量。对高校系统的职后培训与规划不足，长此以往，会使得体育教师专业发展的后劲不足，造成体育教师的专业水平会逐渐满足不了学生全面发展的需求，不利于体育教师自身的专业发展和高校体育教学工作的发展；在高校体育教师体育教学的质量基准规定方面，所调查的高等学校同样缺乏对体育教师体育课堂教学质量基准的连续性评价，对体育课堂教学缺乏规范性的基准，不利于体育课堂教学质量的提升，进而影响体育教师专业发展水平的提升。因此，从系统性的思维角度来统筹规划高等学校体育教师职后培训和体育课堂教学质量基准的问题，对学校体育事业的发展和体育教师专业发展都有重要影响。

（2）忽视体育教师教学实践知识和能力的培养

高校体育教师教学实践知识和教学能力是其专业水平发展的重要组成部分。体育教师教学实践知识和能力越强，其体育课堂教学的质量和水平就越高，学生体育课堂学习的效果就越好。反之，高校体育教师教学实践知识和能力越差，不仅降低了体育课堂教学的质量，而且还不利于自身的专业发展水平的提升。通过调查可知，目前部分高校忽视体育教师教学实践知识和能力的培养，这可能与高校的管理体制有关。但是高校对体育教师教学实践知识和能力培养的忽视，会给体育教师传递一个错误的信号，即教学实践水平和教学能力不行对自己不会产出负面影响，对自己的工资待遇也不会产生影响。所以，体育教师便不会全身心地投入教学实践知识和能力的提升，不利于体育教师专业水平的发展。

此外，由于我国在体育教师专业培养方面还未建立较为完善的制度，因此其培养方式还较为单调、封闭，且方法较少。目前，培养方式大多数采用岗前培训、学历补偿、青年教师社会实践等，而在学科带头人的培训、教师知识结构改善、关注国际国内前沿理论方面还略显不足。同时，部分高校虽然开展了相关的培训，但并不能满足教师对专业发展的需求，无法适应当前高等体育教育发展的知识创新和实际的需求。在专业素养的学习方法中，各高校的大部分体育教师更倾向于半脱产学习和在职进修，这两种学习方式可以满足教师一边学习一边工作的需求，这样不仅能够提升教师的专业能力还能够实现理论与实践的完美结合，更重要的是保证教师收入不因专业学习而受到影响。

（3）缺少鼓励体育教师自主发展的管理文化

高校的管理文化对体育教师的影响是长期的。如果高校的管理文化是相对开放且积极鼓励的，能尊重体育教师的个体差异，并对体育教师的专业发展提供支持，那么体育教师获得专业发展的可能性和体育教师专业发展的自主性都会更高，专业发展的水平也就越高。相反，如果高校的管理文化相对专制，不能充分听取体育教师的意见和建议，不重视体育教师的专业发展诉求，则会打压体育教师专业发展的积极性，专业发展水平的提升也会受到限制。通过调查可知，在所调查的各高校中缺少鼓励体育教师自主发展的管理文化，也缺乏民主管理的氛围，大部分高校都是由党组书记来进行决策部署的，属于典型的“一言堂”，对体育教师的发展持忽视的态度。在这种专制型的管理文化下，不仅降低了高校体育教师专业发展的自主意愿，同时也限制了为体育教师提供专业发展机会的可能，从而限制了体育教师的专业发展。

（4）忽视体育教师地位及学校体育工作边缘化

每所高校都具有多个学院或者系部，但这些学院或系部所设的学科地位以及教师的地位却并不是同等重要的，也不是共同发展的，而是具有显著性的发展差异。一般来讲，一流学科和一流专业所能获取的教育资源较多，其地位及发展条件相对较好；而那些非一流学科和非一流专业所能获取的教育资源较少，其地位及发展条件相对较差。通过调查发现，除了个别的体育学院或系部地位相对较高以外，如湖南师范大学体育学院，其他高校的体育学院或系部的学科地位以及体育教师的地位均是相对较低的，所以在资源获取方面不如其他学科，从而影响学院或系部的人才梯队建设、研究成果的产出、学科的建设以及专业的影响力，进而造成忽视体育教师地位及学校体育工作的边缘化的局面。虽然个别高校的体育学院或系部在资源获取方面是连年递增的，但不管是增长的幅度还是增长的总额都不如其他学科，这必然会导致学校体育工作以及体育教师地位的边缘化，直接影响体育教师的专业发展水平。

3. 家庭方面的因素

高校体育教师家庭方面的因素，也是其专业发展的影响因素之一，对其专业发展也会产生较大的影响，具体表现在工作与家庭事务冲突情况多发、体育教师专业发展的家庭支持力度不够两个方面。

（1）工作与家庭事务冲突情况多发

体育教师作为高校体育教学的中坚力量，往往有着较大的工作压力，不仅要承担职责范围之内的体育教学和科学研究的工作任务，通常还会承担学校分派的其他工作任务。为了更好地完成工作任务，体育教师往往需要将工作任务带回到下班后的非工作时间去完成，如在家里进行备课、完成科学研究任务以及体育教研室的其他工作任务等。这种工作时间和空间的延伸会促进高校体育教师专业发展水平快速的提升。但是，体育教师作为家庭成员之一，在家的非工作时间内需要承担自己应有的家庭责任，而在家庭经常性地完成工作任务则会侵占体育教师关注家庭的时间，造成工作与家庭事务的冲突。通过实际的调查发现，所有的高校体育教师或多或少都存在工作与家庭事务冲突的情况，这种工作与家庭事务之间的冲突会压缩高校体育教师用于专业发展的时间，甚至会引发激烈的家庭矛盾，进而影响到高校体育教师专业发展水平。

（2）体育教师专业发展的家庭支持力度不够

高校体育教师专业发展的家庭支持力度是指体育教师的家庭成员对其专业发展的支持程度。一般而言，家庭成员的支持程度越高，成员之间所形成心理关系的一致性就越高，体育教师就越没有后顾之忧，专业发展的主观性和积极性就越强。而家庭成员对高校体育教师专业发展的支持程度不高，会给体育教师带来经济上和精神上的双重压力，形成体育教师专业发展与家庭生活的对立关系，会限制高校体育教师专业发展水平的提升。在整体层面，高校体育教师专业发展的家庭支持力度不容乐观，会降低体育教师专业发展的积极性，从而影响其专业发展。

4. 体育教师自身的因素

教师自身的发展是教师专业发展中十分重要的内容，其主要侧重的是教师个体发展水平的提升，主要包括教师的理论技能、专业精神的发展。从目前看来，影响个体发展的因素包括个人主观因素、高校职称的审评、岗位聘任制度、激励制度等。而在这些因素中，起主要作用的是个人主观因素。因此，高校体育教师如果想要提升其专业水平，就必须从主观方面进行努力，从而为其专业发展提供动力。与此同时，高校还需要完善职称审评和岗位聘任制度，从而刺激教师的积极性，使其具备良好的发展潜能。

（1）体育教师发展内在动力不足

内在动力是高校体育教师专业发展的促进因子。调查发现，目前体育教师普遍存在专业发展内在动力不足的现象。原因在于：一是部分高校体育教师自主学习、自主发展意识不强，没有把终身体育融入高校体育教学的环节中，未积极探索新方式新媒体教学，更多的是满足当前现状，在实际生活和工作中未建立终身体育的示范，只教书不育人，认为完成教学任务即可，不关心教学效果如何，更不愿意深入思考如何在弘扬体育传统文化、引导健康的生活方式、树立终身体育意识等方面深入开展工作，不利于提升专业发展水平。二是受传统教育观念“重智轻体”思想的钳制，体育学科在高校的社会地位不足，体育教师在高校缺乏话语权，最终成就了高校体育教师工作满意度低下、职业认同感缺失的场景，导致高校体育教师专业发展动力不足的现状。

（2）体育教师专业知识更新与应用不完善

体育教师专业知识的更新与应用是其专业发展的重要途径，但是调查发现，目前高校体育教师专业知识更新与应用不完善，存在教师理论基础不牢、专业技能与知识的应用水平不高等问题。原因在于：一是高校体育教师的知识结构不合理。高校体育教师的核心素养结构主要包含教师道德素养、知识素养、技能素养、思想素养、心理素养五个方面。而在当前部分高校体育教师往往还没能认识到知识储备的重要性，也没能意识到作为现代高校体育教师“一专多能”的重要意义，其知识学习的意愿淡薄，知识储备的深度、广度、完备性欠缺。二是部分高校体育教师缺乏教学应用实践反思。受传统体育教学模式和社会环境等的影响，时常进行教学反思的体育教师群体微乎其微。体育教师缺乏教学反思，便不清楚学生是否掌握了体育知识和技能，是否培育了学生的体育品德与体育精神。对于体育课堂教学整体处于一个模糊的状态，不仅不利于实现学生体育学科核心素养的培育，而且限制了体育教师的专业发展。

（3）体育教师专业发展渠道的紧缺

体育教师专业发展渠道是指所有能系统促进或提升高校体育教师专业发展水平的方式与途径。按照定义可以将体育教师专业发展渠道划分为三个种类：一是教师的入职辅导，如上岗之前的专业培训等；二是体育教师的在职培训，如教学比赛、培训、讲座等；三是教师的自我教育，如闲暇教育等。但是，调查发现，目前高校体育教师作为高校教师中一个相对边缘化的群体，其专业发展缺少教育管理部门和学校的长期关注和支持，常处于一个“理论上很重要，做起来不重要”的尴尬地位。体育教师的专业发展渠道比较紧缺，高校能为其提供的专业发展渠道非常有限，甚至部分高校为体育教师提供的专业发展渠道只有学术讲座一项，主要是靠体育教师的自我教育。这对体育教师群体，尤其对于教学时间不长、教学经历不足的体育教师群体而言，在争取专业发展机会和资源上变得越发困难，严重影响其专业发展水平的提升。

（4）体育教师自身缺乏系统的职业生涯规划

职业生涯规划是指人们对其职业生涯进行持续的、系统的计划过程，包括职业定位、目标设定以及通道设计等方面。但是，调查发现，目前高等学校体育教师普遍缺乏对自身系统的职业规划，甚至没有职业规划的意识。部分高校体育教师入职后，个人专业发展目标不明确，短期规划随意，可操作性不强，长期规划缺乏规范性和理性。部分体育教师为了职称晋升而被动进行学术研究，科研态度不严谨，缺乏高校体育工作者应有的担当。体育教师职业生涯规划的混乱导致其专业化发展之路困难重重，收效甚微，在很大程度上制约了高校体育教师专业化发展的进程。另外，部分高校组织开展的职后教育跟不上当前实践教学的需求，普遍缺失对体育教师专业能力、教学能力和运动水平的长期跟踪管理，使得职后教育无法跟体育教师专业发展阶段相匹配，难以满足体育专业的多元性、多层次的需求，影响高校体育教师专业化发展的整体进度。

二、普通高校体育教师专业标准

（一）普通高校体育教师类型的界定

普通高校体育教师是教师队伍中的有机组成部分。运用不同的标准、不同的方法可以将高校体育教师分为多种类型。依照我国高等教育专业设置的区别以及对教育人才培养目标的相关规定，并结合我国高校体育教育者工作的具体任务，我国高校体育教师的工作类型主要有三种：第一种为从事培养全日制普通高校体育专业体育人才相关工作的教师；第二种为在高等教育中，辅助其他学科体育教育课程的教师；第三种为同时兼任以上两种工作的教师。根据我国高校体育教师所承担的教育教学工作的性质和特点，并结合高等教育中的体育类专业设置与人才培养的需要，可以将其所教的课程类型分为三大类：第一类为承担“体育理论知识”相关课程的教师；第二类为负责体育运动项目相关课程的教师；第三类为同时兼任以上两类课程教学任务的教师。

综上所述，高校体育教师是有别于高校其他教师的，这源于体育教师在从事教育教学工作时必须掌握一定的运动技术与技能。需要明确的是，这里提及的高校体育教师是全日制普通本科高校教师，不包括单科体育院校和民办高校体育教师，也不包括高校教师队伍中的教辅人员、教练员和专门科研人员。

（二）普通高校体育教师专业标准内涵

20 世纪 80 年代，美国开启了世界各国研究教师专业标准的先河，并在研究的基础上制定了国家级的教师专业标准。亚洲的一些国家，如日本、越南等国也制定了国家级的教师专业标准。可见建立教师专业标准成为各国发展教育的一项重要举措，其对于教师这一职业转变为专业起着决定性的作用，有利于提高教师在各个职业中的专业地位，为教师专业发展指明方向，从而使教师教学的专业化水平提升。迄今为止，国际上现存三类教师专业标准，第一类是与其相分散的专业标准，第二类是与其衔接的专业标准，第三类为分类型分级的教师专业标准。前两类以与教师资格标准的关系为划分依据。

在所有学科中，为体育教师制定专业标准是最有必要的。长期以来，人们都将体育教师视为教师群体中的边缘人物，认为其与教师专业身份非常不匹配。有人甚至将体育教师看作“四肢发达、头脑简单”的一类群体，致使体育教师受到不平等的待遇。基于体育教师的现实处境，制定专业标准，并用专业标准来引领体育教师的发展迫在眉睫。制定体育教师专业标准，需要将专业人员在专业活动中所衍生出的一切行为进行一一分析，并以此为角度进行定义。例如，在学生方面，需要考虑到对学生个人基本情况的了解、对其学习专业知识掌握程度的了解、对其教学技能指导实践能力的了解、对如何才能促进学生学习的能力的了解、对教学过程中课程安排的合理的了解、对客观学习环境对教学是否影响的了解、对学生自我评价能否开展的了解、对其自我反思能力的了解、是否能与其他教师和学生家长及其他人员形成教育合力等多个方面。体育教师专业标准的制定，是对体育教师思想的引领，每一位体育教师都可以通过标准清晰地看到自身未来发展的美好前景，并且能提升教师个人发展的积极性，为达到标准而不断奋斗。

当然，该标准除了在内容上需要明确并进行规范以外，还需要合理安排，使其呈现出一定的层次性。就一般情况而言，体育教师进阶的层次分为多个阶段，然而所处在不同级别的体育教师对其专业发展要求的程度是不同的，这就需要专业标准在制定的过程中需要对教师个人不同发展层次有所区别和侧重。

另外，在落实教师专业标准的同时，相应的认证程序也是至关重要的。专业标准的确立并不意味着在具体实施过程中能够完全发挥出其效用，这只是从预想的角度提出体育教师应该达到的目标，但距离真正落实并且完全符合标准还有很长一段距离，绝大部分的专业标准在实施过程中都处于倾向于符合标准的过程。因此，设计、开发并建立专业标准认证程序是非常有必要的，不仅可以用来推进专业标准的实施，而且还可以相辅相成，同时也会促进认证系统不断改进，更加科学化，也会在实施与认证专业标准的过程中逐步引导体育教师专业向更好的一面发展。

（三）普通高校体育教师专业的评价准则

对体育教师专业发展情况进行评价能够检视体育教师在专业发展中存在的问题与不足，提升体育教师专业发展的自我认知，从而采取有针对性的举措来补齐自身专业发展的短板，促进体育教师自身发展。对体育教师专业发展进行评价具有非常重要的价值与意义，所以，制定客观公正的体育教师专业发展评价准则是需要重点考虑的事情。根据体育教师专业发展的内涵，可将专业发展评价准则归纳为专业知识、专业技能、交叉学科知识以及研究能力等四个方面。

①专业知识评价：主要是评价体育教师所具备的知识储备情况，包括学科专业知识、基础理论知识、专业技能知识、教育教学知识以及其他常识等。②专业技能评价：看体育教师是否具备相关专业技能，包括运用相关教学技术的技能以及其他相关运动技能等。③交叉学科知识的评价：指体育教师要想提升专业发展水平，仅仅提升体育学科专业知识是远远不够的，必须学习交叉学科或其他学科的知识。④研究能力评价：主要是看体育教师的科学研究能力，是否具备研究意识，是否掌握相关的研究方法，等等。

第二节　普通高校体育教师技能与胜任力

一、普通高校体育教师技能

（一）体育教师的理论知识

体育教师专业知识应体现本体性知识的广博、条件性知识的精专及实践性知识的熟练运用。体育教师作为传道授业解惑的主要媒介，必须掌握体育教学设计、实施与评价的能力，拥有伤害事故预防及处理突发事件的应急能力，并能进行医务监督，能对体育器材及场地熟练运用，对于体育竞赛及体育社团等活动要能训练、会组织、懂管理，并掌握相应的裁判知识，对于体育相关知识学科内容也要有一定的涉猎。这些知识与能力是高校体育教师胜任教师工作岗位并完成体育教育工作的重要保证，也是高校体育教师的核心素养的基本组成。

1. 教学目标知识

教学目标知识是指教师在实施教学前所预设的要达到的目的以及某种教育意义，包括对课程标准的解读和教材的了解程度等，这个要素主要是回答教师“预期达到何种效果”的问题。从学生学习的角度来说，学习过程中并不仅是识记动作概念，而是要根据所学的动作概念去理解自然世界的现象，主要聚焦于利用这些动作概念去解释生活中的现象，解决生活中的实际问题。

2. 教学内容知识

教学内容知识则是指在特定学科主题内容教学时，教师应拥有特定主题该教什么内容的知识，这个要素主要回答“教什么”的问题。教师在选择教学内容时，应根据学科和学科主题相关的内容、教学顺序、教学进度和学生情况、教学重难点以及实施教学的影响因素等问题去选择相关教学内容。

3. 关于学生的知识

关于学生的知识指教师所掌握的学生对特定学科内容的理解的知识，是回答“教谁”的问题。首先，教师需要了解学生的身心特征；其次，教师需要掌握学生的学习基础，即已掌握的知识；同时，教师应掌握学生在学习新的运动技能时可能会产生的错误动作。经验丰富的教师往往十分了解学生在学习每个运动技能时易犯的错误，而且能掌握多种错误动作的修正策略，为此帮助学生修正错误的动作。

4. 教学策略知识

教学策略知识指教师“针对某学科内容或某学科主题教学时所采用的方法”的知识，主要解决“如何教”的问题。前面提到教师知道“教什么”是十分重要的，掌握怎么把这些内容教授给学生的方法对开展体育教学具有重要作用。在教学时，教师要思考用什么方式将所要教授的知识呈现出来；同时，学生运动技能知识建构的方式也是教师需要考虑的。

5. 教学评价知识

教学评价知识是指教师评价学生学习情况的知识，主要解决“教得如何”的问题。拥有丰富经验的教师会在教学过程中频繁地监控学生的学习进展，包括学生在学习时学得怎么样，以及运用什么评价方法和手段等。

（二）体育教师的专业技能

1. 教学设计

（1）体育教师教学目标设计能力

体育教学目标有别于其他学科的教学目标，体育教师在进行体育教学过程中的本位目标是传授运动知识（包括运动理论知识和运动操作性知识），从而形成运动技能。而好的教学设计需要考虑到教学目标设计的全面性，通常包括认知目标、情感目标和技能目标等。一般好的教学目标设计都较为具体，能够涵盖三级指标，且教学目标在实际操作中的可行性较强，在教学设计之初就应当考虑到教学过程中的具体情况。

（2）体育教师教案设计能力

教案的编写是每堂体育课前不可或缺的一个步骤，教案编写需要根据体育课程标准的整体规定进行设计，要综合考虑多个方面，包括场地要求、训练强度、训练密度、时间分配、人员组织、教材教法等。良好的教案设计和编写能力是教学能力的重要组成部分，也是体育教师的基本素养，具备优秀的教案编写能力是课堂进度能够顺利开展的重要保障。因此，体育教师应该重视教案的编写，提升自身的教案编写能力。对高校体育教师的教案编写能力进行调研分析，调查分为五个维度，分别是教学过程时间分配的合理性、教学组织的高效性、教法的新颖创新性、练习密度和练习强度的合理性。

时间分配是否合理是评判一堂体育课优劣与否的重要指标。合理的标准，不仅仅是教学设计的合理还要落实到体育课堂的具体实施当中去，并且根据课堂内容、教案安排以及学生的身心特点、接受能力等分配出一堂课的模块时间。教学组织是体育课教学的重要环节，贯穿于教学的全过程，能够直接影响教学效果。在编写教案时，对体育课堂中学生练习密度与强度的规划尤为重要，教师应当因人而异，依据课程的教学任务，还要结合教材特点和学生的承受能力，以及场地器材等因素的限制来设计教案。

（3）体育教师教学重难点设计能力

体育教学的重点是一堂体育课中需要重要达成的教学目标，体育教学难点是在实现这一目标时对所出现的困难情况的预判。重点是客观的，不因人的意志而改变。

2. 教学实施

（1）体育教师的语言能力

语言是教师与学生进行信息交流沟通的重要载体，作为新时代的体育人才，体育教师除了需要不断提高自身的专业素养外，还需要提高自身的语言表达技巧。体育教师的语言能力包括队列队形的口令术语、动作技能的专业术语以及上课过程中与学生沟通的话术技巧等。

体育教师在课堂上进行运动技能的动作示范和讲解时，应使用学生能够理解的语言，所以相较于专业术语，常规语言更容易被学生所理解，因此体育教师就要更加注重教学时的语言表达能力。此外，不同类型的课程设计需要不同的课堂语言，教师需要做到教学语言效果最大化，根据课型来设计语言以达到激发学生学习动机的效果。

（2）体育教师的示范能力

体育课程的教学不同于学校中的其他学科，其他学科的教师主要是通过备课上课向学生传授知识，在教学过程中学生主要是通过耳听眼看来学习知识。但体育课大不相同，体育课堂中学生要完成大量的身体练习，若想学生按标准完成动作技能，教师必须通过良好的示范讲解向学生展示和讲解正确的动作规范，才能使学生掌握一定的体育知识，完成好教学任务。

（3）体育教师的纠错能力

在体育教学的过程中，由于学生的身体素质和受过运动训练的背景具有差异，体育教师更应该善于观察，发现学生的错误动作，并且及时分析指正，迅速使用有针对性的手段对学生的错误动作进行纠正，让学生尽快纠正错误动作，掌握正确动作，增强学习的自信心。

（4）体育教师的组织管理能力

体育课的教学模式不同于其他学科，体育课的教学大多都在室外展开，受环境、器材等因素影响很大，存在许多不可预知的因素，这就要求体育教师具有良好的课堂组织管理能力。作为一名合格的体育教师，需要在课堂上带动学生的学习兴趣，营造良好的课堂氛围，把控好课堂纪律和秩序，并且还要合理地布置场地、分配器材。

3. 教学评价与反思

（1）体育教师的教学评价能力

对体育课的质量评价，是体育教师提升专业综合素养和教学质量的重要手段。对体育课进行教学质量评价的主要目的不是将教师分为优劣、高低等，而是了解体育教师的具体教学情况，分析体育教师上课过程中的优缺点，从而达到促进教学工作开展、提高教学质量的目的。

体育课堂评价一般分为、体育教师专业素质的评价、课堂教学评价。对体育教师专业素质的评价维度包括对教学道德、教学能力和教育科研能力的评价；对课堂教学的评价，一方面要对体育教师授课的整个教学过程进行评价，另一方面要对体育教师教学的有效性进行评价。也就是说，对课堂教学的评价不单单要注重教师的组织教学能力，还要兼顾学生在练习过程中的表现。

（2）体育教师的教学反思能力

体育课堂中的教学反思是指体育教师在授课过后，对自己的教学内容进行自我反省、监控、体验，辩证地否定自我的教学行为的一种认知加工过程。进行教学反思的主要目的就是不断提高体育教师的教学质量。一个合格的体育教师需要具有的教学反思能力应当包括以下几个方面：教学目标完成度、课堂氛围和谐度、教学过程是否得到优化、教学方法灵活性、教学手段优越性、教学策略合理性、教学效果是否合理、场地器材运用合理性以及练习密度和练习强度。

二、普通高校体育教师胜任力

（一）教师胜任力

“胜任”这一词最早是1973年哈佛大学教授戴维·麦克莱兰（David McClelland）在当时开展的“胜任力运动”中所提出的，麦克莱兰教授认为“胜任力”不应以个体的智力、能力倾向、学校成绩这些测验项目为指标，应以个体的职业和生活成就为指标进行结果测试，相同条件下，依据与工作或工作结果直接相关的特质、经验、技能、知识储备等变量来区分优秀工作者的深层特征。

美国学者理查德·博亚特兹（Richard Boyatzis）是第一位系统地运用胜任力测评工具的学者，他界定的“胜任力”概念是指个体本身所具有的、能应用在生活角色中，产生成功表现的动机、技能、自我形象或社会角色等内在动力特征。

早期的“教师胜任力”研究，主要是指教师个体在顺利完成其教学任务时，个体所必备的教育教学理论知识和教学实践的组织能力，旨在用来表现教师这一职业需必备且独特的“胜任力”特质。

“教师胜任力”多是指在教师岗位或是与教师工作相关的岗位上，在教学过程中表现出来的技巧、态度及人格特征结合形成一种综合特质，主要是在实践期间教师在情境课堂教学中展现出来的特质，重点强调教师的专业学科知识、教育学知识及组织开展课堂教学的技能。教师胜任力界定：在教师工作或工作岗位中，通过个人的知识技能、自我认知、个人与职业价值观等外在表现特征与内在隐藏动机区别出高绩效优秀与普通绩效的专业教师的个体特征。

教师胜任力是管理学领域“胜任力运动”在教育领域的延伸，在胜任力运动中，人们经常在胜任力是侧重“技能知识”还是侧重“素质”上争论，其理论基础分别为斯金纳的行为主义理论与马斯洛的人本主义理论。纵观国内外已有的关于教师胜任力的研究，大都侧重考察教师过去的绩效与问题处理方式之间的关系，最后从中提炼出优秀教师的创造力、价值观、理解力等深层素质，与传统评测相比对知识程度、技能水平关注较少，这奠定了教师胜任力人本主义倾向的基调。

（二）体育教师胜任力

胜任力一般具有以下特征：①胜任力具有发展性，它是动态的，不是固定静止的，会随着外界对工作岗位要求的改变而不断变化。②胜任力具有针对性，即它不是适用于所有岗位，而是与某一工作情境和领域相互关联的；③胜任力强调个体层面的个性特质，即某一工作领域的胜任力是多个个体的共同特征的反映。

体育教师的本质是一名教师，教授的是体育类的学生，也负责培养未来的体育教师，这就要求高校的体育教师不仅要教会学生专项技能，传授给他们专业知识，还要教授学生如何进行体育教学，也就是教学生“教学”。基于体育教师角色的特殊性、复杂性等特征，可将体育教师胜任力的内涵概括如下：高校中绩效优秀的体育教师在胜任该岗位时表现出来的外在特征及潜在特征，它具有发展性、针对性，与体育教师这一工作紧密关联。

（三）体育教师胜任力的影响因素

1. 个人发展意识

个人发展意识的具体行为一般体现在改正错误的主动性、制定目标、计划性、共同学习、进取心、调控能力、持续性学习等方面。当前高校体育与健康教学中实施“健康第一”的方针，必须对体育教学观念、教学内容、组织方式和评估进行改革和调整。同时，高校体育教师在自身的教育、专业知识、技能等方面存在一些问题，他们必须通过多种方式来提升自身的专业能力，并运用自己的研究经验和成果来优化自己的知识结构，以适应不断变化的社会环境。

在当前互联网快速发展的时代，一个缺乏自我发展意识的个体很难在这个信息多元化的时代找到自己的位置，高校体育教师要具有终身学习的意识和能力，源源不断地从这个多元化时代吸取体育专业知识，更好地满足学生对于体育专业知识的需求。高校体育教育不再是以前的“大锅饭”，而是精益求精的“小炒”，这就要求高校体育教师能够具有强烈的自我发展意识和终身学习的理念，才能满足新课改对体育教师的胜任力要求。

2．教学能力

教学能力是高校体育教师胜任力的重要组成部分，主要包括教师具备的教学专业知识、组织能力、表达能力、观察能力、教学风格、个人品德以及其他与教学相关的技能等。现阶段，我国高等教育处于关键的转型时期，各大高校积极响应国家号召，落实扩招政策，给教师带来了更大的教学压力。为应对这一问题，高校体育教师应不断提高教学能力，了解学生学习特点，优化教学方法，激发学生兴趣。未来，学生的活动空间会更加广泛，体育活动的种类也会更多，将给体育教师提出更多的要求。

当前，学校体育的教育要求是体育教师具备良好的教学能力和专业实践能力。体育教师要注意课堂的教学设计，教学内容的安排是否合理和教学反思的开展是否有效果。教师在课堂设计时，适当设计一些本堂课教学内容有关的游戏环节，激起学生的学习兴趣，并且对于不同的运动项目要采用适宜的教学方法，从而使体育课堂具有吸引力。体育教师教学质量的高低可以通过教学效果的高低来体现，而体育教师的教学能力又是决定体育教学效果的关键，因此需要提升体育教师的教学能力。

3．爱岗敬业

爱岗敬业主要体现在教学耐心、工作认真、有奉献精神等方面。高校体育教师的敬业精神体现了高校体育教师的职业态度，是支撑高校体育教师工作的内在动力，同时也为体育教学活动的开展奠定了基础。优秀教师的成长规律也在提醒着我们，要想取得好的成绩，首先要具备热爱工作、献身教育的素质。

4．专业知识

要想提高高校的体育教育水平，就要丰富体育教师的教育理论、体育知识理论、专业技能、运动健康课程的相关专业知识，促进体育教师胜任力的提高。只有体育教师的专业知识提高了，才能够使体育教师的教育课堂更加高效有力，并且丰富的专业理论基础为体育教学活动的展开提供了强有力的理论支持，体育教学的水平也随之得到提高。体育教师的知识是体育教师从事体育教育所必需的，由基本知识和实践性知识两大部分构成。

通常认为，体育教师基本知识包括教师一般性文化知识、体育学科专业知识和条件性知识等三个部分。一般性文化知识，是体育教师从事教学工作的基础，可以帮助学生开阔视野，满足学生探究兴趣等多面的需求，包括社会知识、科学知识和任务知识等。体育学科专业知识，是体育教师有效完成体育教学的基本保证，包括体育学科专业的知识和体育学科相关的知识，如心理学、营养学等。条件性知识，是从事创造性教学活动的前提和基础，包括教学科学知识和心理科学知识。

体育教师实践性知识是体育教师在长期的体育教育教学中积累的经验和理论，有助于体育教师重构过去体育教学和课外训练经验、预测和规划未来的经验和理论性知识，它包括策略性知识、反思性知识和科学研究知识三种。策略性知识体现了体育教师对体育教学的思维特征和经验特征的理解，包括体育教师对体育教学手段和方法的选择、教学活动的组织和规划、教学评价方法选择和体育教学目标的理解等。反思性知识是教师对自身体育教学实践的一种反思及对体育教学实践经验的梳理。科学研究知识是体育教师在教学研究和专业研究方面的实践经验，是体育创新的基础和保障。

5. 教师个性

体育教师的个性是指为了实现“健康第一”的教学要求，体育教师在体育教学中展现出来的良好个人品质。它是建立良好融洽的师生关系，培养学生品格、信心、竞争意识、合作意识等心理品质的基础。

6. 职业价值观

体育教师的职业价值观是体育教师对教师职业和体育教学的看法和政治观点，它直接影响体育教师的体育职业忠诚度和体育教师队伍的专业化程度，进而影响体育教学的有效性。很显然，“健康第一”的教学理念决定了体育教师胜任力结构具有鲜明的专业特征。因此，培养体育教师的胜任力，实现体育教师专业化，十分必要。

第三节　普通高校体育教师专业发展策略

一、提升角色认知，促进体育教师专业发展

（一）明确教师角色身份

体育教师的首要身份是一名教师，唯有严格要求自己，以身示范，才能给学

生树立榜样和方向，这是作为一名教师的义务和职责。教师应具备对自我身份的认同感，有了认同感，有了内驱力，才会打内心认真对待教育教学工作，遵守学校的各项规章制度，备好课、上好课。“体育”专业是体育教师的专属身份，体育教师自身专业要够硬、够实，将备好课、上好课、做好课后反思、器材管理等规范化、日常化，将“学、练、用”落实到每一堂课中，让学生学会技术动作并将其运用到比赛和游戏中，为终身体育意识打下扎实的基础，在“育体、育人”的专业道路上担当使命。

高校体育教师在信息化社会发展迅速地教学环境中需要实现自身价值，必须认同自己作为高校体育教师的身份，其职能不仅存在于课堂时间，在大学生的业余生活时间也能发挥作用，帮助学生培养终身锻炼的习惯。因此，充分发挥高校体育教师自身的主观能动性，加强高校教师的角色认同，增强其职业荣誉感已势在必行。首先，高校需增强体育学科自信，明确教师角色的文化认同，提升体育学科教师地位，明确当前体育学科是推动全民健康的重要组成部分，是实现中华民族伟大复兴的必由之路。教学行政部门要旗帜鲜明地多开展相关体育活动，以此提高体育课程的重要性。在活动行驶中，带头引领并宣扬高校体育教师的作用，展示其运用“互联网＋”技术开展教学、管理等方面的先进事迹，提升其社会地位。其次，高校体育教师应坚定“互联网＋”背景下自身的角色认同，增强职业归属感，通过运用创新的方式践行自身教师使命。一方面，在课堂教学中使用“互联网＋”等技术，将运动技术辐射出课程之外，让更多的学生能突破场域限制从而进行体育锻炼。另一方面，通过“互联网＋”技术开展多样化的体育锻炼，将以体育人从课程中代入学生生活中，让学生在高校生活中确立对体育锻炼的正确认识和信念，使其投身于体育锻炼。此外，运用“互联网＋”技术创新体育的专业研究，将国家精品在线开放课程和国家虚拟仿真实验教学项目也分别纳入国家级线上一流本科课程和国家级虚拟仿真实验教学一流本科课程中，推进信息技术、人工智能技术与教育教学深度融合，让它们继续在深化教育教学改革中发挥示范引领作用。

（二）提升教师知识能力

扎实的知识能力是当前高校体育教师实现自身教师职能的必备条件。培养教师的知识能力应从以下三个方面入手。

一是推进高校体育教师在“互联网＋”背景下的科研团队建设，打造优秀学科队伍。体育学科作为一门实践性强的学科，其在科学研究方面所需要的条件既需要具备社会科学深厚的理论基础，又需要理工科学反复性的实验研究。高校要大力投入相关的科研经费，配足配齐相关的体育研究设施，搭建好体育学科的理论与实践的科研平台，鼓励体育教师多出去参加学术交流活动，以此来带动本校的科研水平提升。只有在此背景下，教师才能形成系统的理论知识，并能进一步将知识与相关理论辐射至学生，带领更多的学生参与体育科研，最终充分发挥互联网技术的高效率性，建立起一支科研能力强的创新型教师团队。

二是建立完善的高校体育教师智库、互联网技术的培训体系，培养教师的再学习能力。这需要当地教育主管部门、学校主管部门定期组织开展培训，增强互联网技术在教师团队中的普及范围，以此增强互联网在教学工作中的针对性与实效性。一方面需要做好思想引领，摒弃传统教学中低效率的教学方法，让教师形成高效率的教学方法；另一方面鼓励教师半脱产或是脱产式进修，让教师参加互联网相关技术的专业培训，通过丰富的培训提升教师的专业能力以及运用互联网技术教学的能力，最终提升教师的整体素质。

三是教师需要养成终身学习的习惯，不断提高自身素质。社会的发展是不断向前的，教师是为当前社会培养人才的，其自身的观念很重要，只有确立了明确的大局观，教师才能形成不断学习的内在动力。学校与相关主管单位应定期开展座谈会，立足中国体育发展国情，聘请相关领域的专家进行讲学，以此来促使体育教师了解当前世界体育以及我国体育发展现状，从不断发展的角度教育学生，也能使得学生很快适应当前社会的基本节奏。良好的外部硬件、内在软件以及自身意识能快速地提升当前高校体育教师的知识能力。

（三）提高教师综合能力

高校体育教师所采用的“讲解＋口令＋示范”的传统课堂教学模式，因其口令多、教学时间长、教学时间固定、教学方式单一，导致在具体练习的时候难以关注到所教学生的个体差异。随着当前信息技术的发展，在传统教学环境基础上推陈出新，数字化的教学环境开始出现，并且形成了多媒体学习环境、远程学习环境、数字学习环境以及泛在学习环境等。多样化的学习环境使教学打破了实时与非实时的界限，突破了场域的限制，使教学中教师角色与学生关系发生转变。因此，教师应加强自身的知识储备，具备完整的知识结构以及运用现代信息技术的能力，成为“互联网＋”背景下教学环境的使用者和构建者。

传统的教学观念认为，教师在知识水平、经验以及能力方面优于学生，教师通过课堂教学的形式将多样化的知识系统化地传输给学生便基本完成了教学。在信息化社会背景下，教师的知识性教学角色开始淡化，育人功能开始不断深化，成为学生成长的引路者以及学习行为养成的塑造者。这就需要教师从以下两方面发展自身素质，一方面是教师要成为学生成长的引路人，角色转换需要从原来教授学生转为引领学生一起探究问题正解。因此，教师需要明确自身知识素质，进一步提升完善，从而实现“教师是学生锤炼品格的引路人、学习知识的引路人、创新思维的引路人、奉献祖国的引路人”的作用。另一方面是高校体育教师需要运用互联网技术实现对学生学习习惯养成，主要通过课上、课后、课前等学习行为以及定期巩固等教学管理活动，通过定期打卡，定期抽查，组织相关比赛，从而帮助学生养成从知识被动接受者到主动学习者的转变。

（四）提升教师个人修养

角色修养是高校体育教师以体育人、上好每节体育课的人生必修课。随着社会化进程的不断加剧，当前高校体育已向着专业化、精细化、智能化方向发展，高校体育教师只能不断进取，重视自主学习，加强个人修养，才能更好地掌握体育的系统发展并将其良好地传授给学生。首先，重视自主学习。高校体育教师的角色发展离不开系统性的学习，特别是对当前信息发展迅速背景下的体育学科知识的一种学习，通过浏览互联网、运用相关智能技术从而掌握当前世界各国的体育政治、经济、文化以及社会发展的最新情况。其次，加强民族传统体育文化的学习。民族传统体育文化是滋润高校体育教师的内在涵养的宝贵资源，其映射出来的是中华民族优秀的品德精髓，加深对民族传统体育文化的学习，通过互联网对民族传统体育项目、体育文化进行深入学习，能潜移默化地感染与培养学生的中国文化、增进中国文化输出，彰显中国智慧。最后，高校体育教师应进行积极的自我反思。自我反思是高校体育教师对自我认识的一个重要途径。教师通过反思行为将角色扮演与预期目标结合起来，判断其扮演效果，从而进行总结。反思包括对互联网技术适用的教学过程、教学方法、教学手段以及从中凸显的师生关系和教学效果。只有这样，高校体育教师才能真正实现自我成长，更好地实现自我价值。

二、开展课例研修，提高体育教师专业发展能力

（一）课例研修实践提高了教师课前设计能力

课例研修对高校体育教师专业发展具有积极作用，课前研讨为教师集体研课

讨论创造了平台，实现了实习生、体育教师、师范生、专家型教师、同行、学校领导等不同层面教师在同一平台进行沟通交流，剖析体育教师教学设计中的问题，在授课前给予解决，从而减少授课中问题的出现，有针对性地提高了教师的课前设计能力。课前议课也能促使教师积极备课并反复思考，提高教师自我学习、制订计划、深入思考等方面的能力。

（二）课例研修实践提升了教师课堂教学水平

课例研修优化了普通高校体育教师体育课堂的教学效果，提升了教师课堂教学水平。多群体进入高校体育教师课堂，多维度、多视角观察课堂教学，发现体育教师教学中存在的问题，在课堂结束后及时点出问题并提出建议。课例研修为体育教师吸收不同层次理念、学习他人经验提供了机会，在研修过程中促进了体育教师课堂教学水平的提升，优化了教学效果，也促使研修小组从沟通交流中吸收新的理念与经验，进而使教师集体得到发展。

（三）课例研修实践加强了教师主动自我反思意识

课例研修对普通高校体育教师课堂组织与教学实施具有积极作用，在实践过程中，教师每节课后主动进行自我反思，积极调整，增强了体育教师以学生为主体的专业意识，提高了学生参与课堂的积极性与主动性，改善了教学质量。课例研修让体育教师进一步关注学生的真实需求，了解学生的实际水平，加强了自我反思能力，在教学中以学生为课堂主体，注重学生的学习效果，进一步提高了教师的专业能力。

（四）课例研修实践效果使教师更具获得感

课例研修促进了高校体育教师课堂驾驭力的提升，提升了体育教师的获得感，提高了体育教师的教研能力。课例研修使体育教师对自我有了更为清楚、准确的认知，通过建立研修小组，构建师生共同体，促使体育教师直视自身专业发展中的问题，通过团结合作、共同研修的方式对问题进行解决，利用研修平台，提高教师集体教研水平，成员之间、师生之间彼此交流沟通，相互配合，彼此成就，也提升了体育教师的人际交往能力。在研修中无论是对专业能力还是个人认知，体育教师都有较强的获得感。课例研修为高校体育教师进行教研活动提供研修模式，具有积极普遍的推广意义。

三、创建学习共同体，推动体育教师专业发展

（一）创设学习共同体的组织合作文化

文化源自人类社会的生产生活实践，是人类社会创造的物质文化和精神文化的总和。而由文化衍生而来的合作文化是群体协调性交往活动中为实现共同目标而产生的一种实践现象，是群体在反复的交往活动中所共享的一套行动模式、行动意识以及组织结构，包括交往过程和成果以及主体关系。当下体育教师合作意愿强烈但行动迟滞，迫切需要合作文化的引领教育，进一步提升教师合作学习的认知态度和切实行动。在合作的文化氛围里不断地启迪、带动反思文化、互助文化、共享文化。

首先，在各级各类体育教师专业发展的培训中有意识地引领合作文化的教育，诸如合作互助的专题案例探讨，鼓励支持教师在培训中根据个人意愿和专项特点组建学习共同体组织。在学习共同体组织里实施理论帮扶、实践指导和教学过程点评等。

其次，教师的专业发展不仅仅局限于各级各类培训，还存在于日常的学校教学及同僚间的合作学习中。在学校里，定期开展教师发展的座谈会，在交流和学习经验的过程中就可以无形地把反思文化、互助文化、共享文化建立起来。

最后，教师合作文化的标语也可以潜移默化地影响教师的专业发展，还可以以各学习共同体组织为单位举办教师教学技能大赛，带动教师的合作互助交流等。由此提升教师自觉自为的专业发展意识，在合作文化盛行的专业发展的氛围里可以极大地调动教师参与的积极性，改变教师的主观意愿与行动相脱离的弊端。

（二）构建研训一体化的学习共同体

在新的时代背景下，教师的专业发展越来越受到广泛的关注，社会更加注重教师综合素养的提升。然而，体育教师处于边缘的服从者地位、专业发展的资源结构失衡、缺乏合作的可能性和积极性等，都导致体育教师的专业知识缺乏建构性、情境性和互动性。所以，构建多元化的教师专业发展学习共同体就可以极大地利用教学资源，进行合作探讨、经验共享。首先，构建职前学习共同体，就可以帮助高校优化培训方案，培养准教师从事一线体育教学工作的实践技能。构建入职学习共同体则可以迅速转变准教师的角色观念，提升教育教学管理经验，从而适应工作的状态。“互联网＋”学习共同体可以帮助教师打破时空的局限性，

如组建微信群、QQ群等线上交流方式，能够将先进的教学理论、教学方法及时地带到一线体育教学中来。再者，建立校际联动学习共同体，定期开展校与校之间的送课服务以及观摩学习实践服务。不仅能够实现以强带弱、强强联合的发展模式，而且还能丰富学校的合作文化氛围，提高区域内的整体教学能力等。最后，在学科互动学习共同体、理论+实践学习共同体、同僚型学习共同体中开展同课异构、观摩实践、会议研讨、经验推广等活动，在实践交流中进行合作，在合作中提高教师的教学技能。

（三）提升专业发展意识落实合作学习

专业发展意识不仅是学习共同体组织得以成功运行的重要因素，而且是教师个体在职业发展道路上的源泉动力。所谓教师专业发展就是教师在职业生涯中有寻求自身发展的意识，渴望自己在专业领域能够有所突破，实现自我专业成长与发展，并且在意识的指导下教师会有目的、有意识地进行专业学习，以实现专业发展。当下体育教师在职后教育阶段的自觉发展意识后劲不足，合作行动迟滞，迫切需要提升专业发展意识，落实合作学习。鉴于此，首先需要教师进行发展意识上的主动强化，如主动参与教师专业发展的思想动员会，在意识上确立并夯实终身学习的发展理念。其次，主动学习观摩优秀骨干教师教学实况，寻找与其差距所在，做好自身定位，明确自身的优缺点，进而寻求自身准确的发展方向。最后，将所学之才能付诸实践行动，作为学习共同体成员要出策出力，担起责任，强化监督，反思总结，善于倾听组内成员的反馈意见 。

（四）深化专业发展愿景落实反思学习

共同愿景是全体成员对某一想法和目标达成的共识并要不断地为之奋斗，同时它对每个成员都是十分重要和具有一定的精神影响力的行动指南。故而个体愿景是集体愿景的基础，集体愿景的确立又会给予学习共同体内成员以行动指引，使各成员各司其职，共同努力奋斗。专业发展愿景可以分为理论课题发展愿景、高效课堂教学方法发展愿景、有效训练方法发展愿景等。所以深化专业发展愿景，落实反思学习就显得尤为重要。第一，作为学习共同体的组织成员必须主动深化共同愿景，认真反思教学实际问题，要做到主动作为。将个人愿景上升到集体层面讨论，进行民主协商、投票表决。第二，经学习共同体组织确定过的共同发展愿景，作为组内成员必须全程支持并予以践行，贡献出自己的一份力量。第三，强化反思力度，进行自我教学反思。反思方式主要有主动写阶段性总结、观看自我教学视频、观看优质教学视频、写科研论文等。

（五）强化专业发展经验落实共享学习

教师的专业发展不是一蹴而就的，同时也不是闭门造车和自我封闭式的发展。其需要依靠教师集体的努力探讨才能够实现双向的提升。所以，强化教师专业发展经验，落实教师共享学习就显得十分重要。当下体育教师专业发展意识还有待提高，故而需要教师从自主的视角出发，落实共享学习，在共享学习的过程中提升教师整体的能力。

首先，体育教师应主动外出参加学习培训，作为学校培训学习和学习共同体的教师代表，主动将所学的理论知识进行内化吸收进而将前沿的理念传授给其他体育教师。采取教师座谈会、学习经验报告会的形式进行共享学习。

其次，体育教师学成归来之后，在实践教学中检验教学效果，进而将高效的教学方法进行凝练总结后再实施推广。采取同课异构、教学技能展示、互相评价的方式进行共享学习。

最后，对于高效的体育训练组织方法，通过教师自我的优化整合，将自我经验总结和心得体会予以分享，最终实现教师整体教学能力的提升和学生体育学科核心素养的形成。

四、以新兴智能科技促进体育教师专业发展

（一）提升“智适应”能力为重心促进体育教师走向深度学习

网络智能时代要求教师要具备运用智能系统的能力、解释来自智能系统数据的能力、通过智能系统的数据反馈推进教学与学习的能力等，使教师具备智能专业化发展的“智适应”特征。为了促进体育教师“智适应”能力的提升，首先，应加强对体育教师反思性学习的引导，以此来提升其内驱力，这一点相对来说是极为重要的。就体育教师的学习本身而言，教师若是缺乏学习内驱力，则通常会止步于既定的知识架构，无法与网络智能时代对体育教师知识需求动态相匹配，从而影响了其专业发展。显然，为了促进体育教师学习内驱力的提升，关注与重视体育教师的需求与经验的反思是极为必要的。其次，可运用人工智能技术教学培训系统，为体育教师提供特定的教学空间，让教师运用技术对教学进行数据分析，根据教师的实践能力，通过智能技术对其教学水平进行评估，判断出其优势、不足与亟待改进的地方，从而为教师的深度学习提供高效支持。

（二）基于“社会—技术”机制增强体育教师数据素养学习能力

网络智能时代，任何教学技术都或多或少地无法绕开数据技术。但对于体育教师学习而言，尤其是在职体育教师的学习，由于其日常工作较为繁忙，在某种程度上来说，无论是个体还是集体学习，首先都需要组织与制度的支持，否则，会难以为继。换言之，让体育教师进行数据技术学习，要非常明确的一点使，数据技术可以改变资源提供、组织、获取与使用方式，但它本身并不是资源。体育教师的数据技术的学习，最基本的资源是时间保证，而时间保证往往是组织与制度安排来保障的。因此，对于体育教师的数据技术学习而言，制订有效的学习方案是第一步。其中非常重要的一点原则是，在设计支持教师技术学习时，应注意遵循“社会—技术”原则，要明确数据技术是教学的重要支持，但它并非只提供技术便解决问题了。在教学之前，应充分了解体育教师的发展需求，学生体育课堂中需要的技术支持以及教师在数据素养方面的短板，进而帮助教师建立长期目标并且帮助其解决当下的问题。

五、从自我发展角度提升体育教师专业发展水平

（一）提升体育教师内驱力

教师专业化如今已经形成一种共识，当前促进教师专业化发展的主要做法是通过一些外部措施，如考核继续教育培训学分、评定职称、提高待遇等，但教师专业化发展局限于外部动力是难以持久的，一旦教师达到某种目标后，其专业发展动力容易逐渐消失。相比于外驱力，内驱力显得更为重要，它是教师专业发展路上的不竭动力。而教师专业发展的内驱力更多来自对教育事业的热爱和教师的使命感，因此教师在专业成长的路上需要专家的引领，更需要人生导师、行业榜样，借助榜样的力量激发教师对教育事业的热爱和对教师职业的使命感，进而提升教师专业发展的内驱力。

（二）提升体育教师研究力

发现学生的问题并找到解决的方法是教师的重要能力，而教师的研究意识和研究能力也逐渐成为教师专业发展的核心内容之一。然而，每每谈及做课题研究，一些体育教师总会觉得高深莫测，面对申报课题、实施研究、梳理成果等流程总是一筹莫展。除了举行常规的线上、线下业务培训，高校还可以通过“任务驱动”的方式为广大体育教师提供更多的参与机会。由当地教育科学研究院设立或申报

重大的科研、教研任务，然后将大任务分为若干个小任务下发至各区县教研机构，区县教研机构再将接到的任务分为多个小任务分给区域内的体育教师，参与进来的每一名体育教师都带着任务深入研究中，在参与此项工作的过程中不仅悄然提升了自身的研究能力，完成任务的成就感更能大大提升参与者继续做好教育科研的自信心。

（三）提升体育教师执教力

体育教师执教力是多种能力的集合体，它包括语言表述能力、专业技术能力、课堂组织执行能力、运用现代化教学手段的能力、处理突发事件能力等。

①提高语言表述能力，应从两个方面来做：一个是教师上课用普通话教学，用好普通话是一名教师应该具备的基本素质；二是专业术语表述准确、浅显易懂。

②教师专业技术能力有强项，也有弱项。对于弱项技能，教师一要做好静态分解动作示范，二要借助现代媒介手段进行教学。

③课堂组织执行能力是教师按照课的设计、教案要求组织课堂教学的能力。

④现代化教学手段是指各种电化教育器材和教材。随着科学技术的发展，教学手段也随之产生了变革性的发展。运用先进信息技术的现代化教学手段变得越来越丰富多样，也在很大程度上促进了教育事业突飞猛进的发展，先进信息技术成为提高教学效能的有利途径。体育教师加强先进信息技术的学习，制作微课、微视频，掌握电子交互技术，用图片、视频展示学生的活动，可以提高学生的学习兴趣。

⑤处理突发事件能力，即对课中可能出现的情况，教师应有提前预见性及处理问题的方案。

（四）加强职业发展规划

作为一名体育教师，既然选择从事教育岗位，就需要对自身专业水平的发展做出目标规划，应该保持追梦初心，坚定发展信心。因此，为了促进自身专业水平的提高，为了满足国家新时代的教育需求，就需要加强教师的职业发展规划，确立教育理想目标，促使自己由一个新手型教师发展为熟练型教师，并晋升为专家型教师，主要应做到以下四个方面。

第一，要增强体育教师的职业生涯规划意识，从自身优缺点、专业发展水平等多方面认识自己，并进行正确的自我评价，从而在工作中设立好未来职业发展阶段目标。

第二，根据自身专业特长及志向，结合自身优势、能力、环境等设定将来的职业发展阶段目标，如短期目标、中期目标以及长期目标。

第三，分析内外环境中存在的推动或阻碍自身专业化发展的因素有哪些，进而选择适合自己的职业发展通道。体育教师专业发展实现途径众多，不论是在教学、训练、科研还是课余体育活动创编上，只有坚定目标信念，做好职业发展规划，制订切实可行的方案，才能促进自身专业能力的提高。

第四，学校也应在培训环节上增设职业生涯规划的内容，建立体育教师的职业规划档案，对实现规划的教师给予个人表彰，对还未实现阶段规划目标的体育教师进行鼓励，帮助职业发展定位存在偏差的体育教师进行调整，从而引导体育教师做好职业发展的良性定位，帮助体育教师顺利实现职业理想。

（五）加强职前专业培养

体育教师职业的发展不仅仅依靠职后培训活动，还需要加强职前专业培养。高校体育专业学习的课程是未来从事教师职业的知识基础。目前的体育教育专业培养体系虽然设置的课程内容充足，但并不够聚焦体育教师的教学实践。因此，首先要先加强职前专业学习，利用本科教育，从体育教学实际出发，增加体育课程论课时，提高体育教育必修课程的考核要求，充分利用师范类教师专业认证标准，提升体育教师入职门槛，通过课程和专业培训，树立正确的教师观，加快体育专业学生向体育教师的角色转变，做好职前和职后教育的衔接。

（六）强化职后教育意识

各高校需强化体育教师的职后教育意识。树立终身学习的观念是教师职业发展和自身专业素质提升的重要路径。对于学校或地区组织的学习培训，高校体育教师应积极参加，主动学习体育教师的职业标准，对体育教师专业发展的内涵、要求、方法与技能等要有完善的认知储备。并且，应明确自己的短板，可通过选择取长补短、扬长避短以及样样精通的三类专业发展目标，使自己的专业发展更精准、更有效。高校体育教师还应主动寻求与“高手”“名师”的交流机会，向他人学习，保持谦逊的态度。同时，高校可对体育教师在培训期间的学习成果进行考核，倒逼体育教师在接受培训的过程中主动汲取理论知识，提高学习与思考能力。

体育教师的培训要有针对性，在开展培训之前，先调查体育教师的真实发展需求以及目前存在的具体不足，从而分门别类地进行多级培训。在培训过程中，选择体育教学中遇到的实际问题进行切磋交流，对各类问题进行整合，聚焦教学实际问题，进行深层分析，演绎出对具体案例的实践操作方式。通过教育专家、体育名师和一线教师代表分享经验，利用主动和被动结合的教育培养，最终实现高校体育教师专业水平的全面提升。

六、高校提供全方位支持保障体育教师专业发展

（一）提高体育教师专业发展的主动意识

高校体育教师发展的内生动力是专业发展意识，因此要不断激发教师专业自主发展的需求与追求。高校体育教师个人的专业发展是一个长期的发展过程，教师的思想认识直接影响其专业发展的程度。学校应通过不断完善政策制度，明确教师专业发展目标与方式方法。一方面，学校要为高校体育教师指明目标，并提供相应的发展平台。体育教师根据自己的需求，制订相关的专业发展计划，通过参与一些有利于专业发展的培训活动，进一步提高自身的专业能力和水平。另一方面，不断加强高校体育教师思想教育，提升其敬业精神，使教师能够守土有责、守土尽责，认识到自身的不足，保持热情工作的积极态度。高校要完善教师专业发展的制度体系，全面营造积极的教师专业发展氛围，提高体育教师专业发展的主动意识，从而达到提升体育教师专业素养的目的。

（二）营造体育教师专业发展的环境

体育教师专业发展的环境建设，包括以制度为内核的软环境建设，以及以专业发展设备与空间条件为载体的硬环境建设。高校应不断完善体育教师专业发展制度，形成以内培、外派为主要方式，以集中、分散为组织形式，以通识培训、学科培训为培训内容，以计划、组织、监督、评价为工作体系的完善的工作制度，让体育教师专业发展常态化，拥有稳定发展周期；制定不同级别职称与不同从教经验的教师专业发展的基础目标，从制度建设上保障体育教师的专业发展，促使体育教师将专业发展与职业愿景相融合，形成自身发展的愿景目标。同时，学校还应加强体育教师专业发展所需的硬环境建设，一方面要加大经费的投入力度，另一方面还需为体育教师的专业发展提供必备的场地、器材与设施。另外，高校应为体育教师提供学习新兴运动项目的机会；创造教师间彼此学习交流专项运动技能的机会；以多种形式改善体育教师的职业态度、教学理念、教学方法等；以可持续性发展的专业素养，为体育教学改革奠定坚实的人才基础。

通过软环境、硬环境的融合建设，使其成为高校体育教师发展的强力助推与保障资源。

（三）强化体育教师教学素养的培养

拥有丰富的体育知识、掌握熟练的运动技术、具有巧妙的教学策略，对于体育教师来说是必备的，也是体育教师作为教育工作者的基本教学素养。高校必须根据体育教师的教学工作特点，正确认识到体育教师的教育教学能力对于其专业发展的巨大价值，从培养教育者的视角出发，破解高校体育教师专业发展的困境。2020 年，教育部印发的《高等学校课程思政建设指导纲要》指出，培养什么人、怎样培养人、为谁培养人是教育的根本问题。高校体育教师要深化“立足于解决培养什么人、怎样培养人、为谁培养人”这一根本问题，“围绕全面提高人才培养能力这个核心点”构建体育课程教学目标。高校体育教师应明确在构建全员全程全方位育人的大格局中，高校体育课程承担了提升学生体质健康水平、逐步形成优良的体育精神品质、通过体育视角深刻理解体育的社会情感认同性与激励民族精神、促进政治一体化的功能。因此，强化体育教师教学素养不仅仅是运动专项技术教学、学生体质的提升，学生健身意识、优良品质的形成更需要教师的教学素养。

（四）创新体育教师专业发展的途径

对于高校体育教师专业发展而言，多样的发展方式能够提升高校体育教师专业发展的选择性。从过去高校教师专业发展的路径来看，基本是以学校统一组织的师资培训为主，主要形式为讲座、报告，这种方式的优点是培训集中、便于管理、易于控制、受众广泛，从内容设置上来看基本属于普适性的范畴，不针对某一个学科教师、不具备学科特性。因此，为弥补集中培训不能满足学科教师个性化专业发展的不足，有针对性、目的性地提高教师专业能力，学校应外派教师进行进修，这种方式具有较强的学科个性特征，且参与面较窄。随着教育改革步伐的加大，新兴教育媒介的出现为创新体育教师专业发展途径提供了多种选择，如网络教师培训、线下与线上互动培训、学科教学工作坊等。面对全民健身的热潮，高校体育教师应不断更新与丰富教学内容，通过互联网及时获取新兴运动项目信息，在线下及时提升技能，以此丰富高校体育课程的内容。

（五）加强体育教师之间的合作交流

高校要加强体育教师之间的合作与沟通，搭建以共同发展为目标的交流平台。

一方面，组织教学科研活动，通过集体研讨、交流合作梳理归纳高校体育教师在工作中遇到的问题，充分利用每位体育教师自身的专业经验，破解教师个体在教学工作中的难题与困境，弥补其短板与不足，提升体育教师的团队合作意识，养成教师之间合作互助的工作习惯。从教师专业发展需求角度出发，搭建互帮互助的教学小组与学科团队，形成体育教学传帮带的良好氛围，在交流与合作中共同提高、不断进步。另一方面，在日常教学工作中，要通过切实可行的常规性的教学活动促进教师专业发展，如组织开展同行教师之间的听课交流、集体备课、典型案例分析、经验分享等，开展不同层面的课堂教学质量评价活动，收集教学反馈信息，形成体育教师之间沟通交流的常态化运行机制，使体育教师能够在合作中交流、在分享中共赢。

（六）主动更新体育课程的教学内容

近年来，国家大力推行体育教学改革，先后出台了《关于深化体教融合促进青少年健康发展的意见》《关于全面加强和改进新时代学校体育工作的意见》等文件，学校体育已经发展到了一个新的高度，体育课程被赋予了新的、更高的时代意义，也对体育教师提出了更高的要求。从高校体育教师自身专业发展来看，主动加快知识更新，丰富高校体育课程教学内容，已成为高校体育课程改革的关键。首先使体育教师意识到专业发展是体育教师的职责，提升体育教师的职业道德素养，提高他们的责任意识，让高校体育教师明确自己不仅仅是体育课堂中的教学者，更是学生发展的引导者。同时，高校体育教师要根据学生自身的特点和需要，不断优化课程内容，引入能够为学生所用的运动项目教学内容；善于发现体育课程教学内容中存在的问题，将具有教育性、健身性、文化性、传承性的运动项目予以改造加工，保证体育教学内容的动态更新，满足学生发展的需求。

（七）构建体育教师专业发展的制度

健全完善的规章制度是高等学校体育教师专业发展的根本保障，所以构建“三位一体”式体育教师专业发展制度模式是非常有必要的，具体包括加强与体育教师专业发展相配套的规章制度建设、理顺体育教师专业发展的规范性制度、加强体育教师专业发展文化制度建设。

1. 加强与体育教师专业发展相配套的规章制度建设

规章制度是保障和促进体育教师专业发展的基础。所以，相关研究者建议政府或教育主管部门加强与体育教师专业发展相配套的规章制度建设，尽快出台相关的规章制度，来为高等学校体育教师专业发展“保驾护航”。例如，建立体育教师专业发展的传帮带和督导听课等规章制度，促进高校体育教师的专业发展。又如，建立体育教师公开课教学比赛制度、体育教师考核等制度以及学术研讨制度等，促进高校体育教师的专业发展。还可以建立体育教师教学竞赛和技能大赛等相关的规章制度来激发体育教师的专业发展的热情，为体育教师专业发展提供制度层面的支持。

2. 理顺体育教师专业发展的规范性制度

目前，高校体育教师专业发展制度不顺的原因主要集中在政策不透明、不规范等方面，导致部分教师对专业发展存在认知偏差和对专业发展的制度出现不信任的情况。所以，高校应积极主动理顺体育教师专业发展的规范性制度。而理顺体育教师专业发展的规范性制度主要包括三个方面：一是要完善专业发展的流程和程序，保证教师发展的公平、公正，及时对政策进行宣传，使教师能够及时总结和反馈。二是必要的仪式也是需要有的，如开展教师专业发展培训时，可以举行开班典礼，提高教师对专业发展的认知度和认可度。三是在培训过程中也可以进行一定的评价活动，突出教师专业发展的标杆人物，大力加强教师专业发展的价值宣传，使体育教师真正投入专业发展活动中来。

3. 加强体育教师专业发展文化制度建设

文化制度建设是体育教师专业发展的核心要义，而价值观的提炼和总结又是文化制度建设的核心。如果体育教师对本职工作的文化价值认知不高，或者部分教师不认可、不接受、不支持，那么文化制度的执行和推广效果也会不尽如人意，还会使体育教师的专业文化发展大打折扣。所以，要想加强体育教师专业发展的文化制度建设，相关研究者建议：一方面，需要高校加强对体育教师工作的支持，营造浓厚的专业发展文化氛围，并在资源和制度的供给方面给体育教师更多的机会，加强体育教师专业发展文化制度的建设；另一方面，营造鼓励体育教师专业发展的文化氛围，鼓励体育教师成为教学、科研双向发展的新型教师，积极研究、潜心教学，使专业发展能够走得更快、更远。

（八）整合体育教师专业发展的资源

教育资源是教学过程中所占用消耗的人力、物力、财力的总和。随着教育技术的进步以及科技的发展，教育资源出现了较大的增长。但是，高校体育教师由于教学经验和话语权的缺乏，无法消除专业发展的限制因子，不能整合已有的教育资源。所以，相关研究者建议：一是加强教学设施的投入，改善教学条件。特别是要加大对体育场地、器材方面的投入，加强对体育教学设施与设备的维护，改善体育教师的教学条件。二是加强师资队伍的建设。继续沿用“老带新”模式，及时解决教师在专业发展过程中遇到的问题或困难，消除可能影响教师的教学发展、专业发展和职业发展限制因子的干扰。三是努力提升体育教学的现代化水平。利用互联网搭建体育教学“云课堂”，充分挖掘和整合优质的体育教学资源，促使体育教师专业发展所需的教育资源达到最优化。

（九）构建体育教师合作学习共同体

促进教师专业发展的师徒帮带模式出现已久，但在发展过程中，逐渐偏离本位，新教师在老教师的帮带下，由于师徒关系意识的作用，使得新教师在观摩老教师的教学实践中，易形成过度模仿，缺乏自主性，遇到教学问题不善于反思，而是依赖师父的指导，从而导致自身专业能力发展缓慢。老教师在指导新入职教师时，也容易采用灌输式教学指导方式，老教师与新手教师关系的不对等也使得二者缺乏深入交流和平等对话。但我们应该认识到师徒帮带依然是促进新手教师个人知识获取生成和专业水平迅速提升的高效路径。

因此，需强化师徒帮带模式，构建合作学习共同体，重申平等交互的结盟原则，这便需要体育教师在确立师徒帮带或加入体育名师工作室以及创建学习小组时，首先确立平等交互的学习观念，只有相互信任，才能全身心地投入观察学习中，从细节中获取智慧，才能促进合作和交流。新手教师要主动向优秀的专家型教师请教，优秀的专家型教师也可以通过新手教师的思维从不同的视角去进一步认识教学内涵和教学经验的优化。其次还可以构建跨学科学习共同体，加强体育学科与其他学科之间的交流，实现跨学科专业知识的整合、教学经验的互补。还可创建跨阶段学习团体，中小学各阶段体育教师与高校体育教师建立合作学习团体，高校教师可以通过加强对中小学教师的前沿体育理论知识的学习获得新的研究思路，中小学体育教师也可以为高校体育教师提供一线实践数据和处理相关问题的经验，供高校体育教师进行学术研究。二者相辅相成，促进体育教师专业水平不断提升。

七、地方建立支持系统支持体育教师专业发展

（一）设立丰富多元的支持渠道

支持的渠道应当丰富而多元，这样才能全方位地让教师感到专业发展的力量。

这些渠道包括政策渠道、社会渠道、高校渠道和容易被忽视的个人渠道。不同的渠道能够为体育教师的专业发展提供不同类型的支持。

首先，为了开拓政策渠道，高校和体育教师应当积极向地方政府争取专业发展的政策优惠。虽然《中华人民共和国教师法》《中华人民共和国教育法》中对于体育教师的权利和专业发展要求没有进行具体的论述，国家层面也没有专门针对体育教育和体育教师的政策法规，但是这从另一个方面恰恰为地方政府留有充分的自主权和本土政策的空间。对此，各高校应当积极争取，让地方政府为体育教师的专业发展铺平道路。例如，在关于高校教师的有关政策中应当明确指出所有教师应当同工同酬，并且在拨款制度中切实落实这一政策要求，尤其让体育教师和其他专业，如物理、化学、航天航空、教育、心理等专业的教师在薪酬制度上实现平等。众所周知，高校体育教师同工不同酬的问题由来已久，这必然让许多体育教师感受到不公平、不受重视，影响他们追求专业发展的士气。因此，从地方政府层面出台规定并切实落实公平的高校教师薪酬制度，必然能够鼓舞体育教师和其他专业的教师一样投入自己的工作、追求在教学和科研技能方面的提升。再比如，在国家倡导学生学习足球、提高全民足球能力的背景下，高校应当准确把握机会，借校园足球的契机为高校体育教师争取政策优惠，如推动建设全省校园足球交流平台并让高校体育教师作为指导教师参与项目。这样一方面能够为高校体育教师争取额外的收入，另一方面也为高校体育教师之间搭建了沟通平台，还能提高高校体育教师的责任感和工作满意度。

其次，社会资源也应当被创造性地用于促进高校体育教师专业发展。例如，对于专业水平较高、学术与教学声望较好的高校体育教师，可以允许并支持其建立体育名师基地。每个名师基地都可以设置自己的招生标准和青年教师标准，非高校的学生和社会上的其他体育教育有关人员如果满足这些标准也可以进入名师基地，跟随有声望的高校体育教师学习运动技能或体育教学技能。这样的名师基地不仅为青年教师提供了师从名师、加快专业发展速度的机会，同时还为青年教师设立了有形的目标——未来也成为体育名师基地的带头人。此外，名师基地还能够有效地利用社会资源，把社会上对体育感兴趣的、有潜质的学生和工作人员都集合到一个平台，这不仅是对社会资源的有效整合，而且能够在很大程度上提高高校体育教师的专业意识和工作幸福感。

（二）丰富多样的支持内容

在构建了多元化的支持渠道以后，还需要提供丰富多样的支持内容，让体育教师从不同的角度实现强有力的专业发展。

1. 教师专业发展规划制度——主动发展

主动发展是从“教师学习制度”演变发展而来的。每位教师以五年为周期，通过对个人专业现状的分析，确定个人专业发展目标及为达目标而准备采取的具体措施。学校在帮助定位、推荐书籍、提供展示机会、安排互助教师等方面做好保障工作。高校体育教师需要掌握的运动技能不能局限于一两种，在面向学校的全体学生进行授课时，由于学生的性别、体质、兴趣的差异，往往适合从事不同的运动。因此，相对于“精专”，高校体育教师更需要在体育教学方面实现“普适”。而且，各种各样的“网红”运动层出不穷，也为高校教师运动技能的拓展和更新提出了要求。因此，高校体育教师应当主动将教学实际对其专业能力提出的要求规划到个人专业现状分析与计划之中。

2. 教师专业发展研培制度——重要载体

课堂是教师的主阵地，课堂教学研究是教师成长的重要途径。明确的研究主题可以使思维聚焦，研究力量集中，并使研究呈现应有的深度，避免研究内容重复等问题。其操作流程如下：学校提出本学年研究大主题→教研组确定本组研究小主题→教研组开展组内研讨活动（教研沙龙等）→教研组提供研究成果（校级研究课、说课、评课文章），形成一个不断反思、完善的过程。

高校体育教师在研讨课堂教学时，应着重讨论如何让教学更符合当代青年人的兴趣、如何通过高校体育必修课程真正建立起青年人的正确健康观和体育锻炼习惯。在当今的社会中，健身已经成为许多大学生的潮流生活方式。高校体育教师应当积极顺应这种趋势，将社会上的健身形式运用到体育课程中，提高高校体育课的教学效果和成果。

3. 教师专业发展考核制度——过程管理

教师的评价与激励是学校管理的核心。通过多年的实践、改进，教师发展评价模式有四个显著特征：一是评价主体全员化，人人皆参与评价；二是评价内容个性化，不同的岗位有不同的评价内容；三是评价方法多样化，自评、他评相结合；四是评价过程公开化，人人拥有知情权。这种建立在民主、平等原则基础上的评价模式，有效地激发了教师内在的积极性，促使其形成良好的教育行为。

4. 教师专业发展工作制度——重在激励

在科研工作上，从参与的角度实现全员化，从研究的角度实现层级化，从管理的角度实现制度化。教师人人参与课题研究，不同层次的课题有不同的研究队伍，课题从申报、立项、研究、结题、奖励等都有相应的制度保障。但是同时，要加强科研工作各个环节的监督机制，严厉禁止学术不端的行为发生在高校体育教师身上。通过这样的制度设计，一方面给予优秀的体育教育科研工作者丰厚的物质激励，另一方面杜绝学术不端、端正学术作风，引导高校体育教师通过真才实学和持续不断的努力，实现真正的专业发展。

5. 教师专业发展奖惩制度——集体激励

每年一度的学科优秀教研组等的评选虽各有侧重，但都指向团队建设、团队奖励，意在促进个人与团队的融合。事实上，团队激励、集体激励与体育教师个人的专业发展不仅不会相互冲突，反而能够相互促进。团队中必然存在专家型教师和新手型教师，不同专业水平的教师通过共同完成团队任务能够实现资源共享、知识共享，这是一种同时促进团队内每一名成员共同实现专业发展的高效方式。

（三）健全完善的协同机制

协同和合作是两个不同的概念。协同是一种相对更加持续稳定的关系，需要个体之间有共同的愿景和目标，基于共同制订的计划而努力的关系。合作则可以基于不同的目标和愿景，仅仅是在工作内容上出现一定的交集。因此，高校体育教师专业发展协同机制指的是，高校体育教师在专业发展过程中，基于共同的愿景和目标，与高校其他部门、其他教师和其他高校之间共同制订发展计划，并为了实现共享的目标而付诸努力的过程。

随着高校体育教师专业发展的深化改革，高校教师之间、各高校之间、体育与其他学科之间的联系日益广泛和紧密。在当前社会处于快速变化之中、对人才的需求不断更新的现实状态下，体育教师在专业发展过程中将会遇到许多跨学科、跨地域的问题，这就使体育教师对于跨部门协同、跨机构协同、跨学科协同发展的诉求越来越明显。因此，打破传统的单位观念、学科观念，加强部门间、学科间、校际的合作和协同发展，是新时代高校体育教师快速实现专业发展的新思路。

对于高校体育教师专业发展的支持系统而言，建立健全完善的协同机制，综合利用各方力量高效推动体育教师的专业发展不仅是资源有限性的需要，而且是体育教师专业发展有效性的需要。各地方教育部门应当协同物质支持、制度支持和精神支持多种手段，不局限于某一种支持方式的边界，综合运用不同的支持方式发挥组合效应；也要谨慎地考虑不同的教师专业发展制度之间的整合与冲突，构建和谐的制度整体。此外，不同高校的体育教师专业发展支持手段和方式必然存在重复和资源低效利用之处，应当加强高校之间的对话、整合不同高校的资源，通过资源的协同管理提高专业发展支持制度的利用效率。

（四）构建教师个人知识平台

体育教师个人知识水平越高，教师专业化发展越好。对此，应构建个人知识分享交流平台，促进不同地区、不同学科、不同阶段的体育教师进行个人知识分享。首先，应建立个人知识管理库，将不同体育教师个体的教学理解与教学经验进行分类归档，有效储存个人知识。其次，建立典型课例研究平台，通过不同体育教师对典型教学案例的分析，总结教学理论，促进体育教师个人知识的获取和运用。最后，搭建体育课程科研课题平台，把教育科学研究与课程实施、教学实践紧密结合起来，强化科研意识，研究体育教学过程中的深层问题，不断反思、提炼、内化，坚持以学术思维进行总结，从而发展体育教师个体特有的教学思想或教学风格。对在这些学习平台中获得的间接个人知识，体育教师应辩证地进行吸收和创新，使有效的个人知识内化到自己的知识结构中，并在教学的运用中得以检验，再不断更新，适应不同类型、不同学段的班级教学，最终形成体育教师自身的实践智慧。

参考文献

[1] 陈轩昂．新时期高校体育教学的改革与发展 [M]. 北京：航空工业出版社，2017.

[2] 张艳．高校体育教学与体育竞赛活动研究 [M]. 北京：北京工业大学出版社，2018.

[3] 李慧．高校体育教学改革与科学化训练研究 [M]. 沈阳：辽宁大学出版社，2019.

[4] 温正义．高校体育教学与大学生体育实践能力培养研究 [M]. 北京：北京工业大学出版社，2020.

[5] 李正贤．多重理念下的高校体育教学改革研究 [M]. 北京：中国原子能出版社，2020.

[6] 欧枝华．新时期高校体育教学及其课程体系改革研究 [M]. 北京：中国纺织出版社有限公司，2020.

[7] 张建梅．高校体育教学与大学生体能训练 [M]. 长春：吉林科学技术出版社，2020.

[8] 马顺江．“互联网＋教育”背景下高校体育教学创新思路研究 [M]. 沈阳：辽宁大学出版社，2020.

[9] 孙丽娜．高校体育教学风险防范现状与运动应急对策研究 [M]. 长春：吉林大学出版社，2021.

[10] 田雪文．现代信息技术下高校体育教学改革的审视 [M]. 长春：吉林出版集团股份有限公司，2022.

[11] 孙丽萍．新时代高校体育教学理论探索与实务研究 [M]. 长春：吉林大学出版社，2022.

[12] 谢宾，王新光，时春梅．高校体育教学与运动训练研究 [M]. 长春：吉林人民出版社，2021.

[13] 郝乌春，牛亮星，关浩．新时代背景下高校体育教学改革与发展研究[M]．北京：中国商业出版社，2021．

[14] 韦雄师．“翻转课堂”模式在高校体育教学中的实践应用[M]．西安：陕西人民教育出版社，2021．

[15] 张亚平，杨龙，杜利军．高校体育教学理念及模式创新研究[M]．北京：中国商业出版社，2022．

[16] 白新蕾，高家尧．核心素养视域下高校体育教学内容准入研究[J]．体育科技，2021，42（06）：149—151．

[17] 安强．高校体育教学信息化应用现状及制约因素研究[J]．当代体育科技，2021，11（34）：165—168．

[18] 戴志燕．高校体育教学内容休闲化发展趋势及其实施路径探讨[J]．南京体育学院学报，2021，20（10）：72—74．

[19] 安强．“互联网＋”视域下高校体育教学混合学习模式探讨[J]．当代体育科技，2021，11（30）：104—107．

[20] 赵红丽，张武，周倩．思想政治教育在高校体育教学中的有效渗透研究[J]．运动精品，2021，40（10）：16—17．

[21] 杜林阳．新媒体信息时代下新型高校体育教学改革路径初探[J]．中国新通信，2021，23（19）：223—224．

[22] 张海靖．健康中国战略背景下高校体育教学评价体系优化研究[J]．湖南邮电职业技术学院学报，2021，20（03）：55—58．

[23] 张泽．高校体育教学管理发展困境及前景展望[J]．长春师范大学学报，2021，40（08）：116—117．

[24] 赵文楠．高校体育教学中学生体育素养和职业能力培养的相关探讨[J]．湖北开放职业学院学报，2021，34（13）：144—145．

[25] 石磊．现阶段高校体育教学存在的问题及应对措施[J]．当代体育科技，2021，11（19）：119—121．